説き語り 法実証主義

大塚 滋

新基礎法学叢書
⑤

成文堂

本書を
　不出来な私を、無限の抱擁力で指導してくださった恩師　故千葉正士先生と、優しく見守り続けてくださった奥様　故千葉三重子様に捧げます。

はしがき

　1982年といえば、もう30年以上も昔のことである。私はその当時、東京都立大学（現首都大学東京）大学院の博士課程にODとして在籍していた。前期のある日、指導教授であった故千葉正士教授から呼ばれ、「君に非常勤講師として学部の後期の授業をもってもらうことにした。『法学政治学特殊講義』というもので、半期2単位で、この半期限りだが、君の研究主題であるハンス・ケルゼンの純粋法学について学生たちに話しなさい」と言われたのである。

　突然のことで驚いたが、なりたてのODがこのようなチャンスを頂けるのは、まさしく有り難い話で、興奮しつつ二つ返事でお引き受けした、と記憶している。さっそく9月で退学する手続をとった。念願の大学の教壇に立てる。それも母校のである。心が躍った。

　とはいえ、大きな不安があった。確かに私は、この大学院の修士過程に入学してから5年半ほど、純粋法学に関する研究を続け、拙いながら論稿も二編公表してきた。しかし言うまでもなく、その純粋法学全般について学部の学生たちに分かりやすく講義するなど、まだまだ先の話で、今の自分には到底無理なのではないか、と尻込みしたくなる気持ちと闘いながら、暗中模索で授業の準備を始めた。

　もちろんその時、私は大学院生であったが、授業をするということは未経験ではなかった。その大学院時代も含め丸7年間、社会科担当の非常勤講師として高等学校の教壇に立ってきたからである。しかし、そのことはそれほどの安心材料にはならなかった。なにしろ、大学には学校指定の教科書やアンチョコがない。それでいて、ケルゼンにしろ純粋法学にしろ、どこかで名前だけは聞いたことがある、という程度の学生たちに、それについて理解してもらい、興味を持ってもらわなければならない。初めて大学の教壇に立つ者には、それはかなり重いミッションであった。

　しかも、そもそも大学の授業とはどのように行うものなのだろうか。それ

も法哲学系の授業とはいったいどのように行えばいいものなのか。実は、それが一番の心配事であった。恥ずかしながら私は、学部学生の時代、刑法の解釈学ばかりに関心を奪われ、法哲学系の科目の授業をまともに受けた記憶がなかったのである。東京都立大学でのわが指導教授も私が入学した当時は、法人類学の授業をされていた。だから、見本、手本がない中で、どうやったものか、はじめは皆目見当がつかなかったのである。そして、あれこれ悩んで到達した結論は、一応、大きな目次を立てて、論述の大まかな順番は決めておくとして、あとは、講談ないしは落語のようなノリで学生たちに語りかけるという進め方で、最終的に純粋法学の全体像のスケッチが頭に残るようにするしかない、というものだった。

「説き語り」という形式は、こうして当時の私が必要に差し迫られてやむなくとった講義ノートの形式であった。純粋法学という演題の長編講談の台本を作るつもりで自分の台詞をそのまま書いたのである。もちろん参考にしたものはあった。桂文楽や三遊亭圓生などの落語本である。高座での噺を、調子をとるための「ェェー」とか、「貴方ねぇ」などの独特の言い廻しまで含め、そのまま忠実に採録したもので、愛読していたのである。そして、A4版のレポート用紙数十枚の表裏にびっしりと書き込んだその講義ノート、それが本書第1講の原形である。そのような授業を受講してくれた学生は、冷やかし半分で聴きに来ていた大学院の同輩や後輩たちを除けば、たしか10人に満たなかったと記憶している。その受講生に向かって私は、時に補足をしながら、アドリブを入れながら、ほぼこの台本を読み上げるというやり方で講義を行ったのである。

その後10年以上、私の講義はすべて、基本的にはその都度このような台本、いや講義ノートを作って行われた。それは、物語のように作られた授業の方が、概説書や教科書などの流れをなぞる授業より、聴く学生たちに内容が伝わりやすいのではないか、と感じていたからであり、何より、自分のことばで語ることが大事だと思っていたからである。そして、そうしてきたからこそ、このたび、廃棄しないで書架の片隅にとっておいた昔の講義ノートの一部をこのような形でまとめることができたのである。ただ、現在では

少々堕落して（？）、このような講義ノートの代わりに配布レジュメとパワーポイントによる授業に切り替えてしまったが、物語のような授業を志している点は変わらないつもりである。

＊　＊　＊　＊　＊

　本書は『説き語り法実証主義』と題されている。しかし、取り上げられている学者は、比較的メジャーなケルゼン、ハート、オースチン、ベンサム、ホッブズの５人だけである。ハート以降の現代的法実証主義の動向も、ケルゼン以外のドイツ語圏の法実証主義の潮流もフォローしてはいない。したがって、本書を通じて法実証主義の全貌に触れようとしても、あてが外れるだけである。しかし、それは私の法思想史の授業では、法実証主義関係で彼ら以外は取り上げなかったからである。基本的には、その当時学部で行った私の「法思想史」講義のノートからのピックアップなので、その点はご勘弁願いたい。また、本書で取り上げた学者たちに関しては、言うまでもなく、現在に至るまで多くの研究が蓄積され、その中には注目すべきものも多数あるが、それらも、同じ理由から取り上げていない。同様にお許しをいただきたい。

　しかし、そもそも、これら法思想史上法実証主義者とされる思想家たちをひとくくりにする法実証主義とは一体どのような立場のことを言うのだろうか。このような書名にする以上、この法実証主義の定義はしておかなければならないのだが、これが問題で、一定の共通点はあるものの、実にあいまいなのである。多くの法哲学者が定義を試みているが、確定的な定義が存在しているとは言い難い状況である。それらは、法実証主義者と目される学者が唱えている学説を無批判的に法実証主義的学説と決めつけているのではないか、という疑いを禁じえない。さらに、もしかすると、その学者を法実証主義者と規定する根拠ないしは基準が、それらの学説を唱えていること、というループ状態になっているのかもしれない。それにもかかわらず、法哲学者たちは法実証主義を批判し、時に擁護してきたが、一体何を批判し擁護してきたのであろうか？

本書を通読していただければ明らかであるが、私の理解している法実証主義はケルゼンの立場に他ならない。すなわち、法実証主義とは、法学の対象を実定法のみに限定し、名称は何であれ、自然法的な機能を担う法の存在を法学としては認めない「反自然法論」つまり「実定法一元論」であり、その実定法の認識のみを行い、学問としてそれの評価を行わない立場である、と定義する。序でながら自然法論も定義しておけば、それは、自然法と呼んでいるかどうかは別にして、自然法的な機能を担うものに基づいて、学問として実定法を評価し、それに基づいて実定法の効力を承認したり否認したりしようとする立場である、となる。

私は、ケルゼンを唯一の自覚的法実証主義者だと見ている。彼の法実証主義を基準とするかぎり、本書で取り上げる他の学者たちはいずれも法実証主義者とは言えない、というのが結論である。

* * * * *

このように、法実証主議論としてはいささか偏っていると言われかねないが、それはともかく、書棚の端に埃をかぶっていた古い講義ノートたちの一部をまとめ、一冊の書籍にする機会を与えてくれたのは、このシリーズの責任者である京都大学の亀本洋教授である。彼は、私が以前、自分のホームページに一部をアップしていた純粋法学論の講義ノート（本書第1講）に目をとめてくれ、「面白い」との評価を私に寄せてくれたのである。そして、この基礎法学叢書シリーズを再開する機会に、私に、それを本にしてみないかと声をかけてくれたのである。私の良き論敵であるとともに、良き理解者でもある亀本教授に心から謝意を表したい。

また、このシリーズの出版元は、我が恩師千葉正士先生が数多くの研究書を出版された成文堂である。先生の導きをも感じている。

もちろん、約30年も昔の講義を今さら活字にするのには人並みに躊躇も覚えた。講義ノートというものの性格上、原典からの引用が簡略化されていたため、それをすべて再チェックし、正確を期するとともに、舌足らずの点、不適切な表現などには最小限の加筆、修正、削除を施した。また、講義の切

れ目なしの読み上げ原稿に、見出しを付けたただけでなく、重要な引用部分はボールド活字にして独立パラグラフとした。著者のとりとめもない話に飽きた場合は、それだけを拾い読みしていっても、おおよそのことは分かるように工夫したつもりである。

　しかし、この30年間、本務校はもとより、いくつかの大学で法哲学や法思想史を多くの学生諸君に対して講じてきた一教師として、その授業を辛抱づよく聴講し、時に頷き、時に首を傾げ、時に厳しい質問をぶつけてくることを通じて、私の学問的成長に多くのきっかけを与えてくれたその学生諸君への感謝の念を表すために、そして、そもそも私に法哲学徒の道を開いてくださった故千葉教授の学恩に、遅ればせながらほんの少しでも報いるために、恥を忍んで、できるかぎり原形を崩さずに公刊することにした次第である。

　　　　　　　　　　2014年3月

　　　　　　　　　　　　　　　　　　　　　　　　　　　　著者

目　次

はしがき

第1講　ケルゼン純粋法学 …………………………………… (1)
はじめに ………………………………………………………… (1)
1）この講義の特殊性 ………………………………………… (3)
2）客観性公準 ………………………………………………… (4)
3）前提としてのエポケー …………………………………… (6)
4）知的牢獄からの脱出 ……………………………………… (9)
5）原典第一主義 ……………………………………………… (13)

1．法命題の理論 ………………………………………………… (14)
1）法律条文 …………………………………………………… (14)
2）不法概念 …………………………………………………… (16)
3）K. ビンディング批判 ……………………………………… (19)

2．実定法と規範 ………………………………………………… (21)
1）実定性 ……………………………………………………… (21)
2）実定法の意味としての法規範 …………………………… (23)
3）意思行為の意味と文の意味 ……………………………… (26)
4）一次的規範と二次的規範 ………………………………… (27)
5）規範の名宛人 ……………………………………………… (28)

3．記述的意味の当為 …………………………………………… (30)
1）規範を意味する実定法を記述すること ………………… (30)
2）記述的意味の当為の意味 ………………………………… (32)
3）デリクトとサンクション ………………………………… (35)
4）仮言的判断 ………………………………………………… (37)
5）帰報 ………………………………………………………… (38)
6）実定法の価値自由な記述 ………………………………… (40)

7）実定法の規範的固有法則性 …………………………………………… (41)
4．実定法と強制 ……………………………………………………………… (43)
　1）法強制説………………………………………………………………… (43)
　2）法固有の強制 ………………………………………………………… (45)
　3）法秩序と強制 ………………………………………………………… (49)
　4）自立的法規範 ………………………………………………………… (51)
　5）従属的法規範 ………………………………………………………… (51)
　6）強制秩序としての法秩序 …………………………………………… (54)
5．権利・義務・法力 ………………………………………………………… (55)
　1）権利概念の解体 ……………………………………………………… (55)
　2）消極的許可…………………………………………………………… (58)
　3）反射的権利…………………………………………………………… (59)
　4）法力としての権利 …………………………………………………… (62)
　5）技術的意味の権利 …………………………………………………… (63)
　6）政治的権利…………………………………………………………… (64)
　7）積極的許可としての権利 …………………………………………… (67)
6．法を認識・記述する二つの視点 ………………………………………… (68)
　1）法によって強いられた関係性 ……………………………………… (68)
　2）〈権威〉のバリアー …………………………………………………… (69)
　3）〈権威〉バリアーに盲目な態度 ……………………………………… (72)
　4）〈権威〉劇としての裁判 ……………………………………………… (75)
7．法の静態理論 ……………………………………………………………… (78)
　1）〈権威〉の内側の視点 ………………………………………………… (78)
　2）実定法一元論としての法実証主義 ………………………………… (79)
　3）実定法についての純粋な理論 ……………………………………… (80)
　4）境界画定の訴え ……………………………………………………… (81)
　5）法実証主義のトポロジー …………………………………………… (83)
8．法の動態理論 ……………………………………………………………… (87)
　1）〈権威〉の外側からの記述 …………………………………………… (87)

2）〈権威〉の内と外のトポロジー ………………………………… (90)
　　3）動態理論における実定法概念 …………………………………… (91)
　　4）法の「妥当性」の意味 …………………………………………… (93)
　　5）一般的な妥当性理解 ……………………………………………… (95)
　　6）法律学的妥当性論 ………………………………………………… (97)
　　7）妥当性の理由への遡行 …………………………………………… (98)
　　8）憲法の妥当性の理由 ……………………………………………… (100)
　　9）無根拠な法秩序 …………………………………………………… (102)
　　10）根本規範 …………………………………………………………… (105)
　　11）段階構造論——規範と機関のモビール ………………………… (110)
　　12）規範衝突 …………………………………………………………… (113)
　　13）革命 ………………………………………………………………… (117)
　まとめ ………………………………………………………………………… (121)

第2講　ハート法理学 ……………………………………………………… (125)
　はじめに ……………………………………………………………………… (125)
　1．法実証主義 ……………………………………………………………… (126)
　2．法のルールへの還元：社会契約論 …………………………………… (128)
　3．第一次的ルールと第二次的ルールのコンビネーション … (131)
　4．ルールに関する内的視点と外的視点
　　　：内的言明と外的言明 ……………………………………………… (134)
　5．ルール懐疑主義への接近 ……………………………………………… (140)
　6．ルールの Open Texture 理論 ………………………………………… (142)
　7．法と道徳の関係 ………………………………………………………… (145)
　　1）法と道徳の部分的重複 …………………………………………… (145)
　　2）自然法の最小限の内容 …………………………………………… (147)
　8．ハート・デヴリン論争 ………………………………………………… (150)
　9．ハート・フラー論争 …………………………………………………… (154)
　　1）発端：ラートブルフの発言 ……………………………………… (154)

2）ハートによる批判 ……………………………………………… (156)
　　①妥当性と服従義務 (156)　　②「法律は法律だ」のスローガン (158)
　　③ナチス法批判 (160)
　3）フラーによる反批判 …………………………………………… (167)
まとめ ………………………………………………………………… (169)

第3講　オースチン分析法学 ……………………………………… (173)
はじめに ……………………………………………………………… (173)
１．法の諸概念 ……………………………………………………… (174)
　1）法の分類 ………………………………………………………… (174)
　2）「正しくそう呼ばれる法」——命令説、心理強制説 ………… (176)
　3）「誤ってそう呼ばれる法」・国際法 …………………………… (178)
　4）実定法——主権者命令説 ……………………………………… (179)
　5）神の法 …………………………………………………………… (182)
　6）法としての実定道徳 …………………………………………… (185)
２．法理学と倫理学 ………………………………………………… (187)
３．ルール功利主義 ………………………………………………… (190)
４．功利原理と抵抗権 ……………………………………………… (193)
まとめ——自然法論者オースチン ………………………………… (196)

第4講　ベンサム功利主義法学 …………………………………… (201)
はじめに ……………………………………………………………… (201)
１．説明者と検閲者 ………………………………………………… (201)
２．最大多数の最大幸福 …………………………………………… (204)
　1）快楽と苦痛 ……………………………………………………… (204)
　2）功利主義的立法 ………………………………………………… (207)
　3）功利主義的調整 ………………………………………………… (209)
　4）快楽と苦痛の計算可能性 ……………………………………… (212)
　5）個人の行動選択原理の社会への適用 ………………………… (214)

3．自然法論か法実証主義か……………………………………(216)
　4．法の定義………………………………………………………(219)
　5．超越的種類の法………………………………………………(221)
　6．法実証主義的法分析――「法の個別化」……………………(225)
　　1）法体系論……………………………………………………(225)
　　2）法の分類……………………………………………………(227)
　7．完全な法の観念………………………………………………(229)
　　1）法の個別化と完全な法……………………………………(229)
　　2）法解釈論……………………………………………………(231)
　まとめ……………………………………………………………(234)

第5講　ホッブズ契約論法学……………………………………(237)
　はじめに…………………………………………………………(237)
　1．社会契約物語…………………………………………………(238)
　　1）自然状態……………………………………………………(239)
　　2）自然法………………………………………………………(241)
　　3）黄金律………………………………………………………(243)
　　4）道徳哲学……………………………………………………(244)
　　5）コモンウェルスの創出……………………………………(245)
　2．抵抗権問題……………………………………………………(252)
　3．市民法について………………………………………………(253)
　　1）主権者命令説………………………………………………(253)
　　2）市民法と自然法……………………………………………(254)
　　3）法の欠缺補充………………………………………………(256)
　まとめ……………………………………………………………(257)

あとがき……………………………………………………………(259)

第1講　ケルゼン純粋法学*

はじめに

　大塚です。これから約4ヶ月間、ハンス・ケルゼン（Hans Kelsen：1881-1973）の純粋法学についてお話してゆくわけですが、今日は最初の講義ですので、すぐに内容に入ることはせずに、この講義の特殊性とか、皆さんが講義を聴くに当たって必要と思われる心構え、というと大げさですが、前提のようなものをお話ししたり、講義の予定や参考書などについて説明したりして、できれば、皆さんの希望などあればそれも聞いておきたいと思います。

　それよりも何よりも最初に自己紹介をしておくのが礼儀でしょう。どこの馬の骨だか分からない、という人が多いと思いますからね。
　私は、つい1週間前まで本学の大学院の博士課程に在籍していました。指導教授は千葉正士先生です。私は、もっぱら自分の関心からケルゼンのことばかり研究してきまして、基礎法学に身を置く者としては少々幅が狭いと言われかねませんが、私にはケルゼン以外に面白い法学者は見当たらなかったんですね。あんまり古い学者は別にして、グスターフ・ラートブルフ（Gustav Ratbruch：1878-1949）とかルドルフ・シュタムラー（Rudolf Stammler：1856-1938）とか、レオン・デュギー（Leon Duguit：1859-1928）とかロスコー・パウンド（Roscoe Pound：1870-1964）とか H. L. A. ハート（H. L. A.

＊東京都立大学法学部1982年度「法律学政治学特殊講義（純粋法学論）」講義ノートより

Hart：1907-1992）とかロン・フラー（Lon. L. Fuller：1902-1978）とか、彼の同時代、あるいはそれ以降にもいろいろ有名な学者がいますが、誰をとっても、ケルゼンのような張り詰めた論理を見出せなかったのです。

わが国のケルゼン研究の最高峰に位すると言って過言でない長尾龍一（1938- ）は、あるところで、ケルゼンを「危険な思想家」だと言っています（長尾龍一 1973：170）。この危険性はそれほどはっきりとした形を持っているものではないですが、ケルゼンに対する攻撃——これは、右からのものも左からのものも同じなのですが——はこの危険性をおぼろげながらも察知していたものと思われます。私も含めて、現在なおケルゼンに惹かれている者はたいていの場合、逆に、この「危険性」に密かな魅力を感じているのです。

さらに、長尾は別のところでですが、次の三つの点でケルゼンを逆説的に褒めています。第一は「無謀さ」。つまり、ありとあらゆる制度や組織、信仰、理論に対し「全共闘的八つ当たり孤立主義」で闘争を挑んだ点。第二は「鈍感さ」。つまり、言いにくいこともずけずけ言って、読者の神経を逆撫でするような表現法を往々とる点。第三は「極端さ」。つまり、極限状態における法と国家の実相を示している点、です。そして、「ケルゼンの理論は、実定法秩序の祭司たちに最も好まれないたちの理論であるかも知れない。しかし聖職者に嫌われるのは、古来思想家にとって名誉の勲章である」と締めくくっています（長尾 1981：3-5）。これにはまったく同感です。ケルゼンは普通の人なら躊躇するようなことでも、本当にそうだと考えたら、それが生身の人間としての自分にどんな結果をもたらすか、ということを意に介さず言ってしまうんですね。それも私がケルゼンに感じる魅力の一つです。

ともかく、このような魅力に取り付かれてケルゼンを研究してきましたが、本当はまだ、このような講義を担当できるほど極めているとは到底言えません。ですから皆さんも、ただ講義を聴くというのではなく、一緒に考える、勉強する、というつもりで臨んでほしいと思います。

そこで、今度は皆さんのことですが、今後の講義の進め方の参考のために、ケルゼンと初対面だという人がどのくらいいるのか、知っておきたいの

で、そういう人は手を挙げてください。

………

　では、それ以外の人は何かは読んだわけですね。別に感想など聞きませんから、どんなものを読んだか教えてください。

………

　分かりました。ありがとうございました。

1）この講義の特殊性
　では、まず、この講義の特殊性についてお話しします。名前が「法律学政治学特殊講義」ですから、特殊には違いないのですけれども、それは次のような点にあります。つまり、基礎法学上の一般的テーマには直接は関わらないし、たとえば「20世紀法実証主義論」のような法思想史、学説史にも直接は立ち入らないで、たった一人の法学者ケルゼンの学説だけを扱う、という点です。さらに、これはあとでもう少し詳しく述べますが、ここで扱う学説とは純粋法学のことで、それは、彼の全思想の一部——とはいえ、最も重要な一部ですが——にすぎない、ということです。
　つまり、この講義は非常に限定されたテーマを扱うわけです。ゼミや私的な研究会はもちろん別ですが、一人の法学者の学問体系のみを講ずる授業は他に聞いたことがありません。それは、講義する私がこれまで純粋法学を集中的に研究してきたから、ということもあるのですが、だからといって、皆さんは、この講義が取るに足らないマイナーな内容のものだ、なんて思わないでいただきたい。ケルゼンという人は、これから半期一杯かけて取り組んでも十分有意義な、というより、それでは全然足りないほどの偉大な法学者なのです。これは決して我田引水ではありませんよ。
　将来はどうあれ、ともかく、法律とか法律学とかに深い関わりを持ってし

まった皆さんにとって、一度は必ず通過してみなければならない人だと思います。純粋法学は、決して基礎法学の研究を志す人にだけ読まれるべき学説などではなく、むしろ、実定法学や法律実務を目指す人、そして、なお一層、法学部卒という経歴を携えて、法律学とは関係ないが、法律からは逃れられない社会生活を営もうとする大部分の人たちにこそ触れてもらいたい思想なのです。純粋法学は、書斎にこもって思弁を愛好する人々に向けられた法哲学なのではなく、否応なく法の規制の下で暮らさねばならない人々に向けられた実定法の一般理論なのです。

2）客観性公準

　純粋法学がどういう思想・理論なのか、という点については、当然ながら講義を全部聴いてもらわなければならないわけですが、当面の必要上、一言で表現することが許されるなら、次のように言えるでしょう。すなわち、法というものを肯定的に見るにせよ、否定的に見るにせよ、あるいは、肯定も否定もせずにその下で暮らすにせよ、認めなければならない「客観的な」法、「現実としての」法の姿を示そうとした思想・理論である、というふうにです。もちろん、このような言い方にはおびただしい数の条件や補足が必要なのですが、それは講義の中で行うとして、ここでは、一つの言葉についてだけ説明しておこうと思います。

　それは、「客観的」という言葉です。平たく言えば、私はそれを、「誰が見てもそうであることを否定できない」という意味だと思って使っています。ケルゼンは純粋法学において、実定法を「客観的に」「認識」しようと努めたのです。この「客観性」の要請——客観性公準と呼んでおきます——は、本論で述べる「純粋性」の要請——これは純粋性公準と呼びます——と並んで、純粋法学の本質上最も重要なものです。

　ところが、こういう言い方をすると、皆さんの中にも「そもそも『客観的……』なんていうものはありえない、すべては見る人、語る人の主観的なものにすぎない、それを『客観』として示そうとするのは、人を欺くことになる」と批判する人がいるかもしれません。私は、このような批判に全く理由

がないなどと言うつもりはありません。しかし、すべての人間の認識は主観的であると断じ去ってしまうならば、あらゆる学問的議論は、それを初めから論証の埒外にあるところの騙し合いか、諸信念間の喰うか喰われるかの闘争である、として開き直ってでもいないかぎり、成り立ちえないことになるんじゃないかと思うのです。

　ケルゼンにだって、私にだって、いや、誰にだって、法や社会に対して、「こうあるべきだ」という信念や、「こうあってほしい」「そうあってほしくない」という願望はあるに決まっています。しかしケルゼンは、自分のそういう主観的なものから、できるかぎり自由に対象を認識しようとし、他のすべての人にもそのような認識を求めたのです。純粋法学はそうした彼の努力の結果です。しかし、その純粋法学の隅から隅まで絶対的に「客観的」である保証はどこにもありません。「客観性」はあくまでも課題なのだと思います。ケルゼンが20世紀法思想において特筆されるべきなのは、絶対的「客観性」を提示しえたからなのではなく、それへの到達に向けて、極端なまでの緊張を維持して、意識的に努力したからこそなのだと思います。したがって、当然のことながら、ケルゼンが辿りついた地点も、同じ方向へ前進するために踏み越えられる可能性をもっており、言ってみれば、暫定的「客観性」にすぎないわけです。

　すると、ここで、「じゃあ、ケルゼンの言う客観性というのは、単なる努力目標、あるいは、認識の際になるべくそうしましょう、という心構え、倫理綱領にすぎないのか」という意地の悪い、でもかなり鋭い指摘が聞こえてくるようです。私は、この指摘には、「まさにそうだ」と答えます。もちろん、それは批判を受け入れて降伏する、という意味ではありません。そもそも「真理」なるものも常に相対的なものであって、そもそも人間の行いにとって絶対性はつねに課題の地位にあるものだと思います。大事なことは、それを追求すること、それも、ただ闇雲にそうするのではなく、常に自分の主観のバイアスが認識を曇らしてしまうかもしれない、いや、もうしているかもしれない、という可能性を計算に入れ、自説について他人から主観的偏奇を指摘されたとき、感情的にその自説に固執することなく、ひとたびそれは

テンタティブになったと考え、その将来の身分を決定するのは、自分と批判者とその議論を聴いている第三者との共同作業である、との前提の下に議論する、という反省的な、あるいは、言ってよければ、臆病な態度で追求することだと思います。この議論は、決して主観同士のぶつかり合いを意味する〈神々の争い〉ではありません。

　話は少し内容にわたりすぎましたが、純粋法学は、ともかくこのような態度で実定法の客観的認識を目指し、おそらく右に出る者なし、というくらいに突き詰めた、と私は考えています。したがって、この講義のテーマとしては、きわめて限定されているけれども、法学部生にとっての重要性はかなり大きい、と自負しています。——但し、私が皆さんに純粋法学のエッセンスを正確に伝ええたとしての話ですがね。

3）前提としてのエポケー

　次に、この講義を聴く前提ですが、それは、意識的になっているにせよ、なっていないにせよ、皆さんが今持っているところの、法についての理解をひとたび switch off にして、法律は知っているけれど、あれこれの法律学説や法理論は一切知らない、という白紙の状態にしてほしい、ということです。これはとても難しいけれども重要なことです。というのは、純粋法学はこれまで、ありとあらゆる方面から十字砲火を浴びてきましたが、その多くは、そもそも純粋法学が疑問符を付しているところの根拠の switch を onにしたままで、そこからなされる即自的な、つまり、反省を経ていない攻撃であって、純粋法学にとっては痛くも痒くもないものであるにもかかわらず、本人はそれで純粋法学を批判し去ったと勝手に思い込んでいるにすぎない、ということが多いからです。また、逆に、純粋法学がそもそも疑問符を付している根拠に立っているにもかかわらず、純粋法学の片言隻句を引き出してきて、自分の解釈学説の正当化に動員する、という傾向が最近、一部の法解釈学者の間に見られるようになったからです。

　純粋法学はきわめてラディカルな法学批判です。すべての法理論、法学説、解釈論的帰結の足元を問うています。私は今、皆さんが抱いている法に

ついての考えのswitchをoffにしてくれ、と言いましたが、それは、皆さんの考えがことごとく間違いである、と私が思っているからでないことは当然ですよね。私はまだ皆さんの考えを聞いていないのですから。そして私が仮にどんなにすばらしい考えを持っていたとしても、少なくとも今の時点ではそんなことは言えないわけです。だから、私の言っているのは、今皆さんが、知らず知らずにでしょうが、その上に乗っている足台からひとまず降りて、その足台の上に乗っていて良いものか悪いものか、つまり、「本当にそんなことが言えるのか？」「それに確実な根拠はあるのか？」と、ケルゼンと一緒に考え直してほしい、ということなのです。そして、その結果、「乗っていて良い」と確信したならば、再び乗ってください、ということなのです。

「現象学」で有名なエドムント・フッサール（Edmund Husserl：1859-1938）という哲学者がいますが、私がここで述べたことは、彼の言う「エポケー(Epoché)」にあたると言っていいと思います。彼の有名な「ブリタニカ論文」(1929)によりながら、このことについて少し説明してみましょう。

「エポケー」とは「判断中止(Enthaltung des Urteils)」のことで、フッサールは、「……についての意識」である「現象」を手に入れるためには、「首尾一貫した判断中止」の遂行が必要である、としています。それは、「反省」、すなわち、それまで別の方向を向いていた「視線の向け直し」のことであり、さしあたり、「自然的態度」における諸定立の「現象学的還元(phänomenologische Reduktion)」と呼ばれますが、具体的に言えば、「意識される世界」を「括弧に入れる」ことで、消極的には、「非反省的意識のなかで働いているいっさいの客観的定立を一緒になって遂行し」ないことなのです（以上、フッサール 1978：51-54参照。）。

これだけではちょっと分かりづらいと思いますが、彼の哲学の良き理解者であるフランスのモーリス・メルロー＝ポンティ（Maurice Merleau-Ponty：1908-1961）が、このエポケーのことを次のように分かりやすく説明してくれています。引用します。

現象学的還元とは、自らの「生活の事実的予見のうちにひとりでに含まれているすべての断定を一旦停止」することですが、それは「我々を物理的、社会的、文化的世界に結び付けている鎖を否認することではなく、逆にそうした結びつきを見ること、意識することで」す。そして、それは、「そうした絶えざる暗黙の断定、各瞬間の我々の思考の裏に隠れている『世界の定立』を露呈してくれ」ます。つまり、この還元によって、「我々はこの〈おのずからなる定立〉を、『それに加わることなく』……、つまり、その同じ瞬間に自分としてはその定立を行わずに、眺めるわけですが、これは真であろうと望むどんな思想にも必要な条件なのです」（メルロー＝ポンティ　1966：17-18）。

　フッサールの「エポケー」すなわち「現象学的還元」は、あくまで、人間の認識一般の起源を探る、という哲学的問題意識に限定されているように見えるのですが、このメルロー＝ポンティの説明は、そのフッサールの哲学上の成果が学問一般に適用できる可能性を示しているように思われます。私が今話している事に引き寄せて言い直してみますと、我々の法学的議論の中にひとりでに入り込んでいる暗黙の断定をすべて一旦停止し、その断定を、それに加わることなく、つまりその断定をせずに、眺めること、これが、真であろうとする法律学に必要なのだ、ということになると思います。

　フッサールはこのエポケーを介して、「疑いえない領域」である「超越論的主観性（transzendentale Subjektivität）」（フッサール同前：60-61）に到達しましたが、ケルゼンは、いわば法律学的エポケーを通じて、疑いえない現実としての法に定位したのです。彼は従来の法律学的思考をその地点からすべて疑い、徹底的に批判しました。彼の根拠地は現実なのであって、ある特定の哲学でも、ある特定の思想でもない、と私は思っています。

　私たちは自分では気付かずに何らかのコンタクトレンズをつけて世界を見ています。物理的世界においては、私は自分の眼を自分の眼で何も介さずに見ることは絶対に不可能ですから、もしレンズが付いていたとしても、それを自分で確認することはできません。しかし、人に見てもらったり、鏡を使

ったりすればいいわけです。これに対して、顔の前面にある眼ではなく脳の回路としての眼は、自分で自分を直接見る、という視線の向け直しも不可能ではないと思います。ただ、こればかりは、信用できる人に見てもらうとか、歪みや曇りのない完璧な鏡を利用するとかといったやり方と違って、手軽には客観性を確保できない宿命にあって、自分を見ている自分が裸眼であるとは限らないし、見られている自分の眼に近視用のレンズがついていたと確認したつもりでも、実は乱視用のレンズであった、ということも往々あることです。したがって、先ほどのメルロー＝ポンティがいみじくも言ったように、「還元のもっとも偉大な教訓とは、完全な還元は不可能だ、ということ」（メルロー＝ポンティ 1967：13）なのかもしれません。

　しかし私たちは、それでもなお、エポケー・現象学的還元を遂行せねばならないと思います。ケルゼンがそうしたように、現実の法に対して虚心で対面して欲しいのです。そうすることによって、自分の「断定」と現実の法との関係のあり方を捉えなおしてもらいたいのです。ケルゼンの思索の追体験、それこそがケルゼンと、あるいは純粋法学と対話する、ということの本当の意味だと思っています。

4）知的牢獄からの脱出

　フッサールと並んで、ケルゼンの思想と親近性のある科学哲学者にカール・ポパー（Karl Popper：1902-1994）という人がいます。この人は、『開かれた社会とその敵（*Open Society and Its Enemies*）』（1945）という本などで有名ですが、彼が「準拠枠という神話」（1976）という小論で述べていることは、今私が皆さんに要求している事柄に別の角度から照明を当ててくれます。ちょっと長いですが、その論旨を、当面必要なかぎりで要約してみましょう。彼によれば、

　　今日の知的な生活を困難にしているものの一つに、非合理主義の教義があり、その主要構成要素の一つは、真理はそれぞれの準拠枠（framework）に相対的で、準拠枠が変われば真理も変わりうる、という「相対主義」で

ある。そして、この「相対主義」の背後に、「準拠枠の神話」がある。それは「合理的で実りある討論は、その参加者が基本的な仮定に関するある共通の準拠枠を共有しなければ、あるいは、少なくとも討論のためのそのような準拠枠を決めておかなければ、不可能である」との信念である。この神話の持ち主の代表者すなわち「準拠枠中毒者」がマルクス主義者、フロイト主義者、アドラー主義者であって、彼らは自らの準拠枠に対する反対論者の批判は、階級的偏見のため、抑圧のため、劣等感情の代償の企てによる衝動のため、というように、社会分析、精神分析して済ませてしまう。

　しかし、共通の善意と多大な努力が注入されるなら、準拠枠の違う者同士でも相互理解は困難だが可能である。むしろ、知識の成長は意見の不一致があることに全く依存している。

　科学の興隆における合理性の構成要素として、「詩的発明力」つまり、世界を説明するよい話を作る能力と、「批判の発明」が挙げられる。古代ギリシャのイオニア学派に端を発するこの批判の伝統は、ある受け入れられた物語や説明を批判し、そして新しく改良され、想像力に富んだ物語を生み出し、次にまたそれが批判にさらされる、という方法から成り立っている。この方法が科学の方法である。だが、この批判という方法の発明は「文化衝突」という衝撃がなければまず起こりえなかっただろう。我々はある種の知的牢獄の中に住んでいる。しかし、通常はこの牢獄に気付いていない。「文化衝突」を通じてはじめて気付くのである。そして、その牢獄から脱することもできる。だが、その結果はまた新しい牢獄である。ただ、それははるかに広い牢獄である。もしこの牢獄にも悩むときがくれば、それを批判し、より広い牢獄へと脱出する自由が常にあるのだ。この牢獄が準拠枠である。牢獄を好まない人は、別の準拠枠から来た相手との討論を歓迎するだろう。というのは、この討論によって、自分が今まで気付いていなかった鎖を発見し、それを断ち切り、そして自分を超越する機会が与えられるからである（ポパー　1979：109、110、114、116、117、123-125）。

長々と引用しましたが、まあ、このようなことを言っているわけです。私が皆さんにお願いしていることは、このポパーの言葉を借りれば、自分を閉じ込めている知的牢獄を批判し、より広い牢獄へと脱出する準備をしてもらいたい、ということです。そして、ケルゼンの純粋法学は、おそらく皆さんにとって別の準拠枠から来た異星人のように見えると思いますが、その純粋法学との接触を文化衝突と捉え、それとの討論を経た上で、豊かな詩的発明力を発揮してもらいたい、ということなのです。間違っても、準拠枠中毒者のような対応はしてほしくないのです。

　ここでポパーのいくつかの用語について説明しておかねばなりませんね。彼は準拠枠中毒者を相対主義者として規定しているようですが、実はケルゼンも一般には相対主義者ということになっています。とすると、ケルゼンも、ポパーからすると、準拠枠中毒者なのでしょうか。いや、決してそうではありません。ポパーの言う「相対主義」とケルゼンの相対主義とは名称は同じでも中身はまるで違うものなのです。

　確かにケルゼンも、正義とは何か、という問題の答えなどは準拠枠が異なるごとに異なることを認めます。そして、それら相互間の合理的な討論の可能性も否定します。何故なら、それを主観的な価値判断だと捉えているからです。そもそもが「選択」、決断の問題であって、それを科学的に誘導する原理などありえない、という不可知論に立っているからです。したがって彼は、準拠枠中毒者のように、自分の準拠枠とは対立する準拠枠を持つ者を自分の準拠枠から「説明」することで、自己保身することはありません。たぶん、「私は、あなたの準拠枠を含めて、無数にありうる準拠枠の中からこれを選択したのだ」と言うことでしょう。

　準拠枠中毒者は決してその準拠枠を「選択した」などとは言いません。そもそも準拠枠を価値判断の問題だとは考えていないからです。中毒者はいかなる場合でも自分の準拠枠の外には一歩も出ません。外があるなんて考えてもいませんし、自分の依拠している準拠枠を「one of them」などとも考えていません。ましてや対立者の準拠枠と自分のそれが等価だとも考えません。自分のものだけが正しく、他はすべて間違っている、あるいは劣ってい

る、あるいは、自分の準拠枠からそのダメさは説明可能である、と思っているのです。したがって、ポパーの言う中毒者は相対主義者ではなく、絶対主義者なのです。ケルゼンはあくまでも相対主義者です。

　そして、実定法の認識という問題についても徹底した相対主義者です。彼は「存在と当為の二元論」という立場を「選択」しています。しかし、正義の問題の場合と違って、この場合は異なった準拠枠との間での合理的な討論は可能だと考えています。価値判断ではなく認識に関わるからです。この場合には、現実の実定法という共通の referent があるからです。「実定法とはこういうものを言う」との言明は、現実の実定法がすべてそうであるか、そうでないかで、真偽を決することが可能だからです。ケルゼンは、先ほども述べましたように、理論ないし信念から現実を裁断する、という演繹的方法ではなく、現実に基づいて概念を構成する、という帰納的方法を採っていますから、かなりの批判には耐えられる、と思います。もちろん、耐えられなければ、その批判に応じて修正するだけの話です。

　彼にとって、認識と評価あるいは価値判断は全く別問題なのです。彼は、現実の実定法を、純粋法学者としては、是認も否認もしません。あるがままに認識しようとします。「良くも悪くもこうなんだ」と言ってしまうわけです。これは先ほどの「客観性」の問題と同じですが、よく批判される点です。「是認も否認もしない、などということは社会制度についてはありえない、『制度はこうなっている』と言ったら、それは是認していることに他ならない、だからケルゼンは本当は保守反動、秩序派なのだ……」と、こう言われるわけです。このような批判——というより誹謗——の愚かしさは次第に分かってもらえると思いますが、ケルゼンが言いたいことは、実定法というものは学者のそのような是認、否認とは無関係な次元に存在している、ということに他ならないのです。是か非かに分けねばすまないという心理は評価の中にのみ自己の存在証明を求めようとする脆弱な心性に由来するのですが、ケルゼンは、是か非かを言う前に、その対象がどんなものであるか、囚われない態度で把握してみよ、是か非かを言うのはその後にしろ、と言っているにすぎないのです。是認とか否認という評価はこの把握に裏付けられて

いなければ全く信用のならない感情表出にすぎないのです。およそそれは学問的議論とは縁のないものでしょう。

ともあれ、私の言いたいことは、皆さんに法を前にして虚心坦懐になってもらいたいということに尽きます。それは、この講義を聴くことを無駄にしてほしくないためであるだけでなく、これはちょっとお説教がましいですが、物を考え、物を言うときに常に自分の足元を、そして、そのまた足元を問う、という習性を身につけてもらいたいがためなのです。私は、今までお話してきたような意味で、ケルゼンの純粋法学を他の法律学とは同日に論じられない性質を持ったものと考えています。純粋法学は、実は、ルートヴィッヒ・フォイエルバッハ（Ludwig Feuerbach：1804-1872）のキリスト教批判や、カール・マルクス（Karl Marx：1818-1883）の経済学批判と同様の意味での法律学批判なのです。

しかし、こんなことを言うと、フォイエルバッハはともかく、マルクスには「エッ」と思った人がいるのではないかと思います。詳しくは、今述べられませんが、マルクスの思想と純粋法学の関係は、一般に考えられるほど、水と油の関係ではないように私には思えてならないのです。確かにケルゼンはマルクスを批判し、マルクス主義者はケルゼンを批判しています。だから、同じ水だとか、同じ油だとか、とは言えません。しかし、私は、お互いの独自性を保ちつつ、交じり合うことができる物質だと思っています。ちょっと話がそれましたが、純粋法学を学ぶ意義は、法律を学んでいる自分を一旦解体し、どうしても否定できない建材だけで自分を再構築するチャンスを与えてくれるところにあるのだと思います。

5）原典第一主義

さてもう一つ、講義に先立ってお話しておきたいことがあります。私事にわたって恐縮ですが、私がケルゼンを本格的に研究し始めたのは今から6年ほど前、この大学の大学院に入る前年あたりからです。もちろんケルゼンの著作に触れたのはもっと前ですが、そのときの驚きと言うのでしょうか、感動と言うのでしょうか、そういうものが私を純粋法学研究に向かわせたと言

えます。若いときなので、今思えばずいぶん不遜な感想ですが、自分の中に確実に存在しているものの、うまくことばに表現できなかった法の見方を、ケルゼンは実に素晴らしく整然と語ってくれている、と思ったのです。これだ、と思ったのですね。

私にとっての幸運は、ケルゼンのケの字も知らないで、いきなりケルゼンの『純粋法学（*Reine Rechtslehre*）』第1版（1934年：横田喜三郎訳 1935年）を読んだことです。それより前に紹介論文や解説論文を読んでいたら、もしかしたら、ケルゼンを研究しようという気にならなかったのではないか、と思っています。何故なら、後から読んだ、そういった二次文献が描き出しているケルゼンの多くは、私が直に触れて読み取ったケルゼンの持つラディカリズムや、ハリネズミのようなトゲトゲした緊張感のない、ごくつまらないアナクロニズムにしか見えなかったからです。

したがって私の研究の方針は、二次文献は基本的にあまり頼りにせず、原典に内在して理解する、ということでした。この講義でお話することは、そのようにして到達した私の、かなりとっぴな——と評価さていれるだろうと推測できるところの——解釈が中心となります。したがって、こんなことを言うのは変かもしれませんが、皆さんはそれをあまり信用しないで下さい。私の解釈は正統派的なものではありません。学界からそんなに受け入れられているとも言えません。だから、というわけではないですが、疑ってかかってください。そして、疑うためにケルゼンの原典を読んでください。何でもいいです。それが一番なのです。私の講義が皆さんにケルゼンの原典に直接触れる機会を与えたとすれば、それで目的の大半を成し遂げたと言ってもいいくらいです。

1．法命題の理論

1）法律条文

さて、前置きがだいぶ長くなってしまいましたが、いよいよこれから純粋

法学の中身に入っていきます。しかし、叙述の順序は『純粋法学』どおりではなく、それをかなり組み替えました。

　私は純粋法学を法「哲学」（Rechts-Philosophie）だとは考えていません。それは、あくまでも現実の法、すなわち実定法の理解、把握を任務とする法学（Rechtslehre）なのです。したがって、ケルゼンの持つ方法的基礎を抽象的に論ずる前に、彼が現実の法をどう見ているか、これを明らかにしておいたほうが純粋法学の本質を掴みやすいと考えました。純粋法学の中で、それを最も端的に示してくれるのが法命題（Rechtssatz）の理論です。では、以下、それについて説明しましょう。

　まず、我々の前にある実定法が与えられているとしましょう。「いや、待て、そもそも『実定法』とは何か、という問題に答えが与えられなければ、そんな設定は不可能だ」という意見が、特に法哲学者から出てきそうですが、その定義の問題はもう少しあとに検討するとして、とりあえず、今は、誰もが実定法であることを否定できないような例で考えてみましょう。それはいわゆる『六法』の中に収録されている日本刑法第235条窃盗罪の規定です。これを実定法じゃないと言う人はまずいないでしょう。別に他の法律、たとえば民法でもいいですし、刑法でも他の条文はダメだ、というわけではないですが、まあポピュラーですから、これにしましょう。

　そこにはこう書いてあります。「他人の財物を窃取した者は窃盗の罪とし、十年以下の懲役〔平成18年の改正により、現在は、「又は五十万円以下の罰金」も追加されている——筆者〕に処する。」　この条文を見ると皆さんはいろいろなことを思い浮かべることでしょう。「他人の」「財物」「法益」「不法領得の意思」などなど。でも、今はそういう議論は頭の片隅にとっておいて、考えないようにしてください。そもそもここで問題することはそういう次元のものではないのです。そういうものは、皆さんが大学にきて、刑法の先生や教科書などから仕入れた、言ってみれば後発的な知識です。まだ法律学の素養のないサラの自分を思考実験で想定してみてください。そして、そのとき、ある人から「要するにこの条文は何が言いたいのか」と問われたと仮定してみてください。皆さんだったらこの問いにどう答えますか。皆さん

には法律学上の細かい知識はないことになっているし、たとえ多少はあったとしても、それをしゃべると、「要するに」との要件に適わないわけです。

　どうでしょう。たいていの人は「人の物は盗ってはいけないってことですよ」とか、「人のものを盗むことを禁止しているんですよ」とか答えるんじゃないですか。私も、授業から離れれば、おそらくそう答えるでしょう。そして、普段の生活の中ではたぶんそれで何の問題も生じないでしょう。尋ねた人も、普通、それで納得すると思います。

　ところが、この、一見問題なさそうな日常的言語使用の中に、実は重要な問題が隠されているのです。はたして刑法第235条に「人の物は盗ってはいけない」などと書いてあるでしょうか。それは、明示的に、人のものを盗むことを「禁止」しているでしょうか。誰が見たって、それこそ眼光紙背を徹する考察力をもって見つめても、この条文の中にそれらの痕跡すら発見しえないはずです。では、何故私たちはさっきのように言うことができるのでしょうか。それは、私たちが、みな、あまり深く考えずに、「刑法は、やってはいけないこと——つまり犯罪——をした人間を罰する法律だ」、というふうに漠然と思っていて、それに基づいて、この条文の法的な、あるいは規範的な意味を推測したからなのです。さっきの答えは、このような、推測された規範的意味を述べたのであって、この刑法第235条そのものを述べたのではありません。この条文のどこにも、「盗みはいけない」とは書いていないですよね。つまり、盗みを明示的に禁止していないですよね。窃盗犯は10年以下の懲役〔等〕に処する、としか書いていないですよね。これ、間違いないですよね。

2）不法概念

　同じようなことが、「犯罪」という一般的な概念についても言えます。私たちはよく、ある特定の行為を見て、「それは法律違反だ」とか「それは違法だ」とか言ったり、たとえば窃盗行為を刑法第235条に「引っかかる」、「違反している」と言ったりします。しかし、ある行為が何かに「違反している」と言えるためには、「〜せよ」「〜するな」——これは命令文ですね

1．法命題の理論　17

——あるいは「〜すべし」「〜すべからず」——これを当為文と呼びます——といった形で、誰かが我々に一定の行為を命令をしたり、禁止した、という状態を想定しなければなりません。ところが、たとえば、刑法第235条には「他人の財物を窃取した者は窃盗の罪とし」としか書いてありません。どこにも命令文や当為文はありませんよね。

　だから、「他人の財物を窃取」することがこの条文に違反することはありえないのです。意外に思ったかもしれませんが、私は皆さんを騙しているわけではありません。その行為を法律違反だと言うとき、念頭にあるのは、条文そのものではなく、先ほど述べたそれの「規範的意味」、つまり、その行為を「禁止」していると想定された規範、そして、その背後にある、それを「禁止」する目的なのです。その観点から見れば、「違反」と言うことができるのです。しかし、この規範なるものも、目的なるものも、私たちの経験には与えられていません。つまり、条文と違って、見たり聞いたりできません。私たちがこれから「法律」学という学問をしていくとするならば、法律という私たちの経験に与えられたものから出発しなければならないのじゃないか、と思います。したがって、違法性とか法律違反、法律侵害、犯罪などの概念を無反省に用いてはならないのです。

　ケルゼンは、この法律学の出発点とも言うべき問題を「不法（Unrecht）概念」というテーマで扱っています。その議論を紹介してみましょう。彼はこんなふうに言っています。

　　伝統的見解——これは今も多くの一般人、学者が共有していますが——は、不法行為を「法を破ったり、害したりするもの」と捉えている。そうだとすると、それは「法の否定」「法の中断」ということになってしまい、法および法認識の体系の外に排除され、法概念ではなくなる。この見解においては、否定された「法」とは、明らかに、法律の背後に想定された「法規範」——二次的規範と呼ばれています——のことに他ならず、「法秩序の目的」や「立法の動機」、当該行為の「社会的有害性」などが決定的因子となっている。しかし、我々の経験に与えられた素材からのみ法認識

を組み立てるならば、「不法」と呼ばれるものの意味も違ってくる。それは法および法認識の体系の中に存在する、紛れもない法概念であって、決して「法の否定」ではない。現実の法の内容である。それは「法の特殊の要件」すなわち、「それに対する効果として定立される強制行為の制約」なのである（ケルゼン 1971：87-88、同 1935：49-50、Kelsen 1960：116-117 参照）。

　この説明を聞くと、窃盗罪で言えば「他人の財物を窃取」するという「不法」行為は、明らかに法の内容であり、同じく法の内容である「十年以下の懲役」〔等〕という効果を結び付けられる条件に他ならないということが分かるでしょう。したがって、純粋法学の立場からは法の否定としての不法概念は解消せねばならず、むしろ「不法行為に即して法の存在が証明される」（ケルゼン 1935：51）、という具合なのです。「適法」概念は、まさにその逆となりますので、ここでは説明を省きます。

　ここまで来ると「不法」という表現を維持すること自体が問題とならざるをえません。ケルゼンも、1960年の『純粋法学』第2版ではその表現を止めて、「デリクト（Delikt）」という表現に代えています。ケルゼンの言わんとしていることを簡単に要約すれば、こうなると思います。たとえば、窃盗罪の規定は「窃盗はやるな」などとは書いていないじゃないか。ただ書いてあるのは「窃盗をやったら十年以下の懲役〔等〕に処しますよ」ということだけじゃないか。極端に言えば、「窃盗をやってもいいですよ。でもやったらこれこれの罰を加えますよ」と言っているだけじゃないか、ということだと思います。

　そもそもこの法律は何のためにあるのか、といった立法の目的とか、具体的な立法者の動機などは、法律に明示的に書いてある場合は別ですが、たいていの場合、確定的には分からないわけです。しかし、分からなければ法律学が成り立たないのではなく、むしろ逆に、法律とか法秩序はそういう目的や動機——もちろんはっきり分かったとしてですが——とは関係なしに法的拘束力を持ちうる、という現実から見れば、法律学は、そのような目的論

的、あるいは発生論的考慮から自由でなければならないのです。

　なぜ窃盗が罰せられるのか、という問いの答えが確定的に出されていなくとも、現に刑法の中に第235条があり、窃盗は罰せられることになっているし、多くの場合、実際に罰せられており、一般人も法律学もその条文の意味を理解しうる。それはちょうど、宇宙がいつどのようにして発生したか分からなくとも、現在の宇宙を支配している法則や宇宙の運動について、人間が生存するために必要な程度のことは分かるのと同じです。人間がこの地球上にどのようにして生まれてきたか、まだ分からないことが多いですが、そのこととは別に、生物体としての人間を捉えることは可能なはずです。少なくとも Genesis（発生）の問題への論及に裏付けられていない現実的対象の分析は不可能か、そうでなくとも無意味だ、といった議論は成立しないと思います。つまり、現実をさしあたり、すでに与えられているところのもの Gegebenheit（所与）として扱うことは何ら非科学的なことではないし、むしろ Genesis がはっきりしていない現在においては、反イデオロギー的な廉直な態度と言うべきでしょう。

3）K. ビンディング批判

　この発生論的思考は、目的論的思考や二次的規範の幻影から犯罪を「不法」とする伝統的見解と通底しています。この見解の持ち主の代表者としてケルゼンは、カール・ビンディング（Karl Binding：1841-1920）を挙げます。このビンディングは、ケルゼンと同じく一般法学の系統に属する刑法学者で、絶対的応報刑主義の考え方を持つ学者です。平野龍一（1920-2004）流に言えば後期旧派です。代表作に『規範とその違反（*Die Normen und ihre Übertretung*）』Ⅰ，Ⅱ（1872）という本があって、それによって刑法学における違法性の理論の基礎を造ったと言われています。彼の理論の核心は、刑罰法規（Strafrechtssatz）と、それと対立すると言われる規範（Norm）との区別で、前者については純粋法学の法命題と同様、一定の前提と結びついた国家の意思についての仮説判断だとしています。後者は、服従者の合法的な行態を要求する命法（Imperativ）あるいは、「汝……すべし」という命題だ

としています。つまり、法命題と二次的規範の区別のことですが、ビンディングは、当時のケルゼンと同様、法命題を法律と区別していないので、これは実は、刑法第235条と「汝盗むなかれ」という規範との関係のことです。

ケルゼンはビンディングのこのような理解について、こう述べています。

　それは、純粋法学が打倒しようとしている命令説（Imperativtheorie）の一変種で、犯罪者が違反したり、侵害したり、背いたりしている命題（Satz）は、服従者の一定の行態に一定の刑罰を結び付けている命題と同一ではありえない、という認識が、その底にあり、それ故、規範を、「制定されていない、法の文（Satz）」とすることを憚らない。この学説は、犯罪者を法律違反者とするあいまいな用語法に基礎を置いており、犯罪者の行為によって侵害される客観的法を平和状態（Frieden）と同一視し、不法を平和破壊と捉えているのである。ところが、規範的学問（真の法律学）——つまりは純粋法学のことです——の考察は、法を秩序創造的なもの、秩序づけるもの、平和状態の樹立の手段としてのみ示しうるのであって、すでに秩序づけられたものとは捉えない。従って、法は侵害されえない。侵害されるのは事実的平和状態だけである。

　ビンディングが刑罰法規と規範を区別する根拠は、侵害されるのは規範だけで、刑罰法規は侵害されない、との考えであるが、これは間違いである。ビンディングの規範は、ビンディングの刑罰法規と同様、侵害されない。窃盗が頻発しても、「汝盗むなかれ」も「盗んだ者は罰せられる」もそのままである。どちらも、事実的不法と抵触しない。規範を侵害する行態とは、規範の目的に対立する行態のことに他ならない。ビンディングはこのことを看過した。彼は不法行為の存在性と規範の当為性、および両者の相互独立性を理解しなかったからである。……（Kelsen 1923：270-274）

ケルゼンのビンディング批判はまだ延々と続くのですが、この場ではこのくらいで十分でしょう。——それに、ケルゼンの論旨の中には後に改めたものもあるので、この講義の先を聴くと混乱することになるかもしれませんので——私なりに以上を要約すれば、こうなると思います。ビンディングに限

らず私たちが通常、無反省に使用している「違法」だとか、「法律の侵害」だとかの表現もその根源を突き詰めると、根拠が怪しく、暗黙のうちに漠然とした「目的」なるものを前提していた、ということが分かる、ということです。したがって、それがいかなる理由で制定されたか、とか、どんな目的を持っているか、とかの問題を完全に視野の外に置いて、与えられている実定法をその限りで認識しなければならないのです。

2．実定法と規範

1）実定性

さて、ここまで説明してきて、純粋法学が私たちの経験に与えられた素材である実定法から出発する、ということがどういうことか、おおよそ分かってもらえたのではないかと思います。ともかく、法を現実の実定法の「裏返し」のものとしないことです。法とは「表」の実定法なのです。そこで、いよいよ最初に棚上げしておいた問題、純粋法学における実定法とは何か、という問題を考察しようと思います。ただ、この問題はケルゼンの規範概念と密接に関連しているので、それを一緒に述べることにします。ケルゼンによれば、

　　実定法（positives Recht）とは、「実在的の法、存在する法」（ケルゼン 1935：66）であって、「特定の人間的権威によって『人為的』に定立された」法のことである（ケルゼン 1973：6）。

これで終わりです。実に簡単ですが、これに尽きるのです。そして、この簡潔さこそ、純粋法学の純粋法学たるゆえんなのです。皆さんは、「この定義じゃ、何も言ったことにならない。実質的要素が何もないじゃないか」と言うかもしれません。しかし、純粋法学は現実の法を見るに当たって、前もって何らかの枠組みを用意していないのです。他の多くの学者はこの実定性（Positivität）概念の中に実効性（Wirksamkeit）や妥当性（Geltung）を含ま

せます。これらの概念は確かに関連はありますが、それぞれイコールではないのです。そのような学者の例としては、カール・ベルグボーム（Carl Bergbohm：1849-1927）、ゲオルク・イエリネック（Georg Jellinek：1851-1911）、ラートブルフなどが挙げられますが、それに対してケルゼンは、実効性はともかく、妥当性はそこに含めないのです。唯一、「人為的定立」のみをメルクマールとします。つまり、定立されていること（gesetzt sein）だけを意味する、とするのです。

　この点、ケルゼンは G. W. F. ヘーゲル（Georg Wilhelm Friedrich Hegel：1770-1831）と同じなわけです。法律の形式にのみ注目して、その内容には無頓着なのです。従って、「悪い実定法」というのは決して形容矛盾ではないのです。これは、自然法と区別し、それとの独立性を明らかにするための消極的定義と言ってよいでしょう。実定法が法であるためには、自然法や正義や神といった、規範の超越的な源泉を必要としない、ということを表したものなのです。いわば、人為的法秩序の至高性・最高性を示しているのです。ケルゼンはこう言っています。すなわち、「法秩序の実定性」とは、「至上の規範体系であるという法秩序の属性」の表現であり、それは、法秩序は「より高次の規範から導出しえない」ということにほかならず、「この点に自然法から乖離した実定法の本質がある」、というふうにです（ケルゼン 1977：107）。また、ケルゼンは、「法の実定性は国家の主権と同一」だとしています（ケルゼン 1929：98）。だから、ケルゼンの実定性は消極的に「主権性」を意味している、と言っていいわけです。

　ギリシャ哲学におけるピュシス（physis：自然）とノモス（nomos：人為）の対立で言えば、これはノモスの主権性ということになるかもしれません。しかし、ここで注意しておかねばならないことがあります。尾高朝雄（1899-1956）の有名な「ノモス主権」説との違いです。尾高の説は、「法実証主義のように、主権を実力決定論の方向へは持っていかないで、いかなる政治上の実力といえども法の根本原理には従わざるをえない、という結論」に導こうとするもので、その原理とは、「与えられた具体的条件の下で、できるだけ多くの人々の福祉をできるだけ公平に実現してゆかねばならない」という

「政治の正しい筋道」だとされます。この「政治の矩」を「ノモス」と呼び、これこそが政治の方向を最後的に決定する「主権」である、とします（尾高朝雄 1948：576）。ケルゼンはこのようなことは言っていません。この「政治の矩」なる「ノモス」は、実は自然法に他ならないからです。

2）実定法の意味としての法規範

　それはさておき、ケルゼンは実定法のこの特徴づけから、強制の問題、相対的妥当性の問題に説き及んでいますが、それは後で説明するとして、考察をもう一歩進めましょう。私が今まで紹介してきたのは、実定法概念のうち、「実定性」に焦点を合わせた説明でした。従って、「人為的に定立された主権的な」までは分かってもらえたと思いますが、肝心な「法」のほうがまだ分からないと思います。ケルゼンも、実定法を「法」と呼んでいるのですから、「すべての法は judge-made law だ」としたジョン・チップマン・グレイ（John Chipman Gray：1839-1915）のように、たとえば刑法第235条のような制定法を、法ではなく、「法源（sources of Law）」にすぎないものと捉えているのではなく（cf. Gray 1909：119)、我々に対して拘束的に振舞うものと捉えているわけです。したがって、その「法」と、人を拘束する規範との間に何らかの関係を認めているのです。そうでなければ、「法」とは呼べないはずです。それでは、それを明らかにするために、ケルゼンの規範概念がどのようなものかを見てみましょう。

　これについては引用しうるものが多々あるのですが、時代的に変遷があり、それを辿るのは厄介です。それに、辿ってみても皆さんには面白くはないでしょう。そこで、おそらくケルゼンの絶筆で、この関係を最も分かりやすく説明していると思われる1979年公刊の遺稿『規範の一般理論（*Allgemeine Theorie der Normen*）』第8章、第9章、第38章、第41章～第44章（Kelsen 1979：20-28, 119-125, 130-139）の記述を私なりに整理したものを次頁のような図にして紹介することにします。

　これ以前のケルゼンは、単に、規範（Norm）は「意思行為（Willensakt）の意味（Sinn）」であるとか、その行為に担われた「精神的意味内容（geis-

図1

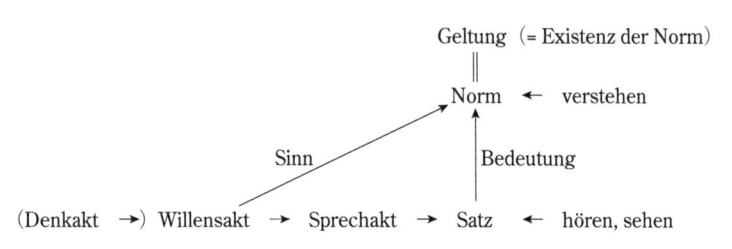

```
                        Geltung（= Existenz der Norm）
                        ‖
                        Norm  ← verstehen
              Sinn ╱        ↑ Bedeutung
（Denkakt →）Willensakt → Sprechakt → Satz ← hören, sehen
```

tiger Gehalt）」であるとだけ述べることが多く、この図の Willensakt → Norm の関係だけに注目しているようでした。しかし、ここで彼は、おそらくはじめて、今まで私が述べてきたような意味での実定法、文章としての法を含めた定式化を行ったのです。かつて彼は、法律は、「前提なしに考察すると、単なる事実以外のなにものでもない」が、「何故にこの法律という事実が規範を意味しているのか」と問題を立てて、根本規範に説き及んだこともあり（Kelsen 1973：13）、法律を、「言葉や文で表現された」法規範、あるいは条文化された法規範というふうに捉えていたこともありました（Kelsen 1960：73, Cf. Kelsen 1945：45）。しかし、たいていの場合、法律そのものの影は薄かったのです。あたかも我々の経験に与えられているのは、意思行為と発話行為（Sprächakt）が一体となったものだけで、純粋法学が対象とするのは、それとその意味たる規範に限られるかのようでした。

　たとえば、「法の分析」は法現象を、「心的・身体的行為」と、「この行為によって担われる精神的意味内容」の二要素に区別する（Kelsen 1931：453）などと言っています。実定法はどこかに行ってしまったようですよね。しかし、ケルゼンは、その一方で、「認識には実定法のみが与えられている」（ケルゼン 1935：33）と確かに述べており、その実定法とは「人間の作品」（ケルゼン 1973：63）であり、「経験的素材」（ibid.：31）であるとしています。だからこそ、『純粋法学』第1版の冒頭で「純粋法学は実定法の理論である」と宣言しえたのだと思います。やはり実定法素材は純粋法学の内にしっかりと位置づけられているのです。上の図はまさにそのことを示しています。書かれた文（Satz）たる実定法なくして、そもそも純粋法学は成立するはずが

ないのです。

　では、どうしてSatzとしての法、法律の影が薄かったのか、と言いますと、——これはもちろん私の勝手な想像ですが——ケルゼンにおいては、法が人間的行為の意味の世界に本籍を持っていることがあまりにも強調されすぎたために——それ自体は、正当なことなのですが——、意思行為（規範定立行為）との戸籍上の親子関係が視野のほとんどを占領し、法の現住所が視野から外れてしまったからではないか、と思います。「論理問題にとって重要なのは、言語的表現ではなく、その意味である。その意味は言語的表現自体の中に常には見出せない。その表現を使った者の意図に依存する」(Kelsen 1979：120) との言い方がまだ残っていることでも分かりますように、本来、その言語的表現がなければ、その表現の意味（Sinn）も、それを使った者の意図も問えないのに——このことは彼も当然了解しています——、そのことがあまりにも当然すぎるため、私たちが空気の存在を軽視しがちであるのと同じように、軽視する傾向があったようです。この規範的意味と、意思行為ないし意欲（Wollen）とをバイパスで結んでしまったのは、ある意味では彼が法学から厳格に取り除こうとしたGenesis論が思わずその指の間からもれ落ちてしまった結果なのかもしれません。しかし、『規範の一般理論』に至って彼は、その不徹底さに気付き、それを克服する方向性を示したのです。ただ、なお、意思行為の意味が語られているのは、その意思行為——すなわち、法権威による規範定立行為——こそが実定法の実定性を特徴づけるものだからです。

　それでは、上の図を説明してみましょう。例として窃盗罪の規定を使います。まず「思考行為」。これについてケルゼンは、「意思行為に先行する」と言う以外に詳しい説明をしていませんが、おそらく、「窃盗は望ましくない」と考えることであろうと思います。しかし、どうして望ましくないと考えたかは、法的にはどうでもよいことで、もっと言ってしまえば、この思考行為自体、ただ意思行為に必然的に先行している、というだけで、あとは法的にはどうでもよいことなのです。次に「意思行為」ですが、これは「規範定立行為」で、「望ましくない」との考えに基づいて、望ましい状態を惹起する

ために、他人の行態に向けられた「意欲」のことです。今の例で言うならば、窃盗を抑止するために、他人に窃盗者を処罰させようとすることです。ここで注意して欲しいことは、「他人」とは私たち服従者（Untertanen——本来は臣民という意味ですが、法の下で暮らす者といった程度の意味で使っています——）ではないということです。処罰をする者です。ところで、この意思行為は、他人に向けられているのですから、何らかの仕方で表現されなければなりません。それが「表出（Äußerung）」とりわけ「発話行為」です。それは、言葉どおり話されてもいいですし、書かれてもいいわけですが、私たちの例で言えば、後者の書くという行為です。

　その場合でも、その様式には、命法（Imperativ）、当為文（Soll-Satz）、存在文（Sein-Satz）がありますが、近代では、多くの場合、存在文です。それがこの図での「文・命題」です。例で言えば、「他人の財物……に処する」というものです。このような経過を辿って法律ができるというわけです。

3）意思行為の意味と文の意味

　そこで、問題の「規範」ですが、それは「規範定立行為」、すなわち他者に向けられた「意欲」たる「意思行為」の「意味」であり（Kelsen ibid.：2）、その「意思行為の意味（Sinn）が表現される発話行為（Sprechakt）の産物である文・命題（Satz）の意味（Bedeutung）である」とされています（ibid.：131）。この「意味（Bedeutung）」たる規範は、私たちには「理解（Verstehen）できるだけ」で、「感覚的には知覚できない」ものです（ibid.：27）。感覚的に知覚できるのは、それを意味している（bedeuten）文だけです。従って私たちは、それを読んでも、ただ「ああそうですか」と言うよりほかはないのです。その場合、それはただの文であり、法律の原本も、『六法』の中のそれも、教科書の中のそれも、私が書いたものも、皆同じということになります。言語形式的には、言明をしているように見えますが、そうではありません。言明なら、真偽を問えますが、文としての法律は真偽を問えません。

　皆さんは、中学の時、"I go to school."などという英語を習ったでしょ

う。それは、"I have a book."とは違って、それ自体としては真偽は問えません。"I went to school yesterday."とか、"I'll go to school tomorrow."なら、真偽を問えますけれども、"I go to school."は、何かを言明しているように見えて、それだけでは意味論（semantics）的には何も言明していないからです。もちろん、語用論（pragmatics）的には何かを言明する場面はあると思いますが。法律の文も同じく、意味論的にはそれは何も言明していないのです。それでも私たちはその文が何かを意味している（bedeuten）こと、その文を生み出した意思行為が何かを意図している（sinnen）ことを理解できます。その何かが規範です。

この bedeuten とか sinnen という概念ですが、辞書によれば、Bedeutung とは、意味、重要性のことで、bedeuten とは、意味する、指示する、という動詞で、他方、Sinn とは、感覚、心、意味のことで、sinnen とは、目論む、という意味の動詞です。記号論理学の礎を築いたフレーゲ（Gottlob Frege：1848-1925）によれば、Sinn（意味）とは、どうやら語の内包定義のことで、Bedeutung（指示）とは、その語の指示対象、つまり外延定義のことだということになります。これに対してケルゼンは、これらを次のように使っているようです。すなわち、Bedeutung とは、あるものが何かを指し示している機能のこと、Sinn とは、それをもって人が考えていること、という具合です（以上、ibid.：25-27, 242-243参照）。重要なのは、「Satz の Bedeutung」という点です。さしあたり私たちの経験に与えられているのは、意思行為ではなく、Satz だからです。

4）一次的規範と二次的規範

そして、その規範の内容は、これまでの例で言えば、「他人の財物を窃取した者がいれば、その者を十年以下の懲役〔等〕に処すべし」あるいは「ある者がもし窃盗をしたならば、十年以下の懲役〔等〕で処罰されるべし」という仮言命題です。注意すべきことは、「窃盗すべからず」ではない、ということです。この後者の命題は、冒頭で触れた素朴な言語使用の中でアプリオリに想定されていた規範です。ケルゼンは前者の命題を「一次的規範」、

後者を「二次的規範」と呼び、かつては、前者に当面している私たちにとって後者は無用だとしていました。ケルゼン自身はこのような表現は使っていませんが、裁判規範、行為規範という、法規範に関する伝統的な区別表現を当てはめれば、前者を裁判規範、後者を行為規範と言うことができ、したがって、「規範」とは第一次的には裁判規範であるとしていることになるわけです。

　しかしケルゼンは、行為規範は道徳と同じものだとして、その問題を法学的認識のまったくの埒外に置いているのかというと、そうではないのです。「窃盗をしてはならないという判断」は、「一次的規範が、もし窃盗をすれば処罰されるべきであると規定することを、簡約していい表したものにすぎない」として、そのかぎりで認めていますし（ケルゼン 1971：87）、処罰されるのは窃盗をやった私たち Untertanen なのですから当然ですが、法は「反対の行動に不利益を科することによって、ある行態を命令する」、「命令されている行態は執行されるべき行態ではない」(Kelsen 1960：25) とも述べているのです。「執行されるべき行態」というのは、「盗人を処罰すること」で、一次的規範の内容ですが、「命令されている行態」は、「盗まないこと」で、二次的規範である「盗むべからず」の内容に対応しています。そもそも、規範定立行為に先行する思考行為が、「窃盗は望ましくない」というものであったわけですし、それ以降の一連の行為は社会において窃盗のない状態を惹起しようとしたものなのでしょうから、その意味で、ある規範が行為規範としての意味をも持ちうることは言うまでもないことだと思います。ただ、現実の法から出発する純粋法学からすれば、行為規範は論理的には間接的なものでしかないのです。このことを明らかにするものとして、彼の「規範の名宛人」論があります。これを次に見てみましょう。

5）規範の名宛人

　「名宛人（Adressaten）」とは、その規範が向けられている相手のことです。ケルゼンによれば、一次的規範すなわち一般的仮言的法規範、たとえば「ある者が窃盗すれば、その者は～で処罰されるべし」という規範には、直

2．実定法と規範

接的名宛人と間接的名宛人とがいて、前者は処罰を具体的に命令・執行するよう授権され、義務づけられた個人で、近代的法秩序においては、事実の確定と個別規範の定立、すなわち判決の言い渡し——これは、たとえば、「被告人何某を懲役5年に処する」という文・命題の発話です——を行う裁判官と、その判決を執行する執行機関——ここでは刑務官——です。先ほど、規範定立行為は、他人の行態に向けられた意欲である意思行為の意味だと言いましたが、この他人とは、司法機関・執行機関だったのです。次に間接的名宛人ですが、それは、その行態が規範の定めている処罰の条件となっているところの個人、すなわち私たち国民です（Kelsen 1979：40）。したがって、一次的規範の間接的名宛人というのは、二次的規範の直接的名宛人であると言うことができます。

　かつて彼は、「法受範者〔法の名宛人のことです〕概念中には法に超越的な目的が同時に考えられている」（ケルゼン 1971：92）として、この概念に消極的だったのですが、「規範がある人間に向けられている、ということは、規範がある人間……の行態を当為づけられたものとして規定している、ということ」（Kelsen 1979：23）であると理解すれば、法に超越的な目的なるものを考慮せずにすむ、と考えるようになりました。もともと彼は、「人が法上窃盗しない義務を負うのは正にただ、——窃盗する場合は——処罰されるべきであるというかぎりにおいてのみである」（ケルゼン 1971：87）として、イデオロギー的名宛人論が強調する法律の行為規範的性格の間接性を予感していたのです。彼がこの概念に消極的だったのは、おそらく、この概念が、ビンディング流の規範理解——二次的規範と法律とを区別して、前者に依拠する考え方——を前提にしていたこと、そして、それに対し、ケルゼンが法律——これはSatzとしてのそれなのですが、法命題と渾然としています——に依拠したこと、によるのだろうと思います。したがって彼は、法命題は、自然法則と同様、「誰に向けられたものでもなく、認識され承認されたかどうかに関わりなく、妥当する」（Kelsen 1923：395）としながら、それと逆に、「その行態が法命題の内容であるすべての人に向けられているといっても同じことである」（ケルゼン 1971：91）としていたのです。一次的規範

が、この際に考えられていなかったのです。これが考えられていれば、名宛人概念一般をイデオロギー的として片付けることはしなかったでしょう。上に引用してきた『規範の一般理論』の論述はその証拠だと思います。

　ともかく、法規範は少なくとも直接的には法的機関に向けられているのであって、私たち、国民の行態を当為づけるのは間接的、すなわち、機関の当為づけを通してのことにすぎない、ということです。したがって、変な言い方ですが、法規範に直接「服従したり、違反したりする」ことができるのは、法的機関だけであって、私たちは直接には服従も違反もできないのです。法規範と私たちの行態との関係は、「適用」関係なのです。

　さて、こうして、純粋法学の対象、「実定法」がどのように捉えられているかが明らかになったと思います。要約的に言えば、それは、まず、何らかの人間的権威によって定立された、感覚的に知覚しうる文（Satz）、たとえば「他人の財物を窃取した者は〜に処する」というもので、直接的には「ある者が他人の財物を窃取したならば、その者は〜で処罰されるべし」という法規範を、間接的には「盗むべからず」という法規範を意味している（bedeuten）——規範定立権威の意思行為から見れば、意図している（sinnen）——と「理解（verstehen）」されるものである、ということになります。いいですね。

3．記述的意味の当為

1）規範を意味する実定法を記述すること

　純粋法学は、このようなものとしての実定法の「客観的認識」に、その「できる限り正確な構造分析」に自己限定しています（ケルゼン　1935：197, 100）。つまり、感覚的に知覚されるかぎりでのSatz一般を認識したり構造分析したりするのではなく、規範をbedeutenしている、と理解されたSatzを認識し、構造分析するのです。これは、ある一定の経験的素材を「法」と

して認識する、ということです。どうして「法」として認識しうるのか、つまり、どうして規範を bedeuten しているものと認識しうるのか、という問題が出てくると思いますが、それに答えるには、彼の方法的基礎や、特に妥当性の理論を説明しなければならないので、とりあえず今は、「あるものを法的に理解することは、あるものを法として理解すること」（ケルゼン 同前：19）なのだ、とだけ言っておきましょう。これは逃げ口上ではありませんよ。どんな法学者の理論でも、元をただすと、すべてこの命題に帰着するのです。

それから大事なことは、純粋法学は、存在する現実の法、つまり「在る法」を認識するのであって、「在るべき法」については一切関心を持っていない、ということです。喩えて言えば、今作られて存在しているコンピュータの構造分析はするけれども、在るべきコンピュータ像は示さないのです。それは当然、今在るコンピュータについて、優れているとかダメだとかの評価をしない、ということを含んでいます。法の正当性に一切コミットしないのです。「良くも悪くもこうである」と認識するだけです。純粋法学が目指しているのは法の認識であって、法政策ではないからです。

ところで、法命題とは、こうした認識、分析の所産であって、純粋法学が実定法を記述した命題（Satz）のことです。ケルゼンはこう言っています。「法命題は法律という素材のみから形成される」（Kelsen 1923：50）。たとえば、窃盗罪の規定を記述した法命題は、「ある者が他人の財物を窃取したならば、その者は十年以下の懲役〔等〕に処せられることになっている」というものになります。大体は記述対象の法規範や、それを意味している法律の規定と同じような文章ですが、最後の部分だけが違います。そもそも法規範が、法律に先行する規範定立行為の「Sinn」としてのみならず、経験的素材たる法律の「Bedeutung」として「理解」されたものですから、Satz としての法律がその規範にも、それを記述する法命題にも同じように影を色濃く落としているのは当然です。私たちは経験から出発しなければならないのですから、Satz としての法律から離れることはできないのです。しかし、法規範の場合と違うと言っても、違って表現されるのは日本語に訳された場

合だけで、ドイツ語、英語の場合はまったく同じなのです。その違う部分の原語は sollen, ought to です。

2）記述的意味の当為の意味

その表現が、法規範の場合は「べし」、法命題の場合は「〜ということになっている」、というふうに異なっているのです。ただ、このように意識的に訳語をそれぞれの場合に使い分けたのは、日本の研究者の中で私だけです。なお、長尾龍一は、法命題の場合、「〜されるべきものとされている」（長尾 1964：576）と訳していました。その後一人賛同者を見出しましたが、他のすべての人たちはどちらの場合も「べし」と訳しています。確かに、この日本語の「べし」にも、相手の動作に対して話し手の命令を表す「〜してくれ」、「〜せよ」の他に、たとえば、「〜のが当然だ」「〜はずだ」「〜しなければならない」「〜のが適当だ」「〜の予定だ」「きっと〜だろう」「〜しそうだ」「〜ことができる」などさまざまな意味がありますが、「盗人は罰せられるべし」という場合、その「べし」はどうしたって最初のものになりますよね。法命題の場合も「盗人は罰せられるべし」と訳すかぎり、当然、同じように解されてしまいます。それではケルゼンの意図にそぐわないのです。彼自身こう言っています。

「法命題の sollen は、法規範の sollen のような命令的な意味ではなく、記述的な意味（einen beschreibenden Sinn）を持つ。『Sollen』という語のこの二義性は、Soll 命題が命法と同一視されるとき看過されている。」「このことは、法秩序によって決定された要件と効果の関係の描写に存する論理的困難性であるが、『sollen』という語を使用したからといって、法科学によって定式化された法命題が、それによって記述される法規範の権威的意義を受け取るわけではない。……また、それによって記述される法規範のいかなる是認をするものでもない」（Kelsen 1960：77, 83）。

彼自身がそれぞれの sollen を別の言葉で言い換えているわけではないのですが、彼が特に注意を促したこの、命令的でなく記述的な意味の sollen

を正しく伝えることのできる訳語として私が選んだのが「〜ということになっている」なのです。

確かにドイツ語や英語では、それぞれの場合に語を簡単に使い分けられない「論理的困難性」があります。しかし日本語の場合、簡単に使い分けができるのです。それも法規範の「べし」が持っている「権威的意義」を受け取らずに、法規範を是認しているかのように誤解されないような表現があるのです（なお、アルフ・ロス、マルティン P・ゴールディング、そして新正幸の誤解については、大塚滋 1979（一）：203-204を参照。）。

法命題は、存在事実としての法律の条文を記述するのではなく、規範的意味を担ったものとしてのそれを記述するのです。だから、刑法第235条をそのまま鸚鵡返しにしたり、「窃盗した者は、〜の刑に処せられる」と言い換えたりしても法命題には決してなりません。そうではなくて、その記述とは、いわば、「『………』と法律に書いてある」と言明する——つまり、条文を引用する——のと同じことなのです。この言明は法律の規範的性格、拘束力を前提として含意していますが、その反面、鸚鵡返しの場合のように、盗人は必ず〜の刑に処せられる、という意味に取られることを回避しています。

そしてもうひとつ大事なことは、この法命題は法律と記述者との間に存在している〈距離〉を暗示しているということです。「〜ということになっている」は、このような表現を短縮し、直接話法を間接話法にしたものです。したがって、この sollen は話者すなわち記述者の意思を表していません。言ってよければ、国家の意思を、それも記述者がその正当性にコミットしていない、いわば「予定」としての国家の意思を表しているのです。ケルゼンはかつて法命題を、「一定の事情のもとで、……国家は一定の行為ないしは不法効果を定立すること……を欲する」というふうに定式化したことがあります（Kelsen 1923：212）。これは、Satz の Bedeutung としての法規範より、意思行為の Sinn としての法規範に着目した表現と言えるでしょう。この場合の「国家」については、ここでは、それは法秩序の擬人的表現に過ぎない、とだけ言っておきましょう。この法秩序の「意欲」を、一定の距離を

置いて外面的に捉えて、ひとつの事態として表現したのが記述的意味の sollen なのです。

　ドイツの社会学者マックス・ウェーバー（M. Weber：1864-1920）の社会学のキー概念の一つに シャーンス（Chance）というものがあります。例えば、彼はこの概念を次のように使っています。すなわち、「法とは、その経験的妥当の チャンス（Chance）のために一定の特殊な保障を備えているような『秩序』なのである」（ウェーバー 1974：6）、とか、法は、「いざとなれば強制装置が、〔その〕諸規範の遵守を強制するというチャンス（Chance）が、客観的に存在するかぎりで」法である（同前：5）、とかです。もう分かったかもしれませんが、記述的意味のsollen は、「処罰される」ということを、このウェーバーの意味でのChance として表していると言えるのではないかと思っています。この Chance とは、彼の『理解社会学のカテゴリー』の訳注（林道義）によると、「可能性」のことですが、「単なる Possibilität ではなくて、根拠が客観的に存在しているために、一定の確実性をもって存在している客観的可能性のこと」であり、「probability（＝Wahrscheinlichkeit）に近い。」したがって、「定律（Ordnung）」すなわち、「人間の行為を律する規範のうち、『経験的実効性』……のあるもの」の「『経験的実効性』empirische Geltung」と「密接に関係してくることになる」そうです（林道義 1968：95、96、98）。

　つまり、記述的意味のsollen は、単なる可能性ではないのです。もし「～ならば、～であろう」が法命題だとすると、処罰されない例がひとつでも出てきた場合、この法命題は偽、すなわち間違いになってしまい、少なくとも修正を迫られることになります。確かに、たいていの場合は「そうなるだろう」との予測は当たります。しかし、記述の対象である法律——すなわち、規範的意味を持った Satz——は、現実に関する言明ではないですから、いかなる現実とも矛盾しないのです。窃盗をやっても罰せられない例が山ほどあっても、法律は法律であり続けます。処罰される Chance はいつでもあるわけです。それ故、その法律を記述する法命題は、法律と現実との無矛盾性を表現することができなければならないのです。ist 命題でなく、soll 命題——

それも記述的な意味での――であるのはそのためです。「十年以下の懲役〔等〕」は、自然界における現象のように、窃盗犯に自然必然的に科せられるのではなく、「法必然的に」科せられる（ケルゼン 1971：80）とされていますが、この「法必然性」が記述的意味の sollen の意味するものなのです。

3）デリクトとサンクション

それでは、実定法を、規範的意味を担った Satz として、一切の評価や、政策的配慮をせずに記述する、ということがどういうことか、そして、記述した法命題がいかなる表現様式をとるか、あるいはとらなければならないか、ということが分かってもらえたところで、次に、この法命題をもう少し立ち入って分析してみることにしましょう。

今まで私は窃盗罪を例にとって説明してきましたが、法命題の形式は他の条文でも同じです。たとえば、殺人罪の規定の場合は、「人を殺したならば、……の刑に処せられることになっている」となります。――都合のいい条文ばかり題しているのではないか、とか、民法の場合はどうなるのだ、とかといった疑問を抱いた人は、その疑問を留保しておいてください。次節「4．実定法と強制」の中で、特に3）～6）（49~55頁）のところでその疑問に答えます。――一般的には、「……ならば、……ことになっている」という「仮言的判断（hypothetisches Urteil）」形式です。ケルゼンはそれを「制約的構成要件と被制約的効果の特殊な結合」と定式化しています（Kelsen 1934：22；ケルゼン 1935：41）。簡単に言えば、デリクト（Delikt）とサンクション（Sanktion）の仮言的結合判断ということになりますね。では、この定式を元に分析していきましょう。

まず、「制約的構成要件」つまりデリクトは、いわゆる逸脱行動である不法行為だけを意味しているのではなく、「被制約的効果」つまりサンクションのほうも、刑罰や強制執行などの消極的なものだけを意味しているのではありません。どちらもまったく無色なものであり、デリクトは一定の人間の行態で、法律上、サンクションの条件としての地位にあるもので、サンクションは、通常、そのようなデリクトを為した人間に対して及ぼされる法律上

の効果にすぎないのです。したがって、たとえば、これは法律ではないのですが、犯人逮捕に協力した、ということもデリクトでありうるわけですし、それに対する警視総監賞の授与もサンクション——これは積極的なサンクションですが——なのであって、法命題の一般的定式で記述しうるわけです。ただ、いわゆる逸脱行動に消極的サンクションを結合するほうがより一般的であるにすぎないのです。

そういう前提の下で、これからは一般的なほうで説明します。デリクトとサンクションの無色性は、この消極、積極の問題に尽きません。道徳的・倫理的無色性をも意味しているのです。ケルゼンによれば、

　　ある行態——これは不法行為のことですが——がサンクションの条件にされたのは、たしかに立法者がそれを社会的に望ましくないと考えたからだろうが、「法秩序の内在的意味の考察に向けられた観点」からは、そのことはデリクトの概念にとって重要ではない。この観点からすれば、ある行態は「不法あるいはデリクトだから不法効果としての強制行為を結び付けられる」のではなく、「効果としての強制行為を結び付けられるから不法あるいはデリクト」なのである（Kelsen 1960：117, 118）。

先ほども述べましたように、純粋法学は発生論的見地をとりません。どのようにして出来たかを問わず、ともかくも出来上がったものだけを対象とし、分析するのです。ケルゼンはこう言っています。

　　純粋法学は「法規範の意欲や表象にではなく、意欲または表象された意味内容としての法規範に目を向けるのである」（Kelsen1934：10-11；ケルゼン1935：26）。

だから、強制行為を結び付けられるから不法なのだ、などという「常識はずれ」のような理解が成立するのです。しかし、この講義の始めのほうで言いましたように、純粋法学はこの「常識」をエポケーするところから始まっているのです。ケルゼンはルネ・デカルト（René Descartes：1596-1650）やイマヌエル・カント（Immanuel Kant：1724-1804）やフッサールが哲学にお

いてそうしたように、法律学において「確実なもの」「疑いえないもの」から出発しようとしたのです。私たちが通常何の疑いもなく思い為していること、たとえば「盗みは悪いことだ。だから罰せられるのだ」――ケルゼンはこれを疑ったのです。本当に盗みは悪だから罰せられるのだ、と言えるでしょうか。一分の隙もない論理で証明できるでしょうか。出来るのはせいぜい、立法者が盗みは悪だから罰しようと考えた、ということだけじゃないでしょうか。私たちは、いついかなるときでもどんな盗みも悪だと考えていたかというと、実はあやふやで、だから、確実なのは、盗みを罰する実定法(刑法第235条)の存在だけであり、言えることは「盗みは罰せられることになっている」ということだけなのです。それだけが疑いえないことなのです。ケルゼンはさらに続けます。

> 「実定法理論の観点からは、それ自体で、すなわち、法秩序によって定められたそれの効果を考慮することなしに、不法あるいはデリクトたる構成要件は存在しない。」したがって、刑法の原則とされている罪刑法定主義すなわち「法律なければ犯罪なし、法律なければ刑罰なし (nullum crimen sine lege, nulla poena sine lege)」は、こうした観察態度の帰結に過ぎないのであって、何も刑法に限ったことではなく、すべてのデリクトとすべてのサンクションに当てはまるのである (Kelsen 1960：118)。

こんな非常識な結論、そう簡単には受け入れられないかもしれないですが、そう簡単に否定もできないでしょう。

4）仮言的判断

では次に、法命題は「仮言的判断 (hypothetisches Urteil)」である、という点について見ますが、そのための前提となることですので、ケルゼンが多くのものを負っているカントの『純粋理性批判 (Kritik des reinen Vernunft)』における「判断」に関する説明に基づきながら、それがどんなものか簡単に説明しましょう。

カントによると、判断の「一切の内容を度外視して」、その「悟性形式だ

けに着目すると」、そこにおける「思惟の機能」は、「分量（Quantität）」「性質（Qualität）」「関係（Relation）」「様態（Modalität）」の四項目に従って区分され、それぞれの項目が三個の「判断様式」を含んでいます。他の項目は省略するとして、「関係」の項には、今問題になっている「仮言的判断」の他に、「定言的判断」と「選言的判断」があります。「定言的判断」というのは「AはBである」というもので、「選言的判断」というのは「AはBであるか、さもなければCである」というものです。そして、仮言的判断は「AがBであるならば、CはDである」という風に一般的に定式化されます。それは、「理由の帰結に対する関係」で、「二個の判断が考察され」ています。なお、定言的判断は、述語の主語に対する関係であり、選言的判断は、区分された認識と、区分によって生じたすべての選言肢相互の関係です（以上、カント 1961：143、144、146）。

　ところで、この仮言的判断は基本的に ist 命題を前提にしているので、soll 命題である法命題と単純な比較はできませんが、窃盗罪の規定の法命題をカントふうに表現しなおしてみますと、「ある者が窃盗をなした者ならば、その者に科せられることになっている刑罰は、10年以下の懲役〔等〕である」となる、と思います。また、法命題は形式上仮言判断である点で、自然科学が自然を記述した言明である自然法則と類似しています。自然法則というのは、たとえば、「鉄は熱すれば膨張する」というものですね。しかし、法命題がこのような仮言的「判断」だとしても、それが記述している対象である法規範は「判断」ではない、ということに注意しなければなりません。法律は、たいていの場合、私たちの例のように、「事実が確定される言語形式」（Kelsen 1960：73）をとっています。しかし、法規範は「命法、命令」です。それは判断ではありません。法命題は、そのような対象を記述するのですが、その規範的意味を引き継がない記述的意味の soll 命題であるからこそ「判断」たりうるのです。

5）帰報

最後に、デリクトとサンクションの「結合」というのはどういうことかを

明らかにしましょう。この問題は、今述べた記述的意味の sollen に関係します。言うまでもなく、条件と効果を「〜ということになっている」で結合するからです。法命題は自然法則と類似していますが、前者が soll 命題であるのに対し、後者が ist 命題である点で、両者は根本的に異なっています。自然法則は「自然必然性」すなわち「因果性」を、条件と結果の結合原理としますが、法命題は「法必然性」あるいは「規範性」を結合原理としています。この原理のことをケルゼンは「帰報（Zurechnung）」と呼びました。

この語は、普通、「帰責」、「帰属」などと訳されることが多いのですが、純粋法学の法命題の場合、「帰責」は、消極的サンクションだけを帰するようにとれるのでまずいし、「帰属」は、サンクションというより物や人に関する概念のようで、これもまずい。そこで、長尾龍一は「帰報」という訳語を考案しました。意味としては、「〜のおかげ」「〜のせい」の両方を含んでいますので、最も適していると思い、私も用いることにしました。

ケルゼンによると、この原理はあくまでも理論上のものであって、条件と効果の形式的結合一般以外は何も意味しませんし、もちろん、道徳的意味も持ちません。それは、「カントの先験的論理学の意味におけるカテゴリー」（Kelsen 1951：363）すなわち「人間の思惟の秩序原理」（Kelsen 1960：110）に他ならないのです。この点、因果性原理と変わりません。しかし、カテゴリーである点では違いはないのですが、内容は全く違っています。第一の違いは、帰報は法的権威によってもたらされますが、因果関係は人間の干渉から独立している、という点です。つまり、自然法則においては、原因は何かの結果でもあり、結果は何かの原因でもありますが、法命題におけるデリクトは絶対的に始点であり、サンクションは絶対的に終点なのです。

ケルゼンはかつて、この Zurechnung を、中心的なものと周辺的なものに二分したことがありましたが、上で述べたのは、その周辺的なもののほうで、中心的なものは、「ある要件の、法規範の体系としての法秩序の統一体への関係づけ」（ケルゼン 1971：110）のことで、これは妥当性の根拠の遡及の問題のことだと思われます。ケルゼンも後には、この中心的な Zurechnung という概念を使わなくなってしまいました。たとえば『純粋法学』第

2版でケルゼンは、誤解を防ぐために、Zurechnung は、「周辺的」帰属――二つの要件の規範的結合――の場合にのみ用い、「中心的」帰属――ある機能の、共同体への帰属――の場合には、Zuschreibung（～のせいにすること）を用いることにした、と述べています（Kelsen 1960：154 Anm.＊）。したがって、ここではこちらのほうは触れないことにします。

6）実定法の価値自由な記述

　純粋法学は、このような法命題でもって実定法を記述するわけですが、それはすなわち、実定法を法命題に還元する、ということに他なりません。つまり、純粋法学には、実定法はそのようにしか見えない、ということ、あるいは、それは実定法をそのようにしか見ない、ということなのです。法律が表現している以上のもの、すなわち、当該実定法や法秩序全体の目的、それらが現実社会の中で持っている、あるいは持ちうる意味、効果などは、意識的に視野の外に置くのです。それは、それらのような客観的には確定できない性質のもののために、実定法の客観的認識が曇らされないためです。だから、このような還元は意図的な視野狭窄ではありません。つまり、視野に入れねばならない、あるいは入れうる問題にわざと目をつぶっているのではないのです。実定法の目的といった問題は実は合理的に確定しえない性質のものなのです。それは信念とか政策が支配している領域に属しています。それらの問題を視野に入れねばならない、入れうる、とすることこそ幻想なのです。

　法命題は実定法を、その正当性にコミットせずに記述するにもかかわらず、決して、事実として、単なる Satz として記述するものでもありません。単なる Satz として記述していたのでは、法命題と呼ぶことはできません。このきわどさを可能にしたのが、「～ということになっている」という、記述的意味の sollen だったのです。それは、記述の対象たる実定法が「守られるべきである」との意味を含まず、すなわち、規範定立者の権威を引き継がず、一定の距離を置いて記述するのですが、厳然たる事実である、対象の法的拘束力をも表現しているのです。それ故、ケルゼンは法命題を、対象

の「価値自由な記述（wertfreie Beschreibung）」(ibid.：84) と特徴づけました。

この「価値自由（Wertfreiheit）」という概念は、言うまでもなくウェーバーから借りてきたものです。ウェーバーによれば、それは、何よりもまず、「研究者であり叙述者である人は、経験的事実の確定……と、かれが実践的に評価する態度決定……とを、……無条件に区別するべきである」という、大学での専門教育のあり方を意味しています（ウェーバー 1972：42-43）。そのあり方を、法学者が法命題でもって実定法を記述する活動に当てはめれば、記述の名目の下でこっそり規範定立者の権威を引き継いだり、それを否定しようとしたりすることの拒否なのです。それは、あくまでも現実の実定法を認識、記述するものであって、それ以上でもそれ以下でもないのです。それに対する評価は、その後始めて、比喩的に言えば、大学の教室の外でなされるのです。

7）実定法の規範的固有法則性

こうして私たちは、この法命題を介して、掛け値なしの現実の法を見せつけられることになります。法命題は純粋法学が勝手に作り出した法律のホログラムではありません。それは、私たちが今まさに生きている現実の法をありのままに正直に描いているのです。法命題が、規範定立者の権威を引き継がないのは、実は、実定法そのものがすでに規範定立者の権威を引き継がずに存在しているからであり、法命題が実定法を端的な事実として記述しないのは、やはり、実定法が端的な事実として存在していないからです。

実定法はすでに定立されたその時点において立法者の目的から離脱しているのです。つまり、その目的にも仕えうるし、それ以外の目的にも、また、その目的に反する目的にも仕えうるのです。これは「手段」の宿命と言うべきものだと思います。実定法は、定立されたその時点から、その母親の手元を離れ、自活します。母親の意向と無関係に——と言うと言いすぎかもしれないですが——法的な拘束力を持ちます。また、母親が高貴な出自であろうと、下賎な出であろうと、法的拘束力には上下の差はありません。法である

以上、拘束力を持つのです。
　ケルゼンはこのことを、実定法の「規範的固有法則性 (normative Eigengesetzlichkeit)」(Kelsen 1934：33；ケルゼン 1935：58) と名づけました。これは先に述べた実定性概念、すなわち Gesetzt-Sein と深く関係しています。純粋法学は、実定法が事実的生起との関係ではイデオロギーであり、自然法や正義との関係では存在する法である——つまり、自然法や正義がイデオロギーである、ということです——として、イデオロギーと実在との対立を相対化しますが (Kelsen 1934：38；ケルゼン 1935：66参照)、法命題はまさにこのようなイデオロギーと実在の狭間にある現実の実定法を記述しているのです。このことは、純粋法学が、単なる観念でも、単なる事実でもない、現実の実定法に定位していることの当然の帰結であって、その定位によって、「存在 (Sein) と当為 (Sollen) の対立を相対的なものと認識」していること (ケルゼン 1928：9) の現れなのです。この問題については後 (後出100-101, 120頁) でも触れるつもりですが、ここでは、ケルゼンが、実定法を単純な事実としていないのと同様に、単純な当為とも捉えていたのではないことだけを注意しておいてほしいと思います。
　ケルゼンはこのように言っています。

　　実定法は人為的に定立されたものとして、「存在として、現実性として表れ」る一方、「規範としては、……当為であ」る。「法の実定性の問題はまさに当為と存在という二つの範疇が論理的には相互に排斥しあうものであるにもかかわらず、法が同時に当為として、また存在として現れる、という点に存在する」(同前)。

　法命題は実定法のこの特殊な存在性格を過不足なく記述しているのです。何度も言うようですが、記述的意味の sollen がそれを可能にしているのです。
　ケルゼンは、この「規範的固有法則性」の主張によって、実定法を、人間にとってさしあたり外在的な「制度」として示した、と言えます。中村雄二郎 (1925-) によると、ケルゼンは「制度の中の制度」としての「法律的事

象をその存在形態に即して扱おうとした」稀有な学者なのです（中村雄二郎 1976：57、1967：120）。中村は、「制度的現実、法的現実」は「観念や意志の外化、客観化を骨格とする」ため、「精神的側面」と「物質的側面」を持つとします。つまり、それは、一面において「人間精神の所産」でありながら、その「外化」の結果として、「人間から独立した高度の客観的実在として、いわば『第二の自然』としてその持つ固有性と論理によってわれわれ人間を拘束」すると言うのです（中村 1973：76-77）。そして、法を当為であると同時に存在であるとしたケルゼンは、こうした制度としての法の本質を捉えたことになります（同前：92参照）。中村によれば、このような捉え方は、Wilhelm Dilthey（『世界観の諸類型』）の言う客観的観念論に対応しており（同前：76）、土屋恵一郎（1946- ）によれば、ケルゼンは実定法を、ポパーの世界分類における「世界Ⅲ」に位置づけていることになります（土屋恵一郎 1978：123-131参照）。

4．実定法と強制

1）法強制説

　実定法は、以上のような法命題に還元されることによって、ある特殊な本質を持ったものとして立ち現れてきます。それは強制規範という本質です。というのも、法命題は実定法をデリクトとサンクションの結合関係に還元しているからです。したがって、実定法が強制的性格を持つ、というのも、そのかぎりでのことであって、あくまでも形式的な意味合いしかありません。決してそれ以外の意味は含まれていないのです。とはいえ、実定法の中には強制的契機、つまりサンクションに当たる部分を含んでいないものが山ほどあることは言うまでもありません。それらはどうなっているのか、という疑問が当然残りますが、ケルゼンはそれらを無視しているわけではありません。ケルゼンがそれらについてどう説明をつけているのか、ということについては、もう少し後（後出51-55, 87頁）で詳しく説明する予定ですから、こ

こでは、とりあえず私の説明をそのまま聞いていてください。

　強制をもって実定法の本質的契機とする見解は昔から数多くあります。したがって、実定法を強制規範とするのは純粋法学固有の見解ではありません。ケルゼン自身、こう述べています。

>　「19世紀の法理論は、法規範が強制を命ずる規範という意味での強制規範であること、そして、まさにそのことによって他の諸規範から区別されることにつき大体一致していた。この点で純粋法学は19世紀法実証主義法理論の伝統を受け継いでいる」（Kelsen 1934：25；ケルゼン 1935：47）。

　とはいえ、純粋法学の見解は、19世紀法実証主義のそれとまったく同一なのではないのです。ケルゼンは、法の強制的性格を法命題における〈デリクト―サンクション〉関係としてしか捉えません。つまり、法命題ないし、それが記述している、書かれた実定法に記載されているところの内容に基づいてのみ強制的性格を引き出しているのです。同じく強制を法の本質とするウェーバーは、社会学の観点から、「強制装置（Zwangsapparat）」の存在を法のディスティンクティブなメルクマールとしていますが（ウェーバー1974：5参照）、ケルゼンは、法律学の観点から、法律の規定様式の中に、強制という、法のディスティンクティブなメルクマールを求めています。

　では、どのような理由で法は強制規範なのでしょうか？　この問いに対するケルゼンの答えは、極めて簡潔です。

>　法がデリクトに対する「サンクションとしての強制という特殊な手段を規定している」こと（Kelsen 1941：58）。

　これだけです。純粋法学が言うところの法の強制的性格はこの一点に尽きるのです。このことによってのみ、法はその他の社会規範から区別されるのです。

　ただ、注意しなければならないのは、実際にサンクションされているか否か、つまり、社会のほうから何らかの否定的な反応があったか否かが区別の基準ではない、ということです。仮にこの基準を用いるとすると、道徳、宗

教規範まで強制規範となり、法と区別がつかなくなってしまいます。道徳や宗教の規範もサンクションされています。ただ、そのサンクションは「彼岸的」「因果応報的」「神話的」なものであったり、共同体の仲間の是認、否認といった、「共同体の自在な反作用」であったりするだけで、社会的に組織されたものでも、その秩序によって明白に規定されたものでもありません。法の場合は、どのような場合にどの程度のサンクションを加えるのか、を自ら定めています。ここにこそ違いがあるのです。

2）法固有の強制

さて、そこで、強制の意味ですが、すでに明らかだと思いますが、それは「サンクションとしての強制」であって、無理やり何かをさせる、させない、という意味での強要としての強制ではありません。法は二次的規範が命令している行態をするように私たちに強要したり、禁止している行態をしないように私たちを羽交い締めにしたりすることはできません。その証拠に、犯罪は引きもきらずに発生しているではありませんか。債務不履行も同じです。

ところで、加藤新平（1912-1999）は、法とは「その遵守が公的に強要されるところの社会規範である」としていますが、この「強要」は、私の言うそれとは意味が違います。加藤によれば、その「強要性」はその「法規範の指定する一定の行態の指図が、受規者（受範者）たる法共同体の成員によって必ず遵守されるべきだという要求」、すなわち、「一切の法規範に伴う、自己の効力貫徹の要求」のことなのです（加藤新平 1976：363-364）。これは法の普遍的妥当性、承認を要しない拘束力のことに他なりません。私——というより、ケルゼン——の言う強要は物理的強制、例えば、実力をもってする犯罪や債務不履行や不法行為の阻止のことです。法がこの意味で人を強要しうるなら、世に犯罪も債務不履行も不法行為も存在しなくなるはずです。法は二次的規範の遵守を強要することはできないのです。

しかし、だからといって、法が社会規範として無価値だというわけではありません。そうではなくて、むしろ、法——一次的規範のことです——とは、二次的規範が遵守されない場合のために存在しているものなのです。ケ

ルゼンの言葉で言えば、サンクションは、「法への服従が強要されなかった場合のために規定されている」(Kelsen 1941：58) のです。強制行為——すなわち、刑罰、強制執行などのことです——は、二次的規範を遵守しなかった者に対して事後的に制裁として加えられるのです。したがって、純粋法学の言う強制は、犯罪させないようにする心理強制ではありません。心理強制説というと、アンゼルム・フォイエルバッハ (Paul Johann Anselm Ritter von Feuerbach：1775-1833) のものも有名ですが、同じ立場のジョン・オースティン (John Austin：1790-1859) によれば、心理強制とは、命令に従わなかった場合に受けるところの「サンクションを嫌忌する (obnoxious to a sanction)」こと、つまり、「害悪に対する恐れ (fear of the evil)」のことです (Austin 1972：444)。つまり、法遵守の動機づけのことです。彼らはこの意味での心理強制が法にとって本質的だとしましたが、それは誤りです。

　彼らは実定法を端的に行為規範と捉えているのです。つまり、もっぱら二次的規範を意味しているものと理解しているのです。これは目的論的思考にほかなりません。たとえば刑法第235条は窃盗を社会からなくすためのものである、との判断に基づいているのです。たしかにそれは窃盗をなくすために作られたのだと思いますが、その後も窃盗をなくすために存在しているとは限りません。変な言い方ですが、もしかすると、もう、なくすのは無理だということは分かった、だけれども放っておくわけにはいかないということで、単に、窃盗を罰するためにしか存在していないのかもしれませんよね。「何のために罰するのか」——これは刑罰の正当性の問題ですが、この点について純粋法学は、法律学として挙証責任があるとは考えていないのです。理由は何であれ、「罰せられることになっている」のが、紛れもない現実だからです。法律学は、その現実を記述することだけが任務であると考えているのです。法律学者がこの問題に頭を悩ますなど愚の骨頂で、挙証責任があるとすれば、それは立法者、権力者にこそある、と言うのです。いや、むしろ、この問題にタッチすることは、認識の対象の正当性にコミットする過ちを犯すことになると考えているのです。

　ともかく、「～ためのもの」という考えは、経験的素材のみを自己の足場

とする純粋法学には受け容れられない前提なので、そのような純粋法学を勉強する私たちもさしあたり受け容れてはならない前提なのです。気を付けましょう。

しかし、純粋法学は、心理強制を法の本質的メルクマールとすることに反対しているだけであって、法に心理強制の契機は皆無だなどと言っているのではありません。法にも心理強制の契機はあります。ただ、他のすべての社会規範にもそれはあるから、法固有のものではない、としているだけです。法を含めて一切の社会秩序の実効性は、そう、妥当性ではなくて実効性は、この動機づけに依拠しています。そして、実際にも、サンクションを規定している法律に威嚇されて、犯罪を思いとどまる者も数多くいることでしょう。

証明はできないことですが、法秩序は、いや正確には立法者は、何であれ「望ましい社会状態」に反する行態に対し、効果として否定的サンクションを結合することによって、その社会状態を惹起しようとしている、と言って間違いないでしょう。その際、法秩序はUntertanenがそのことを理解し、それによって動機づけられうることを前提にしています。そうでなければ、規範など定立されないでしょう。この意味で、法は「一つの特殊な社会的技術」と言えるのです（ケルゼン 1935：52）。より正確に言えば、そのような「社会技術」として定立されたものだと言えます。しかし、この「社会的技術」も先ほど述べた手段の宿命に従うわけです。たとえ規範定立者がその規範による心理強制に依存しているとしても、定立した社会的技術は心理強制の次元とは別の次元でも作動します。法秩序にとって、心理強制による動機づけは、実は、可能的なものにすぎず、動機に関係なく、概してサンクションの条件たる行態が回避されていれば、実効性を保ちうる、というように法秩序は存在しているのです。それは、動機に関係なく、サンクションの条件となる行態が起これば、サンクションが発動されるのと同じです（Kelsen 1960：27-28参照）。

法に固有の強制というのは、デリクトの効果としての「外的（outward）サンクション」すなわち「力の使用」（Kelsen 1941：58；ケルゼン 1975：134）

です。別な言い方をすれば、デリクトをなした者に対する、その意思に反した害悪（evil）です（Kelsen 1945：18参照）。例えば、投獄、強制執行などがこれです。しかし、サンクションを執行するに当たり、必ずしも物理力（すなわち有形力）が用いられなければならない、というわけではありません。鞭打ち刑とか死刑は常に物理力の行使ですが、自由刑などは、執行の際、必要とあらば、すなわち、抵抗に遭ったかぎりで、用いられるにすぎません。「意思に反した害悪」とはこのことです。この意味で、法に固有の強制は「未必的性格（Eventual Charakter）」のものなのです（ケルゼン 1971：81参照、Vgl., Kelsen 1945：19）。

　さて、実定法は法命題に還元されることによって、このような強制を本質的要素とするものとして私たちの目の前に現れてきます。つまり、さしあたり、ウェーバー流の強制装置の問題とは関係なしに、法文そのものの構造特性として、強制の本質性が示されます。この点は注意しなければなりません。純粋法学は、国家制度を度外視して、実定法の法命題への還元という操作を通してのみ法の強制的性格を導いてくるのです。

　他方、ケルゼンは、確かに実定性概念から、法が強制的でなければならないことを次のように推論しています。すなわち、実定法とは人間の意思によって定立されたものであるが故に、法規範は自然法のような「直接的明証」性を持たないから、サンクションを定めなくとも個々人が守る、というような直接的動機づけはできず、その規範に反する人間の行態の存在を予定せねばならないのであって、できるのはサンクションを定めることによる間接的動機づけだけであり、その意味で、法は強制の要素を欠くことができない、というふうにです（ケルゼン 1973：7；ケルゼン 1975：126、144参照）。

　このような言い方は、所与の実定法からのみ出発して、発生論的な考慮、目的論的な考慮を一切排除するはずの純粋法学以上のことにコミットしているように見えます。純粋法学にとっては、いかなる理由で法が強制を本質とするか、という問題はどうでもよいことであって、強制が法の本質的要素である、ということだけで足りたはずです。しかし、この推論は、上に述べた「社会的技術」説と同様に、人為的定立によって存在する実定法と、そのよ

うな定立行為なしに妥当しているとされる自然法との相違を際立たせる役割を持ったものであって、そのかぎりでのみ、私たちは受け容れることができるのです。あえて言ってしまえば、純粋法学にとっては蛇足です。とはいえ、広い意味での社会学的観点からは有意味であり、興味深い点を含んでいることはたしかですが。

3) 法秩序と強制

さて、「法は、上に述べたような強制の要素を本質とする」と言った場合、先に触れたような、すべての現実の実定法素材に定位するはずの純粋法学が過度の単純化を犯しているのではないか、との疑問が出てくるに違いありません。つまり、「私たちの周りにある現実の実定法は、ケルゼンの言うような〈デリクト―サンクション〉関係としての法命題に還元できるものばかりではないでしょう。民法、商法、憲法、民訴法、刑訴法等はうまくいきそうにないし、うまくいきそうな刑法だって、第二編罪は認めるとしても、第一編総則の規定、例えば、第36条「急迫不正の侵害に対して、自己又は他人の権利を防衛するため、やむを得ずにした行為は、罰しない」は、〈デリクト―サンクション〉関係の法命題には表せないでしょう。そうだとすれば、言うところの『客観性公準』にもとるじゃないか。だから、実定法を〈デリクト―サンクション〉関係の法命題に還元し、強制がその本質だとするのは、嘘っ八じゃないか。」——これまで、このような疑問を留保したまま話を続けてきましたが、いよいよそれに答えなければならなくなりました。

結論的に言えば、ケルゼンの法命題は法秩序全体を視野に入れているのであって、決して、反証されるような法律、条文を勝手に本質に合わないものとして捨象してしまっているのではないのです。——ただ、法律と名の付くものすべてを法命題に還元しうる、としているわけではありません。還元しえないものについては、後述します（後出87頁）。——つまり、法秩序全体を強制でもって特徴づけているのであって、個別の法律条文を強制で特徴づけているのではないのです。この点が、他の法強制説と違う重要なポイントです。

これまで私は便宜上、窃盗罪の条文だけを例として説明してきましたが、法命題は決して一条文から一つ形成されるのではないのです。もしそうだとしますと、上のような疑問は正当性を持ちます。私のこれまでの説明のしかたでは、その疑問は当然出てくるのですが、その疑問をあらかじめ回避しようとすると、純粋法学ないしはケルゼンの法の見方を知る前に、実定法学、少なくとも憲、民、刑、訴訟法の概略を話さねばならなくなってしまい、それではあまりに本講義の範囲を逸脱しすぎるため、このような方法をとらざるをえなかったのです。とはいえ、本当は、そのような前提が必要なのであり、「一般法学」たる純粋法学の解説にはまさに不可欠なので、これからは、一法律・一条文だけでなく、意味的なまとまりとしての法秩序を視野に入れて、法命題を説明していきます。

　私たちの目の前に存在している法律群、そして一法律内の条文群は、法律学的認識の対象としては、さしあたりカオス（chaos：混沌）として与えられています。『六法』は、たいていの場合、憲法が一番最初にあって、次に国家組織法とか行政法が、そしてその次に民事法が、さらに刑事法が、といった並び方になっていますが、それは、編集者がそう並べたからにすぎないのであって、法律のほうが勝手にそう並んでいるわけではないことは、皆さんも分かってくれると思います。それらが法規範という意味を担ったものとして理解されるのに伴って、いくつかの法命題に還元されて私たちの認識圏に入ってくるのです。

　その法命題の数は、とりあえずは強制行為を定めた条文の数である、と言っていいでしょう。つまり、カオスがコスモス（cosmos：秩序）として認識されるのです。そして、このカオスをコスモスとして整理して認識する糸が、サンクションとしての強制なのです。すべての法律条文が、それぞれそれだけで〈デリクト―サンクション関係〉に還元できるわけではありません。すなわち、意味として、何らかの行為を禁止・命令しているわけではありません。あるいは、個々の条文が強制を本質としているわけではありません。強制を本質としているのは、それらの法律条文の意味的なまとまりとしての法秩序なのです。これは大事なポイントです。

4）自立的法規範

　純粋法学においては、法秩序のうち、サンクションとしての強制行為を規定している法律条文、すなわち、その間接的意味として、一定の行態を命令・禁止している法規範は「自立的法規範（selbständige Rechtsnorm）」と呼ばれます——たとえば刑法で言えば第235条とか、労働基準法ならば第13章の罰則規定で、民法の債権法や不法不法行為法の場合は、強制行為を定めている民事執行法第2章などです——。その他の条文のうちの一部は、「積極的許可規範」、「廃止規範」、「授権規範」などと定義され、それらはまとめて「従属的法規範（unselbständige Rechtsnorm）」と呼ばれます。その名が示しているとおり、後者は前者と結合してのみ妥当する、あるいは、前者が存在してはじめて後者が存在する意味を持つ、と理解されるのです。

　それでは、この「従属的法規範」についてケルゼンの説明を聞いてみましょう（Vgl. Kelsen 1960：55-59）。

5）従属的法規範
① 当為文規範

　ケルゼンは、上に挙げたものを含めて計5種類の従属的法規範を列挙しています。まずはじめは、Satzの言語形式として命令文、当為文となっているもの、あるいは、直接的な意味として一定の行為を命令・禁止しているもので、それが服従されなかった場合のサンクションを定めた条文——自立的法規範のことですね——が別にあるものです。たとえば、未成年者飲酒禁止法第1条第2項「未成年者に対して親権を行う者……未成年者の飲酒を知りたるときはこれを制止すべし」とか、売春防止法第3条「何人も、売春をし、又はその相手方となってはならない」等がそれですが、これらは、それぞれ「罰金」や「科料」を定めた未成年者飲酒禁止法第3条や、勧誘に対する「懲役」や「罰金」を定めた売春防止法第5条などの、サンクションを定めた別の条文と本質的に結合しており、後者の条文があれば、「立法技術的には余計な」従属的法規範です。つまり、これらの条文は、制定された二次的規範と言ってよく、煩雑にはなりますが、サンクションを定めた条文と合

わせて一条文にすることができるものにすぎないのです。もし対応するサンクション条文がないとき——売春防止法の「相手方」の場合がその例ですが——、この制定された二次的規範は何人をも法的に義務づけないのです。法の体裁は持っていても、純粋法学的には、法ではないのです。道徳と同じなのです。

② 定義規範・有権的解釈規範

第二は、他の規範の中にある概念を定義したり、有権的に解釈したりする規範です。これは、第一のものより多く例を見出すことができます。「本法において、～とは、……のことを言う」という式のもの、例えば、労働基準法第8条「適用事業」、第9条「労働者」、民法第85条「物」、刑法第7条「公務員、公務所」等だけでなく、内容的に概念を確定する役割を果たすものはすべてこれです。たとえば、〔現民法第3条〕「私権の享有は、出生に始まる」は、権利主体としての人の定義であり、〔現第4条〕「満二十年をもって、成年とする」は、行為主体としての人の定義であり、刑法第一編第二章「刑」は、第二編「罪」に規定された各サンクションの定義です。その他、多くの法典の総則にあたる部分にある諸規定はほぼこれに含まれると言っていいでしょう。言語学や記号論において、ある言語を対象として、それについて述べるときに用いられる言語のことをメタ言語と言いますが、これらの規範は、いわばメタ法規範にあたると言っていいでしょう。窃盗罪の規定などは、この定義規範を内に取り込んでいると言えます。「他人の財物を窃取した者は、窃盗の罪とし、云々」の部分がそうです。また、「目的」を規定する法律も数多くありますが、この規定は、その法律全体の有権的解釈を行っているものと解することができます。

③ 積極的許可規範

第三は、積極的許可規範で、これは、禁止的法規範の妥当範囲を限定するものと捉えられます。これは、法の強制的性格の例外のように見えますが、その許可条件を満たさなければサンクションを科せられることになっているのですから、その意味でサンクションの消極的条件をなす、と言えます。ケルゼンは、例として正当防衛、アルコール販売免許などを挙げていますが、

それらにとどまらないことは言うまでもありません。運転免許も同じなのです。「免許」という言葉が示しているように、本当は道路で車を走らせることを一般的に禁止しているのですが、免許証を取得した者にだけ、車を道路で運転することを特別に免じて許しているのです。現在、運転免許証を持っている人はたくさんいますので、特別という感じはしませんが、法的にはそうなるのです。

　それよりも強い違和感を覚えたのではないかと思われるのが正当防衛です。正当防衛することが法によって許されているなんて、なんだか言いづらいですよね。構成要件には該当していて、違法性が阻却されるだけだ、と教えられてきてますものね。しかし、法的にはそうなのです。例えば、防衛のために急迫不正の侵害者をやむをえず傷害したとしましょう。その行為自体は傷害罪にあたりますよね。しかし、阻却するものは何であれ、とにかく刑法第36条は、その行為を罰しない、としているわけです。つまり、第36条の要件を満たす者にだけ人を傷害することを特別に許しているということになるのです。

④ 廃止規範

　第四は、他の規範の妥当性を完全に終わらせる「廃止規範（derogierende Norm）」です。法律の廃止、改正、条文の削除はすべて法律の形式で行われますが、それらがこの廃止規範として総称されると言っていいでしょう。地味なので知っている人はほとんどいないと思いますが、例を上げますと、昭和22年に制定された「日本国憲法施行の際現に効力を有する命令の規定の効力等に関する法律」の第3条などがあります。そこには「左に掲げる法令は、これを廃止する。」と書いてあって、その法令としては「王公族の権義に関する法律」などが列記されています。こうやって、法律は通常、法律によってその妥当性を終わらされるのです。しかし時には、確定した違憲判決によっても法律の妥当性は終わらされることがありますよね。だからこの判決も廃止規範なのです。ただ、法律による場合は、それは一般的に終わらされのですが、違憲判決の場合は、当該の個別的事件に限ってその法律が妥当しなくなるだけです。皆さんは有名ないわゆる「尊属殺重罰規定違憲判決」

(1973年4月4日最高裁大法廷判決)を覚えているでしょう。あの判決が確定したとき、刑法第200条が一般的に効力を失ったわけではありませんよね。現在もなお厳然として法であり続けています〔1995年に削除された。〕。死に体ではありますが、当該の事件に適用されなかっただけで生きています。

⑤ 授権規範

第五は、法規範を創設する法力（Rechtsmacht）を付与する授権規範です。従属的法規範の中でこれが最も重要なものです。ケルゼンは、法律——ケルゼンはこれを一般規範と呼びますが——の創設を授権するものとして、立法を規制する憲法規範を、そして、判決——ケルゼンはこれを個別規範と呼びますが——の創設を授権するものとして、訴訟法や行政手続を規制する規範を挙げ、自立的法規範において強制行為が結合される諸条件のひとつを規定するものとして、それらを位置づけています。しかし、訴訟法などはともかく、憲法が従属的法規範だなどと言われるとびっくりするかもしれませんが、自立的法規範を中心にした強制秩序としての法秩序の中では、憲法はそういうものでしかないのです。すなわち、憲法を含め、手続法ないし形式法がすべて、デリクトの諸条件とともに、サンクションとしての強制行為発動の諸条件を構成している、というわけです。比喩的に言ってみると、法秩序の一部に過ぎないところの、強制行為を定めた自立的法規範の中に従属的法規範全体が、折りたたみバッグのように反転して組み込まれている、といった観を呈するわけです。

6）強制秩序としての法秩序

このように、法秩序の大部分は、従属的法規範として理解されることによって、自立的法規範であるところの、強制行為を定めた条文と有機的に結びつき、一つのコスモスを形成するのです。そのコスモスの名を強制秩序というわけです。だから、実定法を〈デリクト—サンクション〉関係としての法命題に還元することも、その結果として、強制をもって法を特徴づけることも、決して過度の単純化ではないのです。むしろ、サンクションの言い渡しを内容とする裁判によって決着を見る、という法の実態に即した捉え方と言

えると思います。言い換えれば、裁判官の視点からはこのように法秩序は見える、ということなのです。

　与えられた法律条文群は、いくつかの〈デリクト―サンクション〉関係のデリクトとサンクションの間に平面的に――もちろんat randomにではなく、大まかに言って前提・例外関係といった一定の秩序をもって――位置づけられ、そのかぎりでの法秩序を形成する、というふうに捉えられるのです。したがって、以前（前出35頁）に一応一般的に定式化された法命題、すなわち「デリクトとサンクションの仮言的結合判断」というものは、より詳しく表現すれば、「一定の、法秩序が規定する諸条件のもとで、法秩序が規定する一定の強制行為が定立されることになっている」というように再定式化されるわけです。もちろん、これはすべての場合に共通な定式化にすぎないのであって、個々の具体的な〈デリクト―サンクション〉関係については、それに応じた詳細化をしなければならないわけですが、それは大変膨大なものになるでしょう。たとえば、窃盗罪の場合でも、刑法第242条「自己の財物」、第243条「未遂罪」、第244条「親族相盗」、第245条「電気」のほか、総則すべて、刑事訴訟法、憲法、少年法、監獄法等々、関連法規がすべて折り込まれなければならないので、省略することにします。

5．権利・義務・法力

1）権利概念の解体

　さて、私たちは、ある特定の条文のみを対象とするところから出発し、自立的法規範と従属的法規範とからなる法秩序全体に視野を広げ、それを考慮して法命題を再定式化するところにまで来たわけですが、ここに至って、私たちは、もう一つ法の本質に関わる重要な事柄を明らかにする手掛かりを得たことになります。その事柄とは、「権利」概念です。今までは、どちらかと言うと刑法で実定法を代表させていた嫌いがありましたが、ここでやっと、憲法や民法などに特有の問題も説明されることになります。

ケルゼンによると、法上存在するのは法的義務（Rechtspflicht）と法力（Rechtsmacht）だけであり、権利（Recht, right, droit）なるものは、その言葉のニュアンスと違って、法以前に、あるいは法とは独立に存在するものではなく、法以後に、あるいは法によって存在するものなのです。つまり、権利と言われるものは、次の4種類に分類されるのですが、いずれも、今述べた再定式化された法命題における〈デリクト―サンクション〉関係の中で説明しうるものであって、もし説明できないとすれば、それは、法律的に根拠あるものではない、ということになるのです。すなわち、その種類とは、

Ⅰ 「反射的権利（Reflexrecht）」
Ⅱ 「技術的意味の権利（subjektives Recht in technischen Sinn）」
Ⅲ 「積極的許可としての権利（subjektives Recht als positive Erlaubnis）」
Ⅳ いわゆる「政治的権利（politische Rechte）」

というものです（Kelsen 1960：130-149）。

　法というのは、通常は、権利を保護、承認、保証するものだ、と考えられることが多いですね。つまり、権利が法に先行して存在していると考えられているわけです。例としては、自然権としての基本的人権思想、刑法の保護法益という考え方があります。しかし、科学として、無前提に所与の実定法を認識の出発点とする純粋法学にとって、このような考え方はイデオロギーに他ならないのです。ケルゼンはこう言っています。

　　純粋法学は「義務と（技術的意味の）権利を、人間の一定の行態にサンクションを結合し、そのサンクションの執行を、それに向けられた訴訟に依存させるところの法規範に還元する」（ibid.：195）。――ケルゼンのいけないところですが、ここに言う「法規範」とは、正確には、法命題に還元された法規範のことです。ケルゼンにとって、法規範という意味を担った法律は、常に当然に法命題に還元されて見えているので、このような表現が往々にして出てきてしまうのですが、既に説明しましたように、法律と法規範と法命題の根本的な相互関係を踏まえる限り、このように読み直

されるべきだと思います。――

　だから、法的権利というものは、法的義務と同様、法律によってはじめて与えられるのであって、法律が制定される以前に与えられている、と考えることは、もしその通りなら、それを保障する法律など必要はないことになるし、それを「保障する」と言われる法律が既に存在しているならば、そう考えることは、無意味であり、さらに、「保障されていない」権利を学問の名で語ることは幻想をふりまくことになるのです。こんなことを言うと、日照権とか、環境権とか、人格権とか、死ぬ権利とかの現代的な権利を説くことが幻想をまき散らすことなのか、と憤る人もいるでしょう。とりわけ、日照権などは、裁判上、実生活上も確立されている、と言ってもいいくらいですからね。ですが、それらを国に認めさせる運動論と、それらの学問上の認識とは厳格に区別されなければならないのであって、学問的にはそれらは幻想に他ならないのです。もちろん、運動論については軽蔑も賞賛もしていません。純粋法学はそれについて何も語っていないのです。権利はすべて実定法に還元できるわけですから、要するに、権利（Recht）は法（Recht）なのです。

　では、主に『純粋法学』の第2版に基づいて、ケルゼンの権利分類を詳しく見ていこうと思いますが、まず、前提として確認しておきたいことがあります。それはこういうことです。法社会学でも法史学でもない、法教義学（Rechtsdogmatik）としての法律学は、すでに定立されてある法律から出発するのであって、そのような法律の上に発生すると言ってもいいでしょうが、つまりは、この法律という素材がなければ、法律学は成立しないということ、純粋法学はその権利論において、このことを明らかにしているにすぎない、ということです。

　ケルゼンは、権利についてこんなふうに語りはじめます。

　一般に「ある者が一定の仕方で行動する権利を持つ」という言い方がなされるとき、考えられている事態には様々なものがある。一つは、その行態が法的に禁止されていないということ、その意味で、「消極的な意味で

許されている」ということかもしれないし、「一定の個人が法的に義務づけられている」ということもありうる（ibid.：131）。

しかし、これらはいずれも、最初の法命題の定式だけで説明可能なものです。すなわち、法的義務の概念の派生的帰結にすぎません。

2）消極的許可

まず、前者の事態は、法秩序の消極的規制（negative Regelung）の問題であって、「単に消極的意味で許可されている」とも言われます（ibid.：15-16）。つまり、法秩序というものは、考えられる最も単純、簡素なものから、最も複雑、周到なものまで、すべて、一定の人間の行態を積極的（positive）に規制——具体的には、禁止、命令、授権、許可などですが、これは、言うまでもなく、自立的法規範と従属的法規範の働きです——しようとするものですが、その反面で必然的に、それ以外の行態を、それらについて何も規定しないことによって、消極的に許可しているのです。

こうも言うことができるでしょう。実際にはありえない話ですが、ある国で、「法三章」よりすごいのですが、窃盗罪しか罰さない刑法ができたとしましょう。そうすると、この国の法秩序は窃盗の処罰しか規定していないにもかかわらず、その法秩序の妥当範囲内で行われる、ありとあらゆる人間の行態を刑法的に規制してしまっている、ということなのです。これは、立法者の意図には関わりなくそうなるのです。つまり、そんな刑法を作ったということは、人間の行態を、窃盗とそれ以外の行態とに二分したことになり、前者を罰する、ということで、後者を消極的に許可する、というふうに規制したことになるのです。この後者の行態は、その刑法の成立以前のように、法的規制の埒外にあるのではなく、今や、消極的ではありますが、法によって規制された行態になるのです。

もっとも、このような消極的規制の考えを取らず、積極的に規制されていない行態はみな、禁止するか許可するか、法的にはまだ決定されていない領域にあると考える人たちもいます。たぶん皆さんもそう考える方が自然だと

感じているでしょう。法の欠缺補充はそう考えていないと正当化できないですからね。しかし、私法の分野ではそう言えるかもしれませんが、刑法の分野ではそんなわけにいかないですよね。そして、ケルゼンはすべての法分野でこの消極的規制の考え方を取ります。この考えからすれば、裁判官による欠缺補充は立法権の簒奪ということになると思います。

　ここで、もしかすると誤解されているかもしれないので、断っておきますが、「積極的」という表現は、どんどん、という意味ではありませんし、「消極的」も、しぶしぶ、という意味ではありませんよ。「積極的」のpositivは、positives Recht（実定法）のpositiv、つまり、実定法上の明文によるといった意味です。だから、「消極的」というのも、その逆で、実定法上の明文によらないといった意味なのです。だから、消極的許可と言っても、決して、本当は許可したくないけれど、しぶしぶ許可している、という意味ではないのです。念のため。

　実際の例を挙げてみましょう。たとえば、「未成年者喫煙防止法」は、20歳未満の者の喫煙を禁止し、親権者、販売者に対する刑罰を定めています。——未成年者本人は、たぶん補導されて、煙草、喫煙具の没収という行政処分を受けるだけですが（第2条）。——しかし、そのことによって、20歳以上の者（成人）の喫煙を消極的に許可している、と言えるのです。これは、法規定の反対解釈の結果ですが、すべての法律はこのような「裏面」を持っているわけで、この意味での「権利」、たとえば「成人喫煙権」なるものは、法秩序の本質的機能、とりわけ消極的規制の問題に解消することができるのです。つまり、純粋法学によれば、それは法の外の問題ではなく、法そのものの問題であって、余分な含意を持っている「権利」という概念を使わなくても説明できるものなのです。反対解釈によれば、法命題が記述しきっているところなのです。

3）反射的権利

　次に、後者のほうの事態、すなわち、他者が自分に対して義務を負っている、という事態ですが、これがケルゼンの言う分類Ⅰの権利、すなわち「反

射的権利」です。私たちがよく〈権利―義務〉関係と言ったり、〈AはBに対して請求権を持つ〉と言ったりするときの権利です。この権利概念は、たしかに法的事態の叙述を容易にするかもしれませんが、あくまでも、法規範の定める法的義務の反射にすぎないのであって、権利主体と言われる者も、実は法的には、真の法的主体である義務者の行態の客体に他ならないのです。対応する法的義務のない請求権は問題にならないのに対して、対応する権利のない義務――たとえば、動植物の保護義務などがそれですね――はありますから、義務の概念は、この意味での権利概念を包含しているわけです。だから、反射的権利概念は、法的事態を科学的に正確に記述する立場、すなわち、法命題において法的義務を記述する純粋法学の立場からは余分なもの、無くてもすむものだということになるのです（ibid.：133）。

　ですから、ここまで来ると、ケルゼンの定義する法的義務のことについて説明しておかなければならないわけです。そうしないと、彼の言う法的権利を説明しきったことにならないのです。

　「規範の名宛人」のところで若干触れましたように、法的義務と、当為されている行態とは違ったものであって、そのため、法的義務の主体と、その行態が当為されている主体も違っているのです。後者が一次的規範の直接的名宛人、すなわち法的機関であり、前者は間接的名宛人、すなわち、私たちpotential delinquents（可能的非行者）としての国民だったのです。つまり、法的義務の内容は、間接的な行為規範――すなわち二次的規範：たとえば「汝盗むなかれ」がそれですね――の内容――すなわち「盗まないこと」ですね――であり、私たちは、一次的規範が法的機関をその内容の逆のこと――すなわち、誰かが「盗んだこと」――に関して当為づけていることを介してのみ、間接的にその内容――すなわち「盗まないこと」――を義務づけられているにすぎないのです。したがって、まとめますと、ある行態が法的義務の内容であるのは、法命題が直接的に記述する一次的規範が、「その反対の行態にサンクションとしての強制行為を結び付けているときのみ」であって（ibid.：120）、それ以外の場合には、私たちは一定の行態を法的に命令されている、とは言えないのです。

分かりにくかったかもしれませんね。要するに、こういうことです。法律の中には、「〜せねばならない」とか「〜すべし」としか書いていなくて、「〜しなかったら、どうする」ということについては何も書いていないものがありますよね。そういう場合は、ケルゼンによれば、私たちは、そうすることを法的には義務づけられていないということなのです。あえて言ってしまえば、そうしなくても法的には構わないのです。——立法者はそうは考えていないと思いますが。

　皆さんの中には、えっと思った人もいるでしょう。でも、そうじゃありませんか？　しなくても構わないですよね、法的には。まさにこの意味で法的義務の概念はサンクションの概念と本質的連関があるわけです（vgl. ibid.：121）。

　ただ、刑罰というサンクションは一つの法的義務——たとえば、殺さないとか盗まないという義務——を構成するだけですが、強制執行という民事的サンクションは二つの法的義務を構成するのです。その二つというのは、他人に損害を与えないという「主義務（Hauptpflicht）」と、その義務に違反して発生させた加害を賠償する、という「賠償義務（Ersatzpflicht）」です。後者の賠償義務は、主義務の違反に対するサンクションではなく、サンクションはあくまで強制執行で、賠償しなかったことがその条件なのです（ibid.：129）。

　以上のような法的義務の反射であるかぎり、権利概念は余計であって不必要なものなのです（ibid.：133）。つまり、AはBに対して義務を負っている——言いかえると、Aは、Bに対して〜しないと、強制行為が課せられることになっている——、と言えば、それですべての事態が述べられているので、それに加えて、BはAに対して権利を持っている、と言う必要はないわけです。obligation という言葉は、債務って訳されるのが普通ですが、債権債務関係全体のことも意味することがあるわけですから、そもそも債権と債務は同じものの両面なんですね。

　こうして、法命題に還元された現実の法に定位する立場から権利を見ると、債権と物権の区別も重要性を失ってしまいます。物権というものもやは

り、他の人の義務の反射にすぎないのです。物権の王とされる所有権といえども、その物に対する排他的支配とは、法的には、その物の使用、収益、処分について、他のすべての人が排除されるということ、すなわち、所有権者と言われる人の使用、収益、処分を妨げない、という他者の義務の反射にすぎないのです。つまり、物権といえども、それは人と物の関係なのではなく、人と人の関係なのです（ibid.：135-136）。だから、債権と物権の区別というものは、単に技術的な区別にすぎないのです。

　また、権利を法的に保護された利益だとする伝統的法律学の定義も矛盾するものとして斥けられることになります。なぜなら、法（objektives Recht）を規範とし、権利（subjektives Recht）を利益とし、一方を保護の主体、他方を客体と考えると、どちらも Recht なのに、両者を上位概念でくくることが出来なくなるからです。そして、権利は法的概念でなくなってしまうからです。「規範としての法に向けられた考察にとっては、権利はそのような利益ではなく、法内的に存在する、この利益の保護」なのであって、その「保護」とは、「法秩序がその利益の侵害にサンクションを結び付けていること」の謂いに他ならないのです（ibid.：137-138）。

4）法力としての権利

　ところで、法律上は、以上のような反射的権利とは異なった種類の権利も存在しています。それが法力（Rechtsmacht）としての権利です。ケルゼンの権利分類におけるⅡ「技術的意味の権利」、Ⅲ「積極的許可としての権利」、そしてⅣいわゆる「政治的権利」がそれです。これらは、法的義務の反射ではないにしても、その名が示す通り、法律が人々に与える何らかの力です。

　それでは、この Rechtsmacht とはどのようなものなのか、ケルゼンの説明を聞いてみましょう。

　まずⅡ「技術的意味の権利」と、Ⅳいわゆる「政治的権利」について。
　少し前に「従属的法規範」のひとつである「授権規範」のところ（前出54

頁）でも述べましたように、これは、一言でいえば、法秩序によって人々に授けられた、「法規範創設」の力（Macht）であり（ibid.：57)、この権利の行使は、「言葉の本来の意味での権利行使」で、個人は、これを行使するときにのみ、法的義務とは違った法の主体となるのです（ibid.：139-140)。つまり、純粋法学において「権利」と呼んでも良いものの実体は、このRechtsmachtだけなのです。ただ、Ⅲ「積極的許可としての権利」だけは、Rechtsmachtであるとはいえ、「法規範創設」のMachtではありませんが、これについては後（後出67-68頁）で詳しく説明します。

5）技術的意味の権利

はじめに、Ⅱ「技術的意味の権利」から説明しましょう。これはすなわち、個別規範創設のRechtsmachtです（ibid.：149)。これは私法の領域に特徴的であるとされています（ibid.：141)。再定式化された法命題（前出55頁参照）を踏まえて言いますと、サンクションの諸条件のうち、デリクト発生以降、サンクション発動に際して必要とされる条件のことです。ケルゼンはこう説明しています。

> ある者がこの意味でのRechtsmachtとしての権利を持つということは、「法規範が、それによって定められた彼の行態を一定の効果の条件にしている」ということに他ならない。より詳しく言うと、「法的義務を構成するところのサンクションの諸条件の中に、サンクションの執行を目的とした訴訟（Klage）の形式で法適用機関に向けられる、通常は義務の相手方である人によるところの行動が取り入れられている」、ということである。つまり、これは法律上与えられた訴訟提起権のことであって、これを与えられていない個人は、他者が実体法上彼に対して義務づけられていたとしても、義務の履行を法的には求めることができない。彼がその他者に義務の履行を求めても、それは法的にirrelevantなのである（以上、ibid.：139、140)。

ただ、私法上は、このようなことはほとんど起こらないでしょうが、この

のような場合は、義務の履行を求める人には、反射的権利があるとは言えても、本来の意味の技術的意味の権利は存在しないのです。伝統的法律学は、すべての「権利」が「請求権」を持つ、としていますが、反射的権利が本来の意味の権利に、つまり法的に relevant な請求権になるためには、法によって、Rechtsmacht がその者に与えられなければならないのです。すなわち、法規範が、法的義務の不履行があったことを訴訟によって認めさせる Rechtsmacht を、ある者に与えていなければならないのです。民法においては、訴訟提起によって、裁判所の手続きがはじめて作動するのであって、そのとき法（das objektive Recht）は、義務の相手方の使用に供されると言うことができ、この Rechtsmacht の行使によって、彼の反射的権利は権利（ein subjektives Recht）となるわけです（以上、ibid.：139-141）。

　以上のような Rechtsmacht を賦与する法規範は、広い意味で個別規範創設の「授権規範」と称することができます。ケルゼン自身はそのようなものとして、訴訟法などしか挙げていませんが、いわゆる実体法の中の規定——たとえば、民法の占有訴権など——もそれに含めることができます。民法の外、公職選挙法や労働組合法などにもそのような規定を見ることができますが、近代の刑法の場合は例外的です——例としては、刑法第135条や第180条などの親告罪が挙げられます——。しかし、訴訟法上の上訴権は、原告にも被告にもあり、刑事訴訟における被告人にもありますから、この Rechtsmacht は、法領域によって限定されない（ibid.：142）、ということになるのですが、大体において、現在この種の権利は私法に特徴的なものだと言っていいでしょう。

6) 政治的権利

　次に分類Ⅳの権利、すなわち「政治的権利」を説明してみましょう。これは、法律という一般規範を創設する Rechtsmacht です（ibid.：149）。再定式化した法命題（前出55頁参照）で言いますと、デリクト以前に必要とされる条件に関わります。というよりも、そのデリクトとサンクションを規定した法律の制定そのものに関わる、と言ったほうが分かりやすいでしょう。こ

れには、大きく分けて参政権といわゆる「基本権あるいは自由権」の二種類がありまして、前者には、「直接的権利」、「間接的権利」があります。いずれも、民主制という特殊な政治的形態においてのみ固有なもので、法制度一般に本質的なものではありません。

① 参政権

まず、参政権のうちの「直接的権利」ですが、これはいわば被選挙権、つまり、自ら立法機関のメンバーになり、法律の採決を行おうとする権利です。次に「間接的権利」は選挙権のことで、立法機関のメンバーを決定する権利です。これらは法創設への服従者の参加として特徴づけることができます。この意味では、すでに述べた技術的意味の権利も政治的権利として特徴づけることができることになります。両者は、単に創設する法規範の種類あるいは段階が違うだけです（ibid.: 143-144）。両者ともに、授権規範という従属的法規範の機能であることには変わりはないわけです。

② 基本権

そして、その次に見るのが「基本権あるいは自由権」ですが、すでにその表現が示しているように、ケルゼンは、いわゆる自由権と法の下の平等にのみ言及し、我々が現在基本的人権と言うときに当然含ませている社会権については直接触れていません。それが純粋法学の枠組みの中でどのように説明されうるのか、という問題は後回しにして、とりあえず、自由権についての彼の説明を聞くことにしましょう（ibid.: 145-149）。

彼によると、自由権は、それ自体では、反射的権利ではありません。なぜなら、自由権の保障とは、法律によるその侵害や制限の禁止なのですが、その禁止は立法機関に法的義務を課すものではなく、単に侵害立法や制限立法を制定することの困難性の表明に他ならないからで、たとえそのような法律が制定されたとしても、立法機関の義務違反は問題にすることはできず、ただその法律が違憲である、という理由をもってそれを特別の手続で廃棄することができる、ということに他ならないからです。したがってまた、自由権は分類Ⅱの「技術的意味の権利」でもないことになります。「技術的意味の権利」というものは、法的義務が履行されなかったことを訴訟によって主張

するRechtsmachtだからです。

　この自由権が権利であるのは、「ある自由権を侵害するので違憲である」と判断する法律を適用されて被害を受けた、と考えた個人に、訴訟提起によって裁判手続を開始させ、その結果、そのような法律の個別的あるいは一般的な廃棄をもたらしうるRechtsmachtを、法秩序が与えている場合だけなのです。ここで考えられているのは民事訴訟ですが、刑事訴訟の場合も、被告人側は適用法条の違憲性を抗弁として主張しうるわけですから、このRechtsmachtを与えられている、と言えます。Rechtsmachtの一般的定義に沿って言うとすると、このRechtsmachtは、違憲の法律を廃棄する規範という従属的法規範を創設するMachtと言うことができます。違憲法令審査において事件性を要件とする我が国の制度においては、ケルゼンのこの説明はそのまま当てはまると言っていいと思います。

　さて、ここで、ケルゼンが言及していない、いわゆる社会権について考えて見ましょう。もちろん、言及されていないのですから、軽率な憶測は慎むべきでしょう。しかし、彼が、およそ社会権なるものは本来の意味での権利ではないと考えていたとは思えないのです。やはり、制定法によって明示的にRechtsmachtの付与がなされているかぎりでの権利であると考えていたのではないかと思います。だから、憲法の条文に国の「義務」が一般的に規定されていたとしても、それだけで、それを具体化する法律が制定されていない場合は、国には正しい意味での義務もなく、したがって、反射的権利もないことになります。

　たとえば、狭い意味の生存権は、生活保護法のような法律が制定されているかぎりで、国および地方自治体は、一定の条件を満たす国民に対して、債務、つまり法的義務を負い、当該の国民はその反射的権利を持つのみならず、法的にrelevantな請求権（＝Rechtsmacht）を持つと言えますから、分類IIの「技術的意味の権利」に包摂できるのではないかと思います。また、労働基準法上の権利と言われるものは、違反者が罰せられる点で、刑法上、殺されない権利――これは反射的権利のひとつです――と同様に解しうるものと思われます。もっと言えば、労働三権のうちの団結権というものも、不

当労働行為の救済申し立てに対して労働委員会が下した救済命令（労働組合法第27条の12）が、確定判決――訴訟提起を前提としますが、――で支持されたならば、違反者は一定の刑罰を科せられることになっている（同法第28条）わけですから、労働基準法上の権利と同様、反射的権利と言えるわけです。いわゆる社会法の違憲性を争う権利は、自由権の場合と同じですね。このように、社会権なるものはすべて、他の権利類型に包摂できるわけで、だからケルゼンは直接的に言及しなかったのではないか、と思っています。

7）積極的許可としての権利

最後に分類Ⅲの「積極的許可としての権利」ですが、これは積極的許可規範という従属的法規範の機能であって、相手方の法的義務が存在しませんから、もちろん、反射的権利でもなければ、技術的意味の権利でもありません。また、政治的権利とも異質なものです。規範創設に関わらないからです。しかし、それは、一定の法律行為を行うことの授権（Ermächtigung）と結びついているかぎりで――例としてはアルコールや劇薬の販売などが挙げられています――、Rechtsmacht であるという点で、分類Ⅱや分類Ⅳの権利とともに、法律上の権利と呼ぶことができます。とはいえ、従属的法規範のところでも説明しましたように（前出52～53参照）、この Rechtsmacht もサンクションの消極的条件を表すものとして、法命題に内在化させることができるわけですから、私は、この権利は法的義務の消極的条件、つまり、法的義務の例外と見ることもできるのではないか、と思っています。

こうして自立的法規範と従属的法規範の区別と連関を手掛かりに、つまり、サンクションを定めた法規範以外の法規範をほとんどすべてサンクションの条件群と理解することによって、「権利」なるものを法的概念として、強制をもって法の本質とする認識と矛盾することなく、確立することができたわけです。つまり、法的に relevant な権利とは、何ら法律から独立した特殊なものではないわけで、法的に禁止されていないということか、法的義務の反射に還元できてしまうものか、あとは、法律上与えられた Rechtsmachtのことなのです。だから結局、権利はすべて、法に、すなわち法命題におけるデリクトとサンクションの結合関係に還元されるわけです。

　実定法を法命題に還元するということは、法秩序と言われる法律条文群をいくつかの〈デリクト―サンクション〉関係の軸上に並べることであって、コンピュータ・プログラムで言えば、デリクトをインプットすればサンクションがアウトプットされる、ということになるための初期値の設定、メイン、サブ・ルーティンの設定、表示といったフローチャートとして配置することであるとも言えます。これは、もともとカオスだったものをコスモスとして、意味的に整序することなのです。もちろん、前にも言いましたように、対象である法律群が、そちら側で上のような意味を持って、コスモスとして存在しているわけではありません。その対象を認識する側がそれをコスモスとして理解しているだけです。私たちが上のような意味を法律群に賦与している、と言ってもいいでしょう。

6．法を認識・記述する二つの視点

1）法によって強いられた関係性
　さて、私たちはケルゼンが現実の法をどう見ているか、と問題を立てて、刑法の一条文を手掛かりにして、実定性概念、規範概念、実定法概念などを逐次明らかにしながら、法命題概念にたどり着き、その特徴や機能をかなり詳細に検討し、さらに、法秩序全体を視野に入れた法命題の再定式化や権利と義務という概念の再定式化を行ってきましたが、ここに至って、やっと私たちは、ケルゼンが現実の法をどう見ているか、ということについての一つの解答を与えられたことになります。
　しかし、実は、この解答はこの問題に対する純粋法学の「一つの解答」にすぎないのです。つまり、純粋法学には「もう一つの解答」があるのです。この解答は、私たちが今まで見てきたものとは全く異質のものではあります

が、決して相互に排斥しあうものではなく、むしろ方法論的には共通の根拠の上に成り立っているものです。ただ、いわば、その解答の次元が異なっているだけのものなのです。ところが、そのような「もう一つの解答」を説明するには、これまで不問に付してきたけれども、純粋法学を論じる際の大事な前提となることがらに目を向けなければなりません。それは、「ケルゼンは現実の法をいったいどこから見ているのか」という問題です。すなわち、ケルゼンが法を見る際の「立場」あるいは「視点」の位置の問題です。

ただ、ここで「立場」とか「視点」とか言っても、それが評価的な意味のものでないことは改めて断る必要はないでしょう。評価的態度には、実定法を究極的に擁護する立場、その批判や打倒を目指す立場などいろいろあるでしょうが、「前評価的」認識・記述を志す純粋法学にとって、それらは全く無縁です。純粋法学はそのような評価的立場・視点のうちどれか一つからのみ成り立ちうるような学説ではありません。とすれば、ここに言う「立場」や「視点」とはどのようなものでしょうか。

まず第一に言えることは、評価的立場のような、人間の主観の次元に属するものではない、ということです。別な言い方をすれば、法を見る者がどのような主観的・評価的立場をとっていようとも、それを完全に無効化、無意味化してしまうような客観的な関係性に関わります。それは、法が存在していればどこでも必ずでき上がる、法と人間との間の、否定することのできない関係性です。さらに言い換えれば、私たちの意志に関わりなく、私たちがその中にはめ込まれてしまうところの〈法によって強いられた関係性〉です。

それでは、ケルゼンの「立場」を明らかにする前提として、純粋法学自体はほとんど明確に語ってはいないのですが、その認識が確実にその基底にあったと思われる、この〈関係性〉について詳しく説明してみましょう。

2）〈権威〉のバリアー

法は世界の上に一つの輪を描き、世界をその輪の内側と外側に二分しています。その輪の名前は〈権威（Autorität, authority）〉です。あるいは、法

は、生まれると途端に、世界を「法的世界」として作り変え、自らの周囲に〈権威〉という透明のバリアーを張り巡らす、というふうに言ってもいいかもしれません。それと同時に、法共同体の成員たちは、そのバリアーの内側の者と外側の者とに分けられるわけです。ただし、分けられると言っても、それはもちろん偶然的な出来事でもないし、空間的に隔てられるというのでもありません。両者はもはや、バリアーが張られる前までのようには同質ではなくなってしまうということです。

　あくまでもこの比喩の中でのことですが、バリアーの内側を、仮に、舞台だということにすれば、その内側の者はいわば役者になり、外側の者は観客になってしまうのです。内側の者は本人としてではなく、一定の役柄として行動するのです。もちろん〈権威〉という仮面と衣装を着けて、です。しかし、バリアーが透明であるように、この仮面も衣装も私たちの目には見えません。法服というのはこれを可視化しようとしたものかもしれませんが、〈権威〉とは、そもそも不可視の関係性なのです。したがって、内側の者も外見は外側の者たちと何の変りもないように見えます。しかし、そう見えようが見えまいが、この〈権威〉界は厳然と存在しており、私たちを否応なく支配しているのです。

　〈権威〉のバリアーは、単に透明であるばかりでなく、無感触で非常に柔軟であるため、その存在に気づかず、舞台上の役者の行動が本当は劇であるとも知らずに、支援しようとしたり、阻止しようとしたりして、舞台の上に上がろうとする観客が出てきたり、仮面を通して自身の言葉を観客に語りかけようとしている役者に対して観客席から声をかけ、劇の進行をある程度変更させることができるのではないか、といった錯覚を持つ観客が出てきたりしてしまいます。そこだけバリアーが無反発でへこむからです。しかし、へこみはしますが、このバリアーは決して破れはしないのです。観客が直接役者に観客語で語りかけることはできませんし、役者が観客語を話すこともできません。互いに直接触れることもできません。次元の断層がそこにあるからです。寝言を言っている者と覚醒している者とが真に会話しえないのと似ていると思います。そして、必ずこのバリアーは、この無礼な客を舞台の外

へとはじき戻し、役者を舞台上にとどめるのです。これが否も応もない法的世界の現実なのです。

　上に見ました目的論的思考とか、善意の実践的思考というものは、このような、バリアーに無自覚な観客や役者の代表です。彼らは、法秩序の目的なるものを想定し、その目的に仕えるという一点で、バリアーの内側にいる者も外側にいる者も協力——分業も含めてですが——しうるし、批判しあえる、と考えているからです。目的というイデオロギーの中で、本来区別的に存在している現実がない交ぜになってしまっているのです。

　しかし、外側にいる者のこの目的論的思考は、ちょうど少年や思春期の青年が劇中人物を現実の人間と錯覚したり——たとえば、劇中人物と役者、登場人物とモデルないしは作者を混同し、後者の方を愛したり、憧れたり、憎んだり、恐れたり——、あるいは、作られたストーリーを実際に今体験しているかのように興奮したり——たとえば、「鞍馬天狗」の映画で、鞍馬天狗が危機一髪の場面で馬を駆って登場してくると、映画館いっぱいに拍手が巻き起こったものです。すみません。例が古すぎたようです——、自分を登場人物に模したりする——たとえば、これまた古すぎる話ですが、テレビでスーパーマンの番組をやるようになったら、多くの子供たちが風呂敷のマントを首に巻いて、タンスの上から跳んだりしました。それから、もっと後になっても、高倉健や菅原文太のやくざ映画が流行っていたころ、映画を観終わって映画館を出てくる男性の観客は心なしか任侠の風情で歩いていました——のと同じなのです。

　そして、内側にいる者の目的論的思考は、役者が、自分自身と自分が演じている劇中人物との区別を見失ってしまうこと、つまり、もはや演じているのではなく本気になってしまうこと、言い換えれば、役が乗り移ってしまい、劇が劇でなくなってしまうことと同じなのです。

　これらの感情移入的な在り方は、実際の演劇の観客や小説の読者、そして役者にとしては、素晴らしいことです。芸術はそうでなければならないかもしれませんね。しかし、法的世界においては厳に慎まなければならない態度なのです。バリアーの内側にいる者はあくまでも、仮面と衣装に象徴される

〈権威〉を演じているのであって、役柄の台詞や演技を自分自身の内面の表白と錯覚してはならないとともに、役柄を無視して自分の内発的意思を仮面や衣装に語らせてはならないし、外側にいる者は、自分が「劇」——たとえば裁判——に対しては観客にすぎないこと、脚本も書けないし演出もできない立場にあること、できるのはただ、拍手したり、声を掛けたり、足を踏み鳴らしたりして、劇場をざわつかせることぐらいだ、ということを忘れてはならないのです。

3）〈権威〉バリアーに盲目な態度

ところが実際には、このことを忘れている人々が多いばかりでなく、法的世界でいわば「実権」を握っているのです。法的問題について、人が「役者」として、つまり、〈権威〉の内側にいる者、例えば裁判官として、どう行動すべきか、という問題と、社会の一成員としてどう考え行動すべきか、という問題を区別できない人々が、あるいは、「役者」つまり裁判官として行動しうる限界を、素顔の人間に対する行動命令で、無き者にしようとする人々が「実権」を握っているのです。実践理性が理論理性を凌辱しようとしているわけです。この状況下で理論理性の正当な領域を守ろうとして、バリアーの存在のどうしようもなさ、すなわち、バリアーを挟んだ越えがたい次元の違いの存在を主張し、例えば、刑事裁判なるものは、裁判官という名の決定役と、検察官という名の攻撃役と、弁護士という名の防御役、そして、被告人という名の本人役たちによる劇であって、生身の人間たちは、ただそれらをそれぞれに演じているにすぎないのだ、と言い切ってしまう者は、すなわち、だからそこでの結末は劇中での結末にすぎないのであって本当の結末ではないとはいえ、法的世界はそもそもそのような劇を上演している劇場なのだから、席を蹴って出て、他の劇場にでも行かないかぎり、そこではそれが「解決」そのものなのだ、と言い切ってしまう者は、周りから白い目で見られる運命にあるのです。しかしそれでもなお、いやそれだからこそかえって、執拗に言い続けなければならない、と私は思っています。あえて言えば、どうやら法学界は善意と熱情が支配しているのであって、時には冷酷に

見える客観的知識は賤民視されているようです。涙と昂奮が私たちの目をぼやけさせるように、彼らの、法的世界を見る目はイデオロギーによって、決して破廉恥ではありませんが、だからと言ってやはり容認することのできないイデオロギーによって歪められているのです。

例えば、以前、空港近くのある地域の住民が夜間の航空機騒音によって被害を受けたとして、国を相手取って損害賠償と飛行差止めを求めて訴訟を起こしたところ、裁判所は過去の損害賠償の方は認めたものの飛行差止めはまかりならんとした判決（昭和56年12月16日最高裁大法廷判決）を下した事件がありましたね。この事件を例にとって説明してみましょう。

この判決——差止め請求棄却のほうです——に対する学界、言論界の反応はおおむね批判的でした。この反応は当然のように見えますが、その中に実は問題が含まれていたのです。とはいっても、私は「批判」したことを問題にしているのではありません。「批判」したことではなく、批判の「仕方」が問題なのです。一言でいえば、法的〈権威〉のバリアーの存在に気づいていない、利害関係者的、政治的な批判の「仕方」がとても目につきました。興奮して、およそ専門家の言葉とも思えないほど乱暴なことを述べた人もいました。

例えばこのような発言がありました。——「公害・環境問題をめぐる行政訴訟と民事訴訟の選択については、判例上明確な判断が示されていない。行政訴訟で争えば、対象となった行為が行政庁の処分に当たらないとし、民事訴訟で争えば、逆に行政庁の処分その他公権力の行使に当たるとし、いずれにせよ請求を却下するための便宜主義的な解釈が採用され」ている（牛山積 1982：11）とか、「……夜間航行を停止させることが、きわめて常識的な妥協案であった」のに、この「最高裁判決は、公共事業の公害問題について訴訟による解決の道を閉ざした」。「最高裁は三里塚闘争のような直接行動に加担したといわれてもしかたがない。合法的で常識的な解決の道を閉ざせば、あとは実力阻止以外にないというところへ被害者を追いこんでしまう」（宮本憲一 1982：14）とかです。

ここで私が問題にしたいのは、現段階、つまり現行訴訟制度で、はたし

て、人格権、環境権なるものに基づいた「差止め」という形での「司法的救済」が可能かどうか、という客観的な法学的な議論よりも、「公害問題を解決しなければならない」という政治的あるいは社会的な命題が優先していること、そして、最高裁や全国の裁判所の裁判官たちを、あたかも単一の人格であるかのように見て、その人格が公害被害者の救済を妨げようと画策しているかのように見ていることです。もしかすると、現行法制度では公害問題のこのような形での司法的救済は不可能かもしれないじゃないですか。裁判所がこぞってだめだと言ったのは、原告側の論理が現行法的には無理だっただけかもしれないじゃないですか。ところが、それがどうであろうと「救済しなければならない」という前提——これ自体は文句が付けられませんが——が、「畏れ多くも……」的な、絶対的なものになっていると思いませんか。

　学者の反応の中には、当然ながら、現行民事訴訟制度において、行政権の行使について差止め請求が可能かどうかに焦点を合わせて論じているものも多くありましたが、やはりその背後に、「住民は現実に甚大な被害を受けている。加害者はその原因を取り除くべきだ」、つまり、「差止めを認めるべきだ」との考えが、アプリオリとして見え隠れしていて、総じて、まず結論ありきの論理操作的な議論傾向を持っていたと言えます。確かに私も当該地域の住民は可哀そうだと思います。夜間の旅客機離着陸の騒音がどれだけ人間の肉体的、精神的健康を破壊するものか、ということは分かっているつもりです。それを黙って耐えるべきだ、などと言うつもりはありません。しかし、それはあくまでも個人としての私の考えです。法律学に携わる者としては、結果的には「耐えろ」と言うに等しい、と非難されそうなことを述べる可能性はあるのです。常に必ずそうだ、というわけではないですが、法的制度というものは、多かれ少なかれそういうものなのであり、人間の悲哀をいつでもどこでも何もかも救いきる、ということはできないのです。

　このようなことを言うとき、私はいつも自分の真意が伝わっていないだろうな、と感じているのですが、誤解を解く方法をいまだに見出していないのです。何という非常識、冷酷無比、血も涙もない、何という反動、こういった非難を何度も耳にしてきましたが、確かに私の言い方はそう受け取られて

も仕方ないものなのです。しかし、私は「常識」の方に問題があると確信していますから、「非常識」というレッテルが不名誉だとは思いませんし、「反動」にしましても、「動」と言われるものとの相対的関係としては当然ですが、何ら絶対的な意味を持たないものと理解しています。

　ところが、こういう言い方も一定の人々には「ケルゼン・パラノイアの開き直り」としか受け取られず、好感を持たれないのですね。こういう人たちはたいてい最後にこう言います。「おまえは何のために法律を勉強しているんだ。そもそも法律というのは我々の社会生活を向上させるために作られたんじゃないか。その法律に携わる者としては、今度の住民のように救済を求めてきた人々に対して、なんとか彼らを救済できる方策を考え、その方向に向けて努力することが任務なんじゃないか。おまえみたいに、救えるか救えないかは法解釈上の問題で、そこで救えないってことになっても、それはそれでしようがないんじゃないか、なんて澄ましていることは許されないのだ！」——これこそ目的論的思考、あるいは善意の実践的思考のイデアル・テュプスなのです。

4）〈権威〉劇としての裁判

　新聞の論調などには、「住民の苦しみを理解しない判決」といった表現も見られましたし、原告たちの中には、「役人や裁判官も、一晩でいいからこの騒音の中で寝てみれば、あんなことは言えないはずだ」、と怒りを表す人もいたと記憶しています。無理からぬ怒りのようですが、やはり、裁判官という役柄とそれを演じている個人を混同している、と言わなければなりません。このような表白は、図らずも大岡越前守の再来を待望していることになるのです。つまり、人間味のある裁判官を求めているのです。しかし、制度がそれを運用する人間と未分化な時代ならいざ知らず、現代日本のように、制度が人間から自立している社会——これを「人の支配」から「法の支配」へと移行した社会と言うこともできるでしょうし、M. ウェーバーの『支配の諸類型』に言うところの「カリスマ的支配」「伝統的支配」から「合法的支配」へと移行した社会ということもできるでしょうし、端的に「近代社

会」と言うこともできるでしょう——においては、仮面や衣装に、フレキシブルな人間性を求めるのは幻想にすぎないのです。

　あの多数意見の判事たちは、人間としていかに苦しみを理解していたとしても、役者としてはあの判決のように演じなければならなかったのかもしれないのです。そうでなかったかもしれませんが、どちらだったかを決めるのは民事訴訟法等の関連法規の客観的な解釈であって、ここではそれに立ち入る必要はないでしょう。ただ、そのような純法律学的議論を踏まえて、その上でのみこの判決が批判されるのならば何にも文句を言うことはありませんが、現在の最高裁の体質と結びつけたり、今後の同種の公害訴訟と関連付けたり——確かに、この判決はそれらへの影響を考慮していると思いますが、そのように明示はしていません。したがって、私たちがそれを詮索しても始まらないのですが——、そうして、〈権力 対 国民〉あるいは〈公害加害者 対 公害被害者〉といった対立図式の上で後者側に自らを置き、利害関係者的ないしは利害関係者の侍女的な法律論を展開しているかぎり、次のように言っておかなければなりません。

　法学的議論は、実生活のレベルでの関係、例えば、この〈加害者 対 被害者〉の関係においてではなく、〈原告—裁判所—被告〉、あるいは刑事裁判では〈検察—裁判所—被告人〉という、抽象化ないしは、私の比喩で言えば演劇化された三項関係においてなされなければならず、その抽象性・演劇性を無視して、そこに具象や実生活を持ちこむならば、この演劇はぶち壊しになってしまう、つまり、それは法学的議論の体裁のもとでなされる政治的・倫理的議論になってしまうのである、と。

　どう反感を買っても、こう言っておかなければなりません。政治的議論になってどうしていけないのだ、という反論があるとすれば、もう、何をかいわんやです。

　よく、連続殺人などの極悪犯罪を犯したとされる容疑者が逮捕されたことが報道されると、「裁判なんてまどろっこしいことをやらずに即刻殺してしまえばいいんだ」などといった物騒な声が、巷の会話の中で聞こえることが

ありますが、それとともに、その容疑者あるいは被告人の弁護人に対して、「あんな奴の弁護など、どうしてやるんだ。弁護の余地などこれっぽちもありゃしないのに」という声も聞こえてくることがあります。これも、裁判の一部（必要的弁護事件：刑事訴訟法第289条）が一定の役者を揃えないと上演できないところの演劇に他ならないことを理解してもらえていない短見なのだ、ということは皆さんには解ってもらえるはずです。それを持ち出せば、「犯人の人権？　被害者の人権はどうするんだ！」と叫んだダーティー・ハリーのような激情を誘うことになるのがオチですから、気を付けた方がいいですが。

　極悪非道な犯罪の容疑者も、起訴されれば——つまり、舞台に上がれば——、平凡な（?）犯罪の容疑者と同様に、被告人という仮面をかぶって裁判という劇を演じる役者の一人にすぎないのであって、一定の劇にはその役に弁護人という役が付随的に必要であり、その役のために誰か弁護士が配役されなければならないだけなのです。極悪かどうか、などは裁判という劇にとっては irrelevant なのです。裁判は法を実行するのであって、倫理や道徳を実行するのではないからです。また、法しか実行できないのであって、倫理や道徳は、副作用的な場合を除いて、実行できないのです。法学的議論を倫理的、政治的議論に解消しようとするこれらの傾向は、法的世界が〈権威〉というバリアーで劇場化され、一方が舞台、他方が観客席というように断層化されていることに盲目になっている結果なのです。しかし、目を瞑ったからといって、世界がなくなるわけではないのと同様、〈舞台—観客〉関係は、それに盲目な者をも支配しているのです。

　刑法学の分野に「共謀共同正犯論」というのがありますが、これは従来、一部の例外を除いて、学界は受け入れていなかったにもかかわらず、裁判所は一貫してこの理論に基づいた判決を下してきました。ところが最近になって、学界の大勢は、いくらその不当性を指摘しても裁判所はその態度を改めようとしないから、これ以上反対していても意味はないという理由からだと思いますが、この理論を認める方向に動き出してきたのです。これはいわば、裁判官という役者の吐いた台詞が台本にはないはずだ、と舞台に詰め寄

って文句をつけていた演劇評論家的な一部の観客——刑法学者のことです——が、そんなものがあるとも思っていなかったバリアーに押し返されただけのことにすぎないのであって、けっして対等な者同士での、同じ次元での勝負で、つまり学問的な勝負で後者が負けた、ということではないにもかかわらず、その評論家的な観客の多くは、バリアーの存在を認知していませんから、たぶん釈然としないまま、同じ次元での敗北という形でこの事態を処理したのだと思います。もちろん、この経過の中でこのバリアーの「どうしようもなさ」を実感したに違いないのですが、その「どうしようもなさ」の構造分析に向かうことなく、役者の台詞のほうに自己の言葉を合わせ、両者を内容的に同一化させることによって、再び以前の盲目のまどろみの中に戻ってしまったのです。私自身としては、「共謀共同正犯論」の〈権威〉的性格を認めつつ、なお、それは現行刑法の解釈としては不可能と考えていますので、刑法学者たちは観客として、いや、演劇評論家としてこの理論の不当性を主張し続け、立法的解決を求めるべきだったと思っています。裁判所に勝手なことをやらせ続けると、罪刑法定主義の土台がシロアリに食われたように崩れる恐れがありますからね。

7．法の静態理論

1）〈権威〉の内側の視点

　さて、前提の話が相当長くなってしまいましたが、ケルゼンは、このような〈法によって強いられた関係性〉を踏まえて、純粋法学を展開しているのです。つまり、彼が現実の法を見る視点の位置は、他の多くの学者たちと違って、法共同体の成員が〈権威〉バリアーによって否応なく二分されている現実から超然としているのではないのです。たいていの実定法学者の場合、上に述べたような役者と観客の区別は意識されておらず、法学者も法に携わっている、ということから、自分も立法機関や裁判官と同じ集合、すなわち法曹（Jurist）という集合に属し、一般市民に相対している、と即時的に考

えてしまい、自分も実は、一般市民であって観客側にいることを忘れ、常に自分を演出家ないしは脚本家集団の一員と思いこんでその視点から発言しているように見えます。しかしケルゼンは、現実の法的世界の分裂に応じて、法を見る視点の位置も、〈権威〉バリアーの内側と外側とのどちらかに分裂するほかない、と捉えていたのです。つまり、法を見るには、次元の異なった二つの見方、二つの視点がありうるとしています。二つの、であって、それら以外の第三の可能性は認めていません。仮に私が裁判官だとしますと、裁判官の職務を遂行しているとき、つまり法的世界の舞台の上で裁判官役を演じているときの視点と、例えば家族と近所のスーパーに買い物に行っている時の視点の二つです。実際には私は裁判官ではありませんから、スーパーで買い物している時の視点しか持てないわけで、裁判官役の視点は想像するしかないのですが。

そこで、今まで私たちが検討してきたところの、法命題概念を中心としたケルゼンの理論ですが、実はそれはこの次元の異なる二つの視点のうちの一方から展開されていたものにすぎないのです。ではどちらの視点からだったのか、と言いますと、それは〈権威〉の内側に置かれた視点からです。具体的には、裁判官の視点から展開されていたのです。もう少し詳しく説明しますと、法律という一般規範の適用、判決という個別規範の創設、違憲法令の審査に関する〈権威〉の立場に置かれた法実証主義の理論なのです。比喩的に言いますと、法実証主義者が裁判官という役を演じる場合、法秩序という台本をどう読み、舞台装置をどう見るか、ということを述べた理論なのです。ケルゼンはこの理論のことを「法の静態理論（Rechtsstatik）」と呼んでいます。

2）実定法一元論としての法実証主義

私は今、「法実証主義（Rechtspositivismus : legal positivism）」という概念を、ケルゼンの学説を説明するものとして使いましたが、彼自身、自らの純粋法学は「実定法を、その本質に従って理解し、その構造の分析を通じて理解する」ところの「法実証主義の理論」と特徴づけているのです（Kelsen

1960：112）。本来、この概念については「純粋法学の方法的基礎」という表題で独立に解説する予定でしたが、実定法の理論の概説すらその完遂が危ぶまれている現在、割愛せざるをえなくなったのです。すみません。

　しかし、今まで私が解説してきたケルゼンの、法を見る態度がまさにこの法実証主義なのだ、と言って大過ありません。つまり、法を考察する際、経験的所与である実定法のみを対象とし、それと道徳や倫理、自然法や正義などを厳格に区別し、それらを一切紛れ込ませないこと——〈実定法一元論〉——、それから、総じて「客観性公準」として括れること、例えば、法規範や法秩序の目的、生成根拠についての考慮をその法規範や法秩序の認識に持ち込まないこと——〈反目的論・反発生論〉——、認識・記述のみを行い、それを評価、政策から分離すること——〈価値自由性〉——、これらが純粋法学固有の法実証主義の内実に他ならないのです。そして、これらの方法的態度が、存在と当為をそれぞれ独立の認識範疇とする二元論に基づいて、実定法をイデオロギーと実在のはざまに位置する・手段の宿命を背負った「制度」と捉える認識によって根底的に支えられている、ということもすでに述べましたね。

3）実定法についての純粋な理論

　序でに、と言うには純粋法学にとってあまりにも vital な概念ですが、「純粋性（Reinheit）公準」についても、この方法的態度と深く関わりますので、簡単に述べておきたいと思います。

　最近はケルゼン研究が相当深化してきたので、このようなことを言う学者は少なくなってきましたが、かつては「純粋法学」は「純粋な法」に関する「学」であると捉える人が結構いたのです。その代表者が、他でもない、日本で初めてケルゼンの下に留学した尾高朝雄です。これは1920年代のことです。彼は、ケルゼンが、これまでの講義で紹介したとおり、法秩序は強制秩序である、と言いきったことに対して、この定義は「法の周辺領域」を切り捨てて、「法の純粋領域」だけを法と見る誤謬である、と批判しました（尾高朝雄 1942：49）。そうではない、それはとんでもない誤解である、という

ことは、これまで私が述べてきたところで皆さんにはもう解ってもらえる、と思っています。

「純粋法学」の原語は Die Reine Rechtslehre で、形容詞の Reine（純粋な）は Lehle（学：理論）に掛っていて、平たく言ってしまえば、法についての「純粋な理論」といった意味になります。この名称のケルゼン自身による英訳は The Pure Theory of Law ですから、この英訳もその意味を異論の余地のないほど歴然と示しています。つまり純粋法学は、「純粋法」学なのではなく「純粋」法学なのです。長尾龍一は、誤解を避けるために、伝統的に使用されてきた訳語を捨て、「法の純粋理論」と呼ぶ慣わしにしましたが、私は、「純粋法学」という呼称があまりにも定着していますので、その伝統に一応従うことにしました。それはともあれ、法についての「純粋な」理論の「純粋性」とはどういうものでしょうか。

それは、法学の方法論上の根本原則です。法という問題領域は、とくに相異なる考察方法が交錯するところです。例えば、一方には狭義の法律学が、他方には法社会学があります。前者は規範的考察方法をとり、後者は因果的考察方法をとります。ところが、両者は、対象が重なり合っているために、方法の相互浸透や境界踰越、とくに後者による踰越がなされやすいのです。とはいっても、法社会学者が法律学の領域にずかずか入ってくる、ということではありません。そうではなくて、法律学のほうが法社会学的考察方法をその法的推論過程に取り込もうとする傾向性を強く持ってしまう、ということです。

4）境界画定の訴え

ケルゼンは、このような傾向性のことを「方法混淆主義（Methodensynkretismus」と呼び（Kelsen 1934：2；ケルゼン 1935：13）、それに対し、存在と当為の二元論という世界観から、そして、法命題における帰報原理と自然法則における因果性原理の決定的対立の認識から、規範的社会科学としての法科学を確立しようとして、「境界画定の訴え（actio finium regundorum）」を提起したのです（Kelsen 1911：v）。その訴状が「純粋性公準」に他なりま

せん。だから、この訴状における被告は法社会学ではなくて、法律学なのであって、その内容は、「法科学をそれにとって異質なすべての要素から解放」しなければならない、というものです（ケルゼン 1935：12）。それらの要素としては、因果性を本質とする心理学、生物学、社会学などがまず挙げられますが、それらのみならず、政治的イデオロギー、政策的考慮、さらに、道徳、自然法、正義などに基づいた倫理学的思考や神学的思考も含まれます。したがって、既に述べた法実証主義もこの「純粋性公準」の一角をなすと言ってもいいわけです。ケルゼンは次のように述べています。

　「いかなる特殊科学であっても、法律学者がその領域内に侵入してはならないと考えたようなものは、今日では、もはやほとんど存在しない。それのみならず、他の諸科学からの借り入れによってこそ、法律学者は法律学の科学的品位を高めることができると信じている。それと同時に、当然のことながら、固有の法律学は失われてしまう」。（ケルゼン　同前：12）

　今から50年〔今となっては80年〕ほど前の言葉です。今でもあまり変わらない状況ですね。方法論上の違いは決定的であって、対象を共有していても決して混淆されてはならないのです。混淆されてしまいますと、その結果、イデオロギーが培養されてしまうのです。
　ただ注意しなければならないことは、この公準は、例えば法社会学や法システム論など、法という対象を共有するその他の学問の存在を否定しようとしているのではない、ということです。それらを狭義の法律学（規範科学）の領域に、公然にせよ非公然にせよ、輸入してはならない、と言っているにすぎないのです。あくまでも方法「混淆」主義の排除、すなわち「境界画定」の訴えなのです。ケルゼンは、「社会学者が法学者（Jurist）になることはなく、法学者も社会学者になることはない。」「純粋性の要請」はこの違いを、「科学を志す法曹家（Jurist）に意識せしめんとしているにすぎない」と述べていますが（ケルゼン 1974：231）、その意味は、ある人間が社会学者であると同時に法学者であることはできない、ということではなく、社会学的方法で法学はできず、法学的方法で社会学はできない、ということに他なり

ません。あくまでも方法の違いのことを言っているのです。というのは、ケルゼンは、「法学者（Jurist）は社会学者でもありうるし、それどころかあるべきである。……社会学は法学の前提である。しかし、その方法は本質的に異なっているが。」と述べているからです（Kelsen 1912：602）。ケルゼン自身が、純粋法学者であると同時に社会学者であり、人類学者であり、フロイト主義者であり、ラッサール的社会主義者でもあったのです。つまり、純粋性公準とは、方法論的多重人格公準のことだと言ってもいいのです。

5）法実証主義のトポロジー

　純粋法学は、このような方法論的特徴を具えた「眼」が見た法的世界の再構成なのです。しかし、その眼それ自体を抽象的に現実の座標空間と切り離して取りざたすることは、無意味であるだけでなく、きわめて危険なことです。言ってみれば、ある人間の眼球を摘出し、その構造、性質、性能を検査することによってのみ、その人間が見ている世界像を値踏みしようとする試みと同じだからです。その眼球は、ある一定の身体的特徴（背が高いとか低いとか）、年齢、経験、生活環境などを持った具体的個人のものです。それに、「見る」という機能は眼球だけの機能ではありません。眼は、それだけでは何も「見る」ことができません。眼が「見る」ためには、言うまでもなく、まずは対象が与えられなければなりません。しかし、それと同程度に重要なことは、——これは、あまりにも当たり前であるために看過されやすいことですが——眼とその対象との間に一定の距離と角度の関係、つまり一定の空間的な関係が与えられていなければなりません。

　この空間的な関係をトポロジー（topology）と言います。簡単に言うと、空間における点と点の繋がり方のことです。このトポロジーを無視して、ある眼がある対象を見る、ということを問題にすることはできませんよね。それと同じように、外科的に摘出され宙に浮いた法実証主義的な眼それ自体なるものは、本来、今述べたような単なる方法的「態度」としてしか存在しないのであって、その眼は、法という原点に対して必ず何らかの座標を持っていなければならないのです。だから、法実証主義の真の意義を知るために

は、その眼がどこに置かれているか、つまり、いかなる地点から法を見て、法について語っているのか、これを問題にしなければならないのです。

　これまで法学者たちは、法について多くのことを語ってきました。しかし、その時そう語っている自分の、法に対するアングルや距離を明示したことはなかったと言っていいと思いますが、どうでしょう。対象である法と、それを考察する自己とのトポロジーの意識が欠落し、両者の関係が、観念と言葉の中で非空間化され、両者が融化してしまっているからです。彼らの眼は、ちょうど有神論（theism）――世界の外部にあって、世界を創造し、永遠に世界を支配する人格的な神の存在を主張する立場――における神の眼のように、空間性と時間性を完全に超越しています。神ならぬ人間の眼は一瞬にして対象をまんべんなく見ることはできません。常に、どこかある一つの位置からしか見ることができません。そもそも人間にとって「見る」とはそういうことでしかありえないのです。ところが彼らは、この限界をイデオロギー的に跳び越え、座標を持たない眼で法を見ようとしています。こうなるともはや、「見る」という他動詞を使うことは不適切になります。この語には、主体と客体との間の距離と角度、つまり空間の存在が含意されているからです。座標を持たない眼と法は、実は区別されず、お互いに融け合っているのです。これは、相即の状態あるいは憑依の状態と言ってもいいかもしれません。そのような眼の「見る」という機能は自動詞なのです。

　私はこの超越的非空間化を〈法への同化幻想〉と呼ぶことにしています。だから、彼らは、対象としての法について語っているようでありながら、実は自己の信念や正義観をその法に仮託して語っているのです。彼らの口を通じて私たちの頭脳に投影されるものは、法の実像ではなく、彼らのイデオロギーによって屈折させられ歪められた虚像に他ならないのです。ですから、彼らから現実の法の客観的な観察結果を聞こうとしても、ほぼ裏切られるわけです。

　彼らが幻想的に無化している空間性とは、私たち、法的共同体の成員を現実に否応なく支配している空間性、すなわち、既に述べました〈法によって強いられた関係性〉です。したがって、法の世界のトポロジーは〈権威〉の

内と外という二次元になります。私たちは、現実には、どうやってもこの関係性から脱することはできません。ただ宗教的に超越した気になれるだけです。彼らはそうしているのです。したがって、科学的知を目指す者にとって、自らの座標を示さない、あるいは示すことのできない理説は、眉唾もののお託宣にすぎず、ただお説を拝聴する以外に方法はないのですが、このお託宣が、自らを客観的知のように装うかぎり――こういうのをイデオロギーと言うのですが――、客観的知を目指す者はそれを批判――これがイデオロギー批判なのですが――しなければならないのです。純粋法学は、他の誰もがしなかったところの、〈法によって強いられた関係性〉の上に定位した法の記述それ自身によって、このイデオロギー批判を遂行しているのです。

　この〈法によって強いられた関係性〉に定位した法の記述とは、すでに述べましたように、二次元的な記述になります。つまり、〈権威〉の内側からの記述と〈権威〉の外側からの記述とに分裂します。分裂する、と言っても、相互に無関係になるわけでないことは分かってもらえますよね。同じ法実証主義的な、純粋な眼が、単に、法的世界あるいは規範的世界の認識に基づいて、その座標を〈権威〉内象限と〈権威〉外象限との間で移動させただけだからです。

　さて、法の静態理論とは、〈権威〉内象限からの法実証主義理論でした。それは、法実証主義の眼が〈権威〉――なかでも裁判官――という仮面を通して見た法的世界――裁判劇の台本・舞台装置――の報告書でした。では、なぜそれは静態的と称されるのでしょうか。理由は次のとおりです。舞台に上がった役者――なかでも裁判官という役者――にとって、台本は彼がまさにこれから演じようとするものであり、大道具や小道具、背景は、彼がまさにこれから用い、意味を与えようとするものであって、彼が演じ、用い、意味を与えるまで、そこに、まだ演ぜられず、用いられず、意味を与えられずにじっと待っているものだから、静態的なのです。

　こんな突飛な比喩を使って説明しますと、私の勝手な物語に付き合わされているのではないかと訝しく思う人もいるかもしれませんが、そうではあり

ません。ケルゼンもこう述べています。

　法の静態理論とは、「法を、そのままで適用できる・完結したルールの体系として見る」ことである（Kelsen 1941：61）。

　つまり、法秩序なり法制度は、比喩的に言えば、裁判官の performance（演技・演じ）によって適用されるべく、つまり〈動かされる〉べく〈静止している〉状態で存在しているものと見られているのです。そして、この〈静止している〉状態の法秩序は、平面的な、「同一階層に並列する規範体系」（Kelsen ibid.：62）として眼に映るわけです。その映像は、以前、自立的法規範と従属的法規範の独特の連結関係として示しておいたものです。サンクションを支点にして、私たちが通常、法秩序と考えていたものがひっくり返されたような形になっていましたよね。なぜひっくり返されていたのでしょうか。

　それは、裁判官が――もちろん法実証主義的な裁判官が、ですが――見ているからなのです。裁判官にとっては、裁判のみが彼の世界、つまり、その役柄にとっての舞台です。それがなければ彼は何者でもありません。しかし、そこに彼が一人いたとしても、彼は何もすることができません。原告か検察官という脇役が、訴状とか起訴状を持って舞台に上がってこなければ、ともかくも演技を始められません。その意味で、裁判官は全くの受動的な主役なのです。だから、原告や検察官を彼の前に登場させ、裁判という劇を上演させることのできる台本、すなわち、訴訟という形式で法廷を開かせることのできる実体法、つまり、最終的には国家によるサンクション執行に結びつけることのできる法、が彼にとって不可欠なわけです。――もちろん、紛争を前提としない民事非訟事件の問題も考慮に入れなければならないでしょうが、これは裁判所による行政行為という見方もあり、一応ここでは除外しておきます――そのようなわけで、一定のデリクトに一定のサンクションを結合している法律という一般規範が、当然のことながら、法秩序の中心に据えられることになるのです。つまり、ケルゼン自身に言ってもらえば、こういうことになります。

「あらゆる法秩序は、……サンクションとして強制手段を定めている規範複合体」としてあらわれてくるわけで、「法規範によって設定された不法行為——デリクトのことです——とサンクションの関係」こそが、「法の静態の基本関係」である（ケルゼン 1975：144）。

しかし、すでに若干触れておきましたように、このように法秩序を捉えることによって、いくつかの「法」が視野からこぼれ落ちるわけですが、そのことは、裁判官の視点から見ることの当然の帰結であって、過度の単純化でも、不都合なことでもありません。従属的法規範として位置づけられないものは、形式上法律であったとしても、法ではないのだ、として構わないのです。ケルゼンはこう言っています。

「法律の形式」における「ある政治家の論功行賞 (the solemn recognition of the merits of a statesman)」や「一定の事柄に関する純粋に理論的な見解」やは「法的に重要でない法創設過程の産物 (legally irrelevant products of the law-creating process)」である (Kelsen 1942：17-18)。

法律の形式を持っていても、「法創設過程の産物」にすぎないのであって、法律ではない、というわけです。それは、それらに基づいてサンクション発動を直接求めることはできないし、それらは間接的にもサンクションと結びつかないために、裁判という劇を上演させられず、劇の台本にも出てこないからです。裁判官にとっては、存在してないも同然のもの、ということでしょう。だから、その意味でそれらは法命題には還元できないものなのです（前出49頁参照）。

8．法の動態理論

1）〈権威〉の外側からの記述
こうして、これまで私たちが見てきた純粋法学が、法の静態理論として、

つまり裁判官という〈権威〉の立場に置かれた法実証主義者の眼に映った法体系論として、それなりに辻褄が合うことが分かってもらえたのではないかと思います。多くの実定法学は、法実証主義的ではないけれども、たいていの場合は、この視点から展開されています。しかし、純粋法学と違って、そのことに自覚的でないために、その視点に立っているときも平然と観客語を話そうとしてしまうことがあります。だから、それを聞く者たちは、そのことによって法の真の姿を見失ってしまうことになるのです。ケルゼンは、〈法によって強いられた関係性〉の把握を基礎に置いていますから、そのような誤りは犯しません。対象である法と、それを見る法実証主義者の眼のトポロジーは、彼にとって大前提なのです。だからこそ彼は、〈権威〉の内側からの記述と外側からの記述を自覚的に使い分けているのです。そして、この〈権威〉の外側からの、法実証主義による法の記述を「法の動態理論（Rechtsdynamik）」と名付けています。これこそ、ケルゼンは現実の法をどう見ているのかという、最初に立てた問いに対するもう一つの解答を提供するものなのです。

　ただ、このように純粋法学は静態理論と動態理論からなっていると言っても、この動態理論はもともとケルゼンの創意によるものではなかったのです。彼が1911年に書いた実質的処女作『国法学の主要問題（*Hauptprobleme der Staatsrechtslehre*）』にはそのような理論の痕跡はなく、むしろ、それと矛盾するような言説も随所に見られるほどだったのです。この理論は彼の弟子であるアドルフ・メルクル（Adolf Merkl：1890-1970）、アルフレート・フェアドゥロス（Alfred Verdross：1890-1980）、レオニダス・ピタミック（Leonidas Pitamic：1885-1971）によって唱えられたものであって、その彼らからの批判を受け入れるという形で、それまで「静態的法認識（statische Rechtserkenntnis）」を「原則的には排他的な方法とみなしていた」純粋法学の中に、それを「補充するものとして付加された」のです（Kelsen 1923：XII；ケルゼン 1977：170参照）。この間の事情は『国法学の主要問題』第2版序文（1923年）に詳しく書かれています。弟子の批判を受け入れるなんて、なんと理想的な師匠でしょうか。

8．法の動態理論　89

　さて、法を〈権威〉の外側から見るということは、〈権威〉内での出来事一切、つまりそこでの演劇パフォーマンス——これは、必ずしも裁判とは限らないで、立法も行政行為も、判決の執行も含まれます。歌舞伎で言えば、「一幕芝居」ではなく「通し狂言」ですね——を観る観客の視点に身を置くことです。すみません、ここでもう一つだけ比喩を用いることを許してもらいますと、ちょうど水槽の中で飼われている金魚の眼にあった視点を、水槽の外でその金魚たちを眺めている人の眼に移し替えるようなものです。このように視座が変わると、法の見え方は当然本質的に変わってきます。すなわち、静態理論と違い、台本と舞台装置、それに脇役たちの具体的なセリフだけが視野に入るのではなく、実は今までその中に視点が置かれていたところの、パフォームしている主役そのもの——つまり裁判官ですね——も対象化されるのです。

　法実証主義がこの視点から見る対象は、まさに演劇として動いているわけです。動態理論は、静態理論と違って、すでに創設されてあり、まさにこれから適用されるべく静止している法を見るのではなく、動いている法、すなわち、法が創設され適用されている過程を見るのです。この過程の外にいるからそれが可能なのであって、その中にいる者にはこの過程を対象化することはできません。そして、この動態理論において特に注意しなければならないことは、この視点からはすべての過程は〈権威〉内の出来事であるから、たとえ役者が台本にない台詞をアドリブでしゃべったり——この台本は、有斐閣や岩波書店などから市販されていますから、アドリブかどうかのおおよその見当はつくわけですが——、余計な身振りをしたり、舞台装置を、予定されていたのとは別様に用いたとしても、その演劇性は否定されない、いや否定しえないということです。それが、〈権威〉の外側にいるということなのです。

　そもそも動態理論的視座は、この役者のアドリブをもトータルに演劇として理解するために導入された、と言って過言ではありません。ケルゼンは、先にも触れた『国法学の主要問題』第２版序文で、おおよそ次のように要約できることを述べています。

1911年の初版でも、たしかに抽象的規範のみならず行政権や司法権の行う具体的ないわゆる執行行為を含む国家行為（Staats-akte）のすべてを法命題の内容としなければならない、と考えてはいたが、それらの行為も一般的法規範において、抽象的な形で（in abstracto）定められていると考えることによって、その要請は満たされるとしていた。しかし、それらの行為が一般規範の内容を踰越することがあっても、すべての国家行為を法的に把握すべきである限りは、それも法命題の内容として把握しなければならなかった。しかし、何故このような当然の帰結に至らなかったのかというと、そのとき自分は、国家と法はどこか違うと信じていたからである。「一般的法規範と個別的国家行為とが同様に法の体系の中で統一的に把握されねばならない」なら、「ここに動態的考察（eine dynamische Betrachtung）」を持ちこまなければならない。すなわち、「その求められた統一性は創造のルールの統一性でしかありえないのである」（Kelsen 1923：XII-XIV；ケルゼン 1977：170-172）。

　すべての国家行為を法的に把握すべしという、ここに語られた前提は、〈権威〉の外側に位置する法記述者にとっての絶対的な Postulat です。誰が何と言おうと法は私たちを拘束してくる、という現実を記述者は踏まえなければならないからです。

2）〈権威〉の内と外のトポロジー
　これからこの法の動態理論がいかなるものであるか、つまり、ケルゼンが〈権威〉の外からは現実の法をどのように見ているのか、という問題を具体的に明らかにしていくわけですが、既に確認しましたように、その際の方法的態度は、静態理論――〈権威〉の内側にいるとき――の場合と全く同じです。念のために繰り返しますと、対象を客観的に認識し記述するだけであって、その正当性にはコミットしない法実証主義、つまり、それを道徳的、政治的な立場から是認したり否認したりしない法実証主義であることが忘れられてはなりません。ただ、正当性へのこのアンコミットメントが、静態理論

では、あの法命題の定式、とりわけ記述的意味のsollenにおいて、実定法と、それに直に対峙している記述者との間の〈距離〉として現れたのですが、動態理論では、実定法と記述者との間には〈権威〉というバリアーが介在しているため、両者の関係は間接的になり、直接には〈権威〉と記述者との間の〈距離〉として現れます。記述者と対象との間の〈距離〉の存在を前提にする点では、静態理論も動態理論も同質であって、それこそがトータルな純粋法学の決定的特徴なのですが、〈権威〉の内と外というトポロジーの上では、その〈距離〉は二様に現れざるをえないのです。

このことを図で表しますと、このようになります。

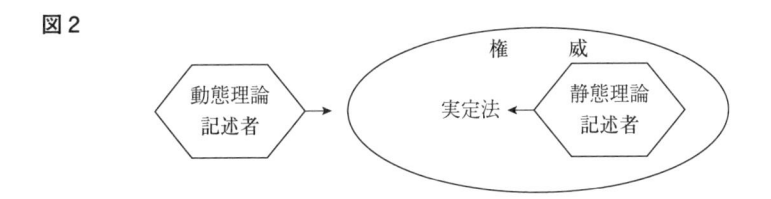

図2

この間接性あるいは〈権威〉からの疎外が動態理論のキー・トーンをなしています。比喩的に言えば、法について「A＝B」という実体的な記述方法がとれず、「A＝〈権威〉によってAとされたもの」という形にならざるをえないのです。いわば、今まで裁判官として自分で決定しうる問題であった法が、自分では決定できない他人事になった、というふうに言えると思います。

3）動態理論における実定法概念

まず、実定法概念についてみてみましょう。静態理論におけるそれは実定法の本質に関わるものでした。もう忘れているかもしれませんので繰り返しておきますと、実定法とは、何らかの人間的〈権威〉によって定立されたSatzで、直接には一次的規範を、間接には二次的規範をbedeutenしている

と理解されるもので、強制の契機がその本質的特徴とされました。そして、強制の中身であるサンクションを定めている法のことを特に自立的法規範と言って、それはそれだけで法ですが、サンクションを定めていない法は、自立的法現範の〈デリクト―サンクション〉関係の中に組み込まれうる従属的法規範と理解されない限り、この視点からは法ではないとされましたよね。いいでしょうか。

ところが動態理論では、このような本質的、実体的な定義はなされません。つまり、静態理論では法の本質的要素とされた強制という契機は、ここでは度外視されます。というのは、この視点からは、「権威によって法とされたものが法である」となるからです。もう少し法律学的に表現しますと、

「憲法が法創設のために規定した方法（way）で生じたものは何でも法である」(Kelsen 1945：122)。

ということになるからです。動態理論は人間的権威による定立という点――すなわち実定性――にのみ注目するわけです。

したがって、静態理論では、つまり、裁判官の視点からは、法でないとされたものも、すなわち、「法的に重要でない法創設過程の産物」も、ここでは他のものと何ら区別されない、紛うかたなき法と捉えられるのです。静態理論における法概念を実体的と言うならば、動態理論におけるそれは形式的と言うことができるでしょう。〈権威〉によって定立された、という形式を具えていれば、法として記述されなければならず、〈権威〉バリアーのこちら側――というのは、外側――にいる者にとっては、向こう側――つまり内側――の者が法として創設したものに対してあれこれ言うことはできないし、たとえ言ったとしても法的には詮のないことなのです。〈権威〉の外側にいる以上、法の本質問題にはタッチすることができず、もっぱら、「ある法規範が……法秩序の一部をなすかどうか、またそれは何故か」という問題 (Kelsen 1942：16) に関わることができるだけで、結局は、あの役者の発した言葉は役の台詞であり、その動きは役の演技である、という式の答えが出せるだけなのです。それが動態理論的な法概念なのです。この意味で動態理

論的な法概念は、〈権威〉の外側から見た外見的な法の概念であり、静態理論的な法概念との関係で言えば、「外見的にのみ法の概念であるにすぎない」(ibid.)ということになります。

4）法の「妥当性」の意味

ところで、今述べました「ある法規範が法秩序の一部をなすかどうか、またそれは何故か」という問題、簡単に言えば「あるものが法であるか、またそれは何故か」という問題、これが法の妥当性（Geltung；validity）の問題です。一般に法哲学においては、この妥当性の問題は私たちにきわめて釈然としない印象を与える伝統的問題の一つです。というのは、このGeltungの訳語が各論者でまちまちであるばかりか、その「理由」の考察においては、もはやそれまで必死に装っていた法学的議論の枠を公然と破り、倫理的、政治的、社会契約論的な素朴な信念たちが表面に躍り出て、わがもの顔に暴れまわるからです。ケルゼン流に言えば、不純極まりないからです。この問題は、法学者のそもそもの対象である法が「何故法なのか」という最もラディカルな問いであるために、ここで大量の不純物が検出されるならば、それ以外の法学的議論はすべて眉に唾付けて聞かなければならないことになってしまいます。

それはともかく、このGeltung, validityという語は種々に訳されています。「妥当性」はもちろん、「有効性」、「効力」、さらには、geltendes Recht（現行法）という用語で示されるように、「行われていること」というものもあります。ところが、後でも触れますが、このGeltung, validityは、一方で、存在概念であるWirksamkeit, efficacy（実効性）という概念と対比ないし対立させられる概念です。そうすると、「有効性」とか「効力」という訳語は、その区別をあいまいにする惧れがあるので、それこそあまり妥当な訳語とは言えないことになるでしょう。「行われていること」というのは、たしかにこのような危険を免れていますが、やや法の事実的側面がクローズアップされる可能性を含み、法の規範性を十分に表現しえないし、何よりも訳語として練れていませんね。そこで「妥当性」という訳語が選ばれている

ようですが、これとても最良とは言えません。

　Geltung は Wirksamkeit と対比される一方で、規範概念である Legitimität, legitimacy ――正当性；なお、一応こう訳しましたが、この語には二つの意味があって、もう一方の訳語は正統性です。通常、Geltung と対比されるのは前者の意味なのでそう訳しましたが、ケルゼンの用いる Geltung は、後者の意味に近いのです。詳しくは後述します（後出113-117頁参照）――とも対比されなければならないのですが、厄介なことに、妥当性という語は正当性をも意味する場合があるからです。それほどではないとしても、「妥当な解決」と言うときの妥当性は、一歩、正当性の領域に踏み込んでいることは確かですよね。とすれば、この訳語も捨てなければならないかもしれませんが、他に適当な語も今のところ見つからないので、さしあたり、Wirksamkeit―Geltung―Legitimität の区別を踏まえたうえで、この訳語を使うことにします。

　さて、この妥当性の意味ですが、ケルゼンの言うところを一言で表現すれば、法の「法性」あるいは「規範性」ということになると思います。これでは何も明らかになっていないようですが、純粋であろうとするかぎり、こうなってしまうのです。つまり、これ以上定義を豊富化すると、必ずどこかで観客としての私たちの現実の体験と齟齬をきたすことになってしまうのです。逆に言いますと、このトートロジーだけが観客から見た法的現実を過不足なく表現できる、と言ってもいいでしょう。

　法の妥当性とは、法が法であること、に他ならないのです。法とは、法律条文の意味としての規範でした。そして、ケルゼンは、妥当性を、「規範の特殊な実在（Existenz）」（Kelsen 1960：9, Vgl., Kelsen 1979：2）ないしその「特殊な理念的実在（ideelle Existenz）」（Kelsen 1979：22）だとしているのです（前出24頁図1参照）。だから、法が妥当している、ということは、ある規範定立行為が規範を sinnen していること、つまり、その産物たる Satz が規範を bedeuten していること、に他ならないのです。ですから、「妥当する法」という概念は、ただの「法」と同じことになります。「妥当しない法」は形容矛盾だからです。

法が規範である、ということは、法が私たちに対して否応のない拘束力を持つ、ということです。それゆえ、妥当性とは拘束力のことなのです。拘束力とは、私たち法服従者（Rechtssubjekte）に一定の行態を義務づける力のことです。ただ、義務づけると言っても、純粋法学においては、それは決して倫理的、道徳的色彩を帯びていないことは、すでにその前提——純粋性公準・法実証主義ですが——上明らかでしょう。単に、そうしないとサンクションが科せられることになっている、ということにすぎないのです。

5）一般的な妥当性理解

ところがラートブルフは、この Geltung 概念を倫理的、道徳的、つまりは自然法論的に変質させようとしました——もちろん、それは戦後の1947年に書かれた「法哲学入門」などにおいてのことで、1932年の『法哲学 (Rechtsphilosophie)』ではそうではありませんでした。念のため——。そのことは次の彼の主張に現れています。

> 法の妥当性の問題は、「一個の当為の問題である。このことだけからも本問題が実定法を根拠にしたのでは……余すところなく答えるわけにはゆかないことが解る。」それは「ただより高次のまたは最高の当為に、一つの超実定的価値にのみ依拠させることができる。」「極めて不正な法律の場合には、その不正の故にかかる法律から効力を奪う可能性」はある（ラートブルフ 1961a：73-75）。

> 「もし法律が正義への意思を意識的に否定し、たとえば人々に対して人権を恣意的に与えたり拒否したりするならば、その法律は通用（gelten）せず、国民はその法律に対して全く服従の義務を負わないのであって、法律家もまたその法律の法としての性格を否認する勇気を見出すべきである（ラートブルフ 1961b：226-227）。

しかし、ワイマール共和国の元司法大臣のラートブルフが何と言おうと、つまり、法律家がいかに法としての性格を否認しようと、きわめて不正な法律も、正義への意思を意識的に否定した法律も、法であり続けるし、拘束力

を持ち続けるし、妥当し続けるのが現実ではないでしょうか。まさに〈権威〉バリアーのなせる業です。ケルゼンはその客観的な、いかんともしがたい現実を客観的に記述しようとしたのです。ラートブルフはナチ時代に、あまりに「邪悪な」と彼が考え、全世界の多くの人々もそう考えた法律に出くわし、その暴虐を目の当たりにして、そして、自らもその犠牲となって、Rechtswissenschaft を業とする者としてそれを Recht——正しい、との意味があります——の仲間に入れておくことができなくなったのですが、そもそも、法（Recht）と正（Recht）とを一応別物と考えるのが彼の相対主義法哲学だったのです。まさにその考えを実証するナチズムの法的不正（gesetzliches Unrecht）と対面して、彼は相対主義を放棄して絶対主義に付いてしまったのです。ということは、彼の相対主義がもともと腰の据わったもの、つまり熟慮されたものではなかったということです。

　ところがケルゼンは、そのラートブルフが、「一つの規範体系の最高法規の効力を、ましてや全規範体系のそれを基礎づけることはできない」として批判した「法的妥当性論（juristische Geltungslehre）」（ラートブルフ 1961a：73）——これは法実証主義の立場である法律学的妥当性論のことです——をナチ時代にもかかわらず主張し続けたことで示されるように、その相対主義を決して捨てませんでした。それは、ケルゼンがナチに加担したからでしょうか。加担まではしなかったとしても、ナチの暴挙に鈍感だったからでしょうか。決してそうではなかったことは、彼が一人のユダヤ人学者として1930年代から40年代にかけて体験したことを見れば明らかですし、1934年にスイスのジュネーブで上梓された『純粋法学』初版序文を一読すれば否定できないはずです。彼はいわゆる「法的不正」が存在する可能性を、その学説の基礎に据えています。その重さは、戦後の「転向」以前のラートブルフの比ではありませんでした。ただ、忘れてならないことは、ケルゼンは「不正な」法（unrechtes Recht）とされるものをも法として認識、記述する任務を自らに課しはしたけれども、決してその正当性にはコミットしなかったということ、つまり、それを「遵守すべし」などとは言わなかったということです。あるものを「法である」と記述することは、「それが守られるべきである」

という主張を全然含意していないのです。この点は、ハートがフラーとの論争の中での言っているとおりです（本書 154頁以下参照。）。

6）法律学的妥当性論

つまり、規範の名宛人論と法的義務のところ（前出28-30頁、60頁）で説明しましたように、法が私たちを義務づけると言っても、それはあくまでも外在的な関係なのであって、本質的に心理的な事態ではなく、みじんも精神的な力の問題ではないのです。法は私たちの良心に働きかけてくるものではないのです。ラートブルフはしかし、そのような心理的、精神的なものと考えようとしました。彼のように自宅幽閉されず、ナチ時代を逞しく生き延びた学者の一人カール・ラレンツ（Karl Larenz：1903-1993）も、別の立場から同様の見解に達しています。加藤新平（1912-1999）によると、彼はこう言っていたそうです。「妥当とは、……いわば法の〈内的な〉精神的な力、その内的な力によって或る……法規範が、関係者のすべてによって massgeblich——標準的なとか、権威あるとかといった意味です——ないし拘束的（verbindlich）であるとみなされるところの、その内的な力」である、と（加藤新平 1976：317参照）。彼もやはり、妥当性を主観のレベルで捉えていますね。

ラートブルフのように、ナチの法律を massgeblich だなどとみなさない学者がいたとしても、つまり関係者のすべてが massgeblich とみなしていたわけではないとしても、ナチの法はそのときは法でしたよね。法でなくなってしまっていたわけではないですよね。もしかすると、あんなものは法ではなく、むき出しの暴力だったのだ、と言う学者がいるかもしれませんが、それは、地球が太陽の周りを回っているのではなく、太陽が地球の周りを回っているんだ、と思い込もうとしているのと同じです。観客が客席に座って、劇があまりにも我慢ならない内容なので、「こんなのは演劇じゃない」と呟くことは自由です。しかし、たとえすべての観客が同じことを呟いたとしても、その劇場においては、それは演劇であり続けるのです。忘れていけないのは、ここは強いられた劇場だ、ということです。〈権威〉によって法

だとされたものが法なのです。いくら気に食わなかろうが、ヒットラー率いるナチスは当時、その〈権威〉の内側にいたのです。

7）妥当性の理由への遡行

さて、ケルゼンによれば妥当性とはどのようなものなのか、ということが分かったところで、いよいよ、その妥当性の理由は何か、という本題に話を進めましょう。この問題は、何がある行為あるいはその結果に法という形式を与えているのか、つまり、〈権威〉は何故権威なのか、という形に言い直すことができます。念を押しておきますが、この問題は、あくまでも〈権威〉の外側にいる者の視点からしか問題になりませんからね。

先ほど私は、妥当性とは法が法であること、規範であること、すなわち、ある規範定立行為が規範を sinnen する――または、法律がそれを bedeuten する――ことだと述べました。しかし、あらゆる規範定立行為あるいはその結果がそうであるわけではないのです。例えば、今、一私人である私が社会に対して何らかの規範を定立したとしても、言うまでもなくそれは社会的な意味での規範定立ではありませんよね。それは、「こうすべきだ」という単なる私個人の意欲の表明にすぎません。それが社会的な意味での規範定立になるためには、私が定立したものを規範にする社会的なコンテクストがなければなりません。そのコンテクストが〈権威〉に他ならないのです。つまり、私は〈権威〉の内側にいなければ規範を定立しえないのであり、外側にいるかぎり、自称規範定立は冗談かご乱心でしかありえないわけです。実定法の定義において、「何らかの人間的権威によって定立された……」としたのは、このことを含んでいたのです。ケルゼンはこの事態を、行為ないしその結果の「主観的意味」と「客観的意味」の区別において説明しています。

『純粋法学』第2版における彼の説明を要約的に再現すると次のようになります（vgl. Kelsen 1960: 45-47）。ちょっと長くなりますが、がまんして聞いてください。

まず、例えば、警察官による罰金の支払い命令と強盗による金員の要求を

例にしてみましょう。両者の事態の生起は、抽象化すると——つまり、法的関係を度外視して、〈権威〉バリアーはないものとすると——、強制を背景にして、AがBに金員の提出を命じている点で変わりはありません。つまり、行為者（命令者）の意思の内容——これを「主観的意味（der subjektive Sinn）」と言います——においては何の違いもありません。先程述べた自称規範定立は、この主観的意味としての規範定立です。しかし実際には両者の間には大変な違いがありますよね。前者は規範の執行であり、それ自体が規範でもありますが、後者は言うまでもなく犯罪です。つまり、前者には名宛人を拘束する規範の「客観的意味（der objective Sinn）」を帰することができますが、後者にはそれはできないのです。——ここでケルゼンの言うこの客観的意味が妥当性とシノニムであることは自明でしょう。では、何がある行為に客観的意味を与えるのでしょうか。それが私の言う「社会的コンテクスト」つまり〈権威〉です。ケルゼンは続けます。——どうして一方にだけ客観的意味を帰しうるのか、どうして一方だけが妥当する規範なのか、という一見自明な問いに答えるためには、実は、ある行為を法的なものと「解釈する（deuten）」判断を分析しなければなりません。

　例えば、ある人の殺害に客観的意味を帰することが、つまり、その行為を法的なものと解釈することが可能であるためには、その殺害行為がそれを「刑罰として命じた裁判所の判決の執行」——死刑執行、つまり、授権された殺人——である、と認識しなければなりません。ところが、この認識もまた一定の前提（Voraussetzung）なしには不可能です。その前提とは、裁判所の行為に客観的意味を帰することです。つまり、その行為を、判決という個別規範の創設と解釈することであって、それは、とりもなおさず、その行為をなした者を「裁判所と解釈する」ことです。そうしないと、問題の殺害行為に客観的意味を帰することはできませんよね。いいですよね。ここまで間違いはないですよね。

　しかし、この解釈も無前提にはできません。それを可能にするのは、裁判所と解釈された者の行為を、「法律、すなわち、強制行為を規定した一般規範の執行」とする認識です。ところがまた、この認識は、一般規範（法律）

を制定した者の行為に客観的意味を帰さなければ不可能です。つまり、その行為を、法律という一般規範の創設と解釈し、その行為者をそもそも「立法機関と解釈」しておかなければなりません。

　さて、しつこいようですが、この解釈も、立法機関とされた者の行為を、それに一般規範の創設を授権した「憲法の執行」と認識しなければ成り立ちません。そして、この認識もその憲法を制定した者の行為に客観的意味を帰しているからこそ可能となるのです。つまり、その行為を憲法の創設と解釈し、その行為者を「憲法制定機関と解釈している」から可能になるです。

　——以上をごく手短かに要約しますと、次のケルゼンの命題を段階的に当てはめていった作業ということになると思います。

　　「他者の行態に向けられた意思行為の主観的意味は、この行為が実定的な……法秩序の妥当する規範に授権されていれば、客観的意味でもある。それすなわち妥当する……規範である」(Kelsen 1979：204)。

　そして、これまでのところで、ある行為や法が「妥当性を持つ」ということは、それらが「上位規範によって授権された者によって創設された、あるいは執行された」という意味であることが示されたと思います。私が今まで頻繁に用いた〈権威〉という概念も、この「授権されている」ということの短縮形に他ならないのです。

8）憲法の妥当性の理由

　しかし、これですべてがうまくいくかと言うと、そうは問屋が卸さないのです。つまり、この最後の解釈、つまり、憲法制定機関であるとの解釈はどうして可能なのか、と問われた場合は、今までのようなわけにはいかないからです。なぜなら、憲法制定を授権する法規範などというものはどこにも存在しえないからです。もちろん、日本国憲法のように、現憲法が前憲法の改正という形式で制定された場合は、そのようにして連続性を持つところの「歴史的に最初の憲法（eine historisch erste Verfassung）」(Kelsen 1960：47)

まで遡れますが、その憲法については、やはり同様のことが言えてしまうわけです。存在しているのは、憲法を制定する、という主観的意味を持った事実上の行為だけです。それはおそらくたいていの場合は、革命的暴力に基づくものでしょう。あるいは、イギリスのように慣習によって憲法が成立することもあるかもしれません。そうだとしますと、純粋法学は法の妥当性の最終的な理由を事実あるいは力に求めるのでしょうか。――そうではありません。というより、純粋法学の前提からして、そのようなことは不可能です。

たとえ実際に歴史的に最初の憲法が革命的方法で成立したとしても、その妥当性を Seinswelt（存在の世界）すなわち、力の支配、あるいは端的に、暴力に基づかせることはできません。純粋法学には、存在と当為の二元論という世界観があります。当為である規範は、絶対に存在事実には還元できないのです。規範の拘束力は、それを定立した者、ないしは、その定立を間接的に授権した歴史的に最初の憲法の制定者の実力には還元できません。規範は確かに定立行為という存在事実によって生み出されたものですが、すでに見ましたように、定立された途端、定立者の目的や定立行為そのものから、すなわち、Seinswelt から飛び立ち、固有の法則性を持つのです。もし規範の妥当性の理由が定立者の事実上の力だとしますと、その力は言うまでもなく mortal なものですから、それが消滅――たとえば、定立者が死んだり――した後、彼の定立した規範はたちまち規範ではなくならなければならないはずです。しかし、そのようなことはありませんよね。だから、規範の妥当根拠は事実には求められないのです。規範の妥当根拠は規範にしか求められないのです。それも、より上位の規範にしか求められないのです。

しかし、先ほど確認しましたように、この道程は、神秘性の領域にでも超越しないかぎり、循環論法に陥るか必ずどこかで行き止まりになります。実定法上の最高規範である憲法――あるいは、歴史的に最初の憲法――の妥当根拠としての規範、具体的に言えば、その憲法の制定を授権している規範、すなわち、その憲法を憲法にすることを可能ならしめる規範というものは存在しません。もしそのようなものが存在するのだったら、それは憲法の上位に位置することになり、問題の憲法は「最高」の規範ではなかった、という

ことになるだけです。これはおかしいですよね。また、日本国憲法が大日本帝国憲法と連続性を持っているとして、その大日本帝国憲法が歴史的に最初の憲法だとすると、その大日本帝国憲法はどうして憲法だと言えるか、という問いに対しては答えはない、ということです。しかし、純粋法学だけがこの問いに答えられないのではありません。誰もが答えられないはずです。皆さんは答えられますか。

9）無根拠な法秩序

では、遡って歴史的に最初の憲法の妥当性が最終的に理由づけられないということになると、実定法秩序は総体として妥当しないことになってしまうのでしょうか。つまり、法ではない、ということになってしまうのでしょうか。純粋法学は、観客の態度の一つのあり方として、対象をそのように見ることができることを否定はしません。だから、妥当根拠が見出せないから憲法は法ではない、と考える者は、現行法をトータルに法と見ず、警察を警察と見ず、裁判所を裁判所と見ず、国会を国会と見なくてもよいのです。ただの文章、ただの人々と見てもよいのです。何かをして警察に捕まっても、暴力団に拉致されたのと同じだと考えてもよいし、裁判にかけられても、それを暴力団のお偉いさん達が自分の処し方を決める手続きだと見てもよいのです。このような言い方をすると、先ほどナチの法に関して述べた所と矛盾しているように見えますが、決してそうではありません。ここで述べていることは、法一般の妥当性の根拠の問題であって、先ほどのナチの話は、不正であるが故に妥当性がなくなるかどうか、の問題だからです。

一言でいえば、そもそも法をめぐる〈権威〉劇なんていうものは幻想にすぎないのだと論断しても、純粋法学はそれに対して決定的な反論はできない、ということです。純粋法学は規範の妥当根拠を上位規範に求める方法をとりながら、理由はともあれ、最上位規範の上位規範を見出せなかったのですから、少なくとも法の妥当性、つまり、法が法であることを絶対的な仕方で論証はできなかったのです。

しかし、論証はできないのですが、そのような法が法として拘束力を持っ

ている、という現実は知っています。そして、私たちが〈権威〉の内側と外側に否応なく分断されている現実も知っています。ちょうど古代人が、何故だかは分からないけれど、太陽の運行が周期的であることを知っていたのと同じかもしれません。この古代人にとって、理由の不知が愚かさの現れでないのと同様に、法の妥当性の究極的な根拠を論証しえなかったことは、純粋法学の欠陥ではないのです。というのは、このような論証は、現在のところ、純粋法学に限らず誰にもできないからです。皆さんは論証した人を知っていますか。――少なくとも私にはできません。しかし、誰も論証できないにもかかわらず、誰もが法秩序全体の妥当性――個々の法律のそれではありません――を即自的に前提して議論をしています。特に法曹や法学者とか法学部生はそうですよね。純粋法学は、そうした中で、このことを対自化した点で特筆されるべきなのです。この講義の冒頭の方でお話ししたフッサールのエポケーと同じことを、ケルゼンがその理論的営為の出発点に据えているからこそ、この対自化が可能となったのだと思います。もちろん、対自化したからといって、問題に解決が与えられたわけではありませんが、ただ、多くの者たちのように、実定法の「不思議さ」に目を瞑ることなく直視して、それを「不思議」として留保したその態度の中に、私は、学者としての誠実さと廉直さを見たいと思います。

　今私は実定法の「不思議」と言いましたが、この「不思議」というのは、実定法の妥当性の最終的な理由がはっきりしないのに、法は確かに法として存在している、ということです。突き詰めて考えると、どうしてか解らないけれど、機能している、現に拘束力を持っている、ということです。そのことを、なりふり構わず、矛盾を覚悟で説明しようとはしなかったところに、ケルゼンの正直さがあるのです。そしてそのことによって、彼は、私たちの日常の法学的議論が実は実定法の妥当性に関する一定の黙契の上にかろうじて成り立っているにすぎない、ということを私たちに気づかせてくれたのです。

　さて、純粋法学は、憲法が法であること、法秩序が暴力秩序とは異なるものだということを絶対には基礎づけられない、と言いましたが、当為の世界

にとどまりつつ、絶対的に基礎づけようとする試みもあります。しかしこの試みのためには、人間の理性ではなく、人間の別の能力を動員しなければなりません。その能力とは信仰のことです。神や正義や自然法に対する信仰です。その信仰を動員すれば、妥当性の根拠を追求する無限後退の旅はひとまず継続されることになります。先に見ましたように、ラートブルフは「超越的価値」、つまり「正義」をもって基礎づけようとし、アウグスティヌス（Aurelius Augustinus：354-430）も正義をもって法秩序と暴力秩序を区別しようとし、歴史上多くの自然法論者は神の意志、自然の本性、人間の本性、あるいは事物の本性等々をもって基礎づけようとしてきました。

　しかし、信仰ですからこのようなことを云々しても仕方ないかもしれませんが、そのようにしてひとまず憲法が法であることが基礎づけられたとしても、今度は、その基礎づけの根拠となった神や正義や自然法の妥当性の根拠が問われることになります。そうなりますと、また必ず行き止まりになります。神の命令が規範だとどうして言えるのか。正義や自然法が規範だとどうして言えるのか。これらの問いに対する答えは信仰告白のほかにはありえません。ところが、純粋法学はこの袋路に入ることはありません。法実証主義として、このような信仰をまるで持ち合わせていないからです。したがって、純粋法学は「歴史的に最初の憲法」にまで妥当性の根拠を求めて遡り、そこで「立ちどまっている」のです（ケルゼン 1973：13-14）。

　とはいえ、立ち止まるということは、本当は不可能です。なぜなら、今までの議論は次のように言いかえることができるからです。ケルゼンは、「強盗による金員の要求は落っこちた——つまり、法的行為ではなく犯罪だということになった——のに、警察官による罰金の支払い命令は何故落っこちないのか」と問われて、「その命令は上からぶら下がっているからである」と答え、「では、上のそれは何故落ちないのか」とさらに問われて、「それも上からぶら下がっているからである」と答えていながら、「では、上の上のそれは何故落ちないのか」としつこく問われたので、ついに「それはどこにもぶら下がっていない」あるいは「どこにぶら下がっているか分からない」と答えたわけです。本来、この論法でいけば、立ち止まれないはずで、こんな

ふうに答えたならば、何もかも全部落ちて行くよりほかはないことになってしまい、その結果、強盗による金員の要求と警察官による罰金の支払い命令との間には本質的な違いはないことになってしまいます。言ってみれば、親ガメこけたら、子ガメ孫ガメ皆こけた、ということになるはずです。

　しかしこの結論は、ある観点からはきわめて都合がよくありません。その観点とは、法曹や法学者の観点です——もちろん、別な観点からはそうなったとしても特段の不都合はないかもしれませんが——。なぜなら、現在自分の仕事や研究の対象である法が法でなくなるから、つまり、法というものがそもそも存在しなくなるからです。法が存在しなくなれば、法曹は自己の存在証明となる対象を失うことになり、法学なるものはそもそも成立しなくなりますものね。先にも述べましたように、この困難性はケルゼンが自分で勝手に問題を立て勝手に背負い込んだものではありません。誰もが憲法が法であることを論証できないのですから、本当は、法について語ろうとする者すべてが抱え込んでいる困難性なのです。とはいえ、この困難性は、法秩序の妥当性の最終的な理由、つまり憲法の妥当根拠を確定するときだけの困難性です。現実には、不思議なことですが、憲法以下の法秩序は法として存在しており、拘束力を持っています。たとえば、憲法上極めて疑義のあることをやろうとする権力者も、批判者に対して、決して、憲法なんか知ったことか、などとは開き直らず、どんなに怪しげな論理であろうと、何とか、これは憲法に違反はしていない、という屁理屈をこねるじゃないですか。このことがまさに、最終的拠りどころが不明でも、法秩序は地べたに落っこちているわけではない、ということの証拠だと私は思っています。

10) 根本規範
① 架空の規範

　そこで、この現実を踏まえて、理論上の困難性を免れるためには唯一の方策しかありません。それは、一応、憲法は客観的意味を持っている、妥当している、つまり、法である、ということにしておくことです。先ほどの比喩で言えば、憲法もどこか上からぶら下がっているのだ、ということにしてお

くことです。法秩序を、憲法を頂点とする「モビール」だと仮定すれば、鴨居かどこかに「釘」を打ったことにして、それをそこに引っかけられていることにしておくのです。この釘は、憲法の妥当性の理由の役割をするから規範でなければならないのですが、言うまでもなく実在するものではありません。「架空の規範（fingierte Norm）」（Kelsen 1979：206）です。これこそが有名な「根本規範（Grundnorm）」です。彼は、これを次のように説明しています。

　　根本規範は、「問題となっている行為が憲法制定行為と解釈され、その憲法に基づいて定立された行為が法的行為と解釈されるときに前提される（vorausgesetzt）」ものであって、「この前提をはっきり示すことが法科学の本質的職分（Funktion）」である。ただ、それは「法秩序の最終的妥当根拠」ではあるが、「その本質上、単に条件付きの、そして、この意味で仮説的な」妥当根拠にすぎない。しかし、そのようなものであっても、この「根本規範が前提されないから」、強盗による金員の要求には「名宛人を拘束する……妥当な規範という客観的意味」が帰せられないのである（Kelsen 1960：47-49）。

　ところで、この「根本（Grund）」という語には、大地、底、土台、基礎などの訳語が当てられられるのが普通で、どちらかというと下方イメージですが、今述べましたように、根本規範の場合は、空間表象としては憲法の上方を指しています。手島孝は、この語の原義から見て法秩序が「下拡がり」のピラミッドのようにイメージされるのは「その天辺が現実に超絶するとの印象を招きやすい」ので、「漏斗型」にすべきである、と述べています（手島孝 1981：88-90）。しかし、これはケルゼンの思索過程を無視した見方じゃないかと思います。

　そもそも、「上位」規範とか「下位」規範といったケルゼン自身の用語と整合しませんよね。ケルゼンは一体何を求めて警察官のような法的機関の命令からこの根本規範にたどり着いたのでしょうか。それは、個別の法の妥当性、そして最終的には法秩序全体の妥当性の理由でした。法秩序というモビ

ールが掛っている場所を探していた、と考えたほうが分かりやすいと思います。だから、上にあったほうがいいのです。Grundには理由とか根拠という意味もあり、ケルゼンはその意味で用いていると思います。誰が最初に「根本規範」と名付けたのか、確かめていませんが、私は、憲法あるいは法秩序の妥当性の理由とか根拠という意味で、「理由規範」あるいはせめて「根拠規範」と訳したほうがケルゼンの真意をより正確に伝えることができると思っています。しかし、ここでも一応伝統に従って、根本規範と呼んでおくことにしておきますが、モビールが引っ掛かっている鴨居の釘のイメージで聞いていてください。

② 法曹の黙契としての根本規範

この根本規範の性格についてのケルゼンの説明は、最晩年に至り若干変化したのですが、1960年の時点では、こんなふうに言っていました。

> 憲法制定という構成事実の主観的意味を「客観的に妥当する法規範と解釈する (deuten) こと」は、「根本規範を前提すること (Voraussetzung) によってのみ可能となる」のだが、そのかぎりで根本規範は、「カント認識論の概念が類推的に適用されてよければ」、「この解釈 (Deutung) の先験論理的条件 (transzendental-logische Bedingung) と特徴づけられる」(Kelsen 1960: 204-205)。

つまり、根本規範とは、一方で法の妥当性を何らかの絶対的価値と結びつけることを拒否し、他方で法を存在事実の複合と見ることをも拒否しつつ、なおかつ、法を当為の範疇で捉えることを可能にするためのものなのです。言い換えれば、根本規範は、憲法を法と解釈するために、頭の中に前提として置かれた条件にすぎないわけです。

ところが、高橋広次(1948-)によると、ケルゼンは1963年時点でこの考えを改めたのです。ケルゼンはこう述べたそうです。「根本規範に関する私の全学説を私は意志作用の意味ではなく、むしろ思惟において前提される規範として説明してきた」。しかし、「この学説を放棄せざるをえなくな」った。「単に考えられた規範、即ち意志作用の意味ではなく、思惟作用の意味

である規範というものはありえ」ないからである、と（高橋広次 1979：251 参照。）。

では、彼は根本規範をどのような意思行為の意味としたのでしょうか。それは擬制的意思行為の意味です。ケルゼンは根本規範を、カントの認識論からハンス・ファイヒンガー（Hans Vaihinger：1852-1933）の『あたかも……かのようにの哲学（*Die Philosophie des Als Ob*）』へと引っ越しさせたのです。ケルゼンの言い分を聞いてみましょう。彼はこんなふうに言っています。

> 根本規範はファイヒンガーの言う「本来の擬制（eigentliche Fiktion）」である。この本来の擬制とは、現実（Wirklichkeit）のみならず、自己自身とも矛盾する擬制であり、根本規範はまさに、現実的な（wirklich）意思行為の意味として存在しておらず、また、最高法権威の授権をするのに、その上の権威（もちろん架空の）から発していることになっているからである。そして、ファイヒンガーによれば、この本来の擬制は、与えられた素材で思考目的に到達しないときに使われる「思考方便（Denkbehelf）」であるが、根本規範も、法秩序を構成する諸規範の妥当性の理由づけという思考目的を、与えられた素材のみで果たしえないために持ち出された方便にすぎない（Kelsen 1979：206-207）。

確かにこの「擬制論」は根本規範の仮空の「釘」的な性格をうまく表現しえていますが、その前の「仮説論」とて、ケルゼンが言うほど不都合というわけではないと思います。いずれにしても、根本規範なるものが法学的議論を成り立たせるために法曹の頭の中に前提される窮余の条件である、というその本質的性格を表すことはできています。ここで法曹と言いますのは、広い意味で「ある人間関係を法的関係と理解したい者」（Kelsen 1951：360）のことです。それ以外の人にはこんな条件は必要ありません。何も無理に法だとする利益もないからです。法曹にとってだけ憲法は法でなければならないのです。そして、このことは彼らの間での暗黙の了解になっているのです。つまり、〈一応、憲法を法だということにして、判決を下しましょう、法学的な議論をしましょう〉という約束が暗黙のうちに前提されているのです。

根本規範は、それを単に短い言葉で表現したものにすぎないのです。ケルゼンはそのあたりのことを次のように述べています。

> 「すべての法学者（Jurist）が対象の把握において自然法を排除し」、「憲法の父が神からその権威を授かったと想定」せず、しかも「認識されるべきものを力という事実としてではなく法として、……規範として理解……するような場合に、法学者が——無意識的にではあるが——行うところを、根本規範は意識の面にまで高めたのである」。その法学者の行うところというのが、「歴史的に最初の憲法」が「『憲法』という意味をもつこと」を「前提」することなのである（ケルゼン 1973：12-14；ケルゼン 1951：360）。

根本規範というとすぐに純粋法学が想起され、また逆に、純粋法学というとすぐ根本規範が想起されるほど、この概念は純粋法学にとってなくてはならないものとされていますが、実は、私はそれほどのものとは思っていません。これまで述べてきたところで大体分かってもらえたと思いますが、根本規範というのは、法学的議論をするとき、あるいは、法について語るとき、一応、理屈抜きに、およそ憲法というものは法なのだということにしておきましょう、という約束のことに他ならないわけですし、たいていの人々——法学者もその中に入っていますが——も暗黙のうちにそうしているわけですから、言われるほど特殊な概念ではありません。ただ、純粋法学は規範の妥当根拠を規範にしか求められないから、ありもしない架空の「釘」のことを、論理の必然として「規範」と名付けただけで、それ以上の意味は持っていません。もし、自然法論者でない法学者の誰もが自覚のないまま加盟している秘密条約——これを「黙契」と呼んでおきましょう——が自覚化——つまり明示——されるならば、この容易に実体化されるおそれのある概念には引退してもらってもかまわないはずなのです。このような考えは、純粋法学理解としては特異のようですが、同様の意見は、私以外にもあって、最近では菅野喜八郎が、ファイヒンガー哲学による説明に関連して、「根本規範の擬制は彼のいう思考目的にとってすら必要不可欠といえるかどうか疑問であ

る」と述べています（菅野喜八郎 1981：46）。だから決して突拍子もないものでもなく、それなりに根拠もあるのではないかと思っています。

　それから、ここで少し言い訳をしておかなくてはなりません。それは、今まで私は、「〈権威〉の内側と外側」・「舞台上の劇と観客」という単純なトポロジーに基づいてすべてを説明してきましたが、この根本規範の説明のところで、それだけでは間に合わなくなってしまった、ということです。

　つまり、観客にも実は二種類いて、もっぱら劇の成り行きに注目している少数の者と、客席に座ってはいるけれど、舞台の上の劇には、舞台のほうからたまに大きな声のやりとりが聞こえてきたり、客席から拍手やヤジが飛んだりしたときに眼をやるくらいで、ほとんど他のことをしている大多数の者がいる——ここは強いられた劇場だから、そういう人々もいるのは当然なのですが——ので、この両者を区別しなければならなくなったのです。前者がケルゼンの言う Jurist で、「法を法と理解したい者」という意味での法曹であって、後者が「別に法を法と理解しなくてもかまわない」いわゆる一般人です。そして根本規範は、前者の Jurist にのみ必要な理論上の条件にすぎず、観客一般には関係がありません。あのトポロジーの中だけで根本規範が出てくるわけではないのです。その意味で、純粋法学の理解にとって、あのトポロジーだけでは十分とは言えないのかもしれませんが、観客といえば、単に客席に座っているだけでなく、観劇していることが当然前提されますし、たとえ劇に関心のない観客も舞台を観た時は同じですから、それでも足りるのではないかとも思います。それに、動態理論は観客の視点に置かれた〈法実証主義〉の理論ですから、はじめから、舞台を注視している特殊な観客だけが問題になっていたと言っていいかもしれません。

11）段階構造論——規範と機関のモビール

　さて、こうして、ある規範執行の妥当性の理由を尋ね、その結果、根本規範にまで辿り着くことによって、動態理論的視点から見た法秩序が、——Jurist の頭の中でですが——方便としての架空の釘に引っかけられたモビー

ルのようなものとして現れることが解りましたが、このモビールの姿を「法秩序の段階構造（der Stufenbau der Rechtsordnung）」と呼ぶのです。それは、さしあたり頂点に憲法──根本規範ではありません──が位し（Kelsen 1941：62, Kelsen 1979：208）、最下層に個別規範──判決、行政命令等で、規範執行ではありません──が並んでいる、法のヒエラルヒーだと言えますが、よく誤解されるように、決して上位規範が下位規範の上に直接積み重なっているような単純な構造でないことは、これまでに辿ってきた、妥当性の理由を探求する道程を想起してもらえれば明らかだと思います。それぞれの規範を創設する機関が、その規範のいわばカウンターウェイトとして、このモビールの不可欠の構成要素になっているのです。図解すると、下の図3のようになっているのです。

図3

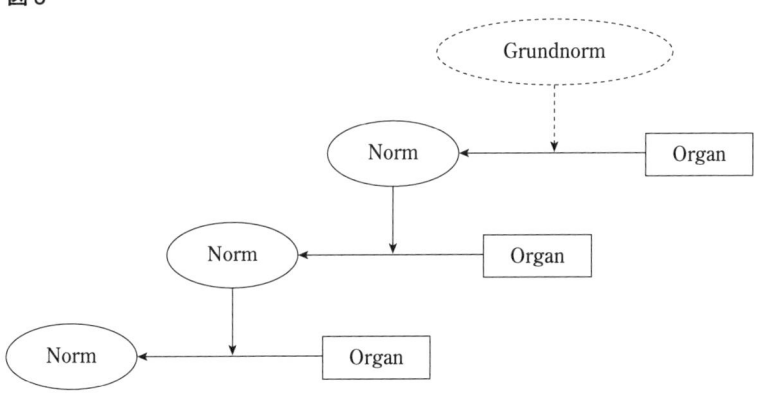

```
                    Grundnorm
                        ┊
                        ↓
       Norm ←──────── Organ

   Norm ←──────── Organ

Norm ←──────── Organ
```

　このような比喩を用いて説明するとなると問題になるのが、このモビールの各ユニットをつないでいる糸と、このモビール全体、つまり、最上位の憲法ユニットと架空の「釘」とをつなぐ架空の糸は何か、ということです。どちらも素材は同じでなければなりません。やはり、すでに、意思行為およびその結果に客観的意味を帰するものは何か、という形でケルゼンが行った探求のまとめのところ（前出100頁）でも述べましたように、その素材は、上の方から見れば、「下位機関による下位規範創設の授権」です。つまり、ある

者に規範創設を授権し、そのことによってその者を機関にする、という性質を持った糸なのです。

　ところが、実際の法規範は、規範創設の機関を指定するだけでなく、その規範の内容や創設の手続も、多かれ少なかれ、指定しているのが通常です。例えば、最上位の日本国憲法は国会を立法機関——すなわち一般規範の創設機関——として定めているだけでなく、立法内容の重要な制限——たとえば基本的人権の保障——や立法手続のポイントを定めていますね。その一段下に位置する法律という一般規範の場合も同様です。つまり、裁判所という下位の機関を、判決という個別規範の創設機関として定めるだけでなく、もちろん一般的にですが、その判決の内容を限定し、訴訟手続を厳格に定めていますよね。

　それなのに、どうして上位ユニットと下位ユニットは機関の指定だけでつながっているなどと言えるのでしょうか。どうして内容制限や手続指定の糸は存在しないのでしょうか。——それは、動態理論的視点つまり〈権威〉の外側から、言いかえれば観客席から舞台の上の劇を、つまり〈権威〉の内側を観ているからそのようにしか見えないのです。

　ところで、私は今、「実際の法規範は……も指定している」などと言いましたが、実を言うとこれは不用意な表現でした。多くの人は何の抵抗もなく聞き流しただろうとは思いますが、正しくは「実際の法規範は」ではなく、「静態理論的視点から見た法規範は……」と言わなければならなかったのです。動態論的視点からは法はそのようには見えませんので、注意しなければなりませんでした。皆さんもいつも自分の視点が法的世界のどこにあるのかということの確認を怠らないようにしましょう。

　すでに述べましたように、この動態論的視点からは、法は〈権威〉というバリアーを介して間接的にしか見えないのです。だから、〈権威〉が法だとしたもの——たとえそれがどのような内容であっても、どのような手続によるものであっても——が、この視点からは、否も応もなく法なのです。法秩序の一番上にある架空の糸はこのことを最も明瞭に示しています。というのも、それは、革命に勝利した集団が任意の方法で「これが憲法だ」として作

成した任意の文書に、後から、規範、つまり憲法という意味、すなわち客観的意味を帰し、そのことをもってその集団を憲法制定〈権威〉にする、という盲目的な機能しか持っていないからで、そのコロラリーとして、その架空の糸を引っかける架空の「釘」である根本規範は、創設される規範の内容や、創設の手続に関しては完ぺきな「白地規範」だからです。しかし、この架空の糸と「釘」は、私たちの対象である法秩序には属していません。とはいえ、それらの性質は、それらが究極的に吊り下げているはずの法秩序そのものの性質に他ならないのです。一貫した論理で構成したものだからです。

それ故、〈権威〉の内側の静態理論的視点からは、憲法と法律、法律と判決などの間で適法（合法）関係が重要な問題となるところの、法が定めている内容も手続きも、外側の動態理論的視点からは、〈権威〉というバリアーを通して見るために、非本質的なものとしてしか映らないのです。動態論的視点から見た法秩序の段階構造は、こうして「機関」を不可欠の構成要素とする、法規範の創設〈授権〉連関として特徴づけられることによって、統一性を与えられるのです。つまり、たとえば、内容的にはどうかな、手続的には怪しいぞ、と思う法規範であっても、授権された機関が創設したものなら、その法秩序の一員でいられる、ということなのです。

12）規範衝突
① 動態論的視点導入の契機

こんなことを言うと、そんな馬鹿な、と疑問を感じた人もいると思いますが、実は、この、内容的にどうかな、手続的には怪しいぞ、と思う規範の問題は純粋法学に動態論的視点が導入されるそもそもの契機になった問題なのです。ここまでのところで、ケルゼンが法を〈権威〉の外側の視点からはどのように見ているのか、という問題についての概観は得られただろうと思いますので、それを踏まえて、この問題、すなわち、「上位規範踰越」の下位規範の創設の問題に焦点を合わせて詳しくお話することにしましょう。

もちろん、「踰越」されるのは、今述べました、上位規範が定めている内容と手続であって、授権ではありません。それから、しつこいようですが、

この「踰越」、あるいは、すぐ後に出てくる「違法」「違憲」という概念は静態理論的なもので、ここ動態理論では、そのようなものは「　」付きでしか問題になりません。動態理論にはそのような概念は存在しないからです。私たちは〈権威〉ではないので、「　」なしの違法、違憲は、「　」なしの合法、合憲と同じように、法的に有意味なかたちでは問題にすることができないからです。私たちは学問的な会話や政治的な会話、日常的な会話のなかで問題にすることはありますが、それは法的に有意味ではないのです。つまり、そこで私たちが「あんな法律は違憲だ！」とか、「あの判決の論理はめちゃくちゃで、違法だ！」などと叫んだとしても、その途端に、その法律が法的世界のなかで客観的に違憲の法律になってしまうわけでも、その判決が客観的に違法な判決になってしまうわけでもない、ということです。

「有権性（Authentizität；Authenticity）」という概念があって、多くの法学者も「有権的解釈」などの用法で使用しますが、これがここでのキー概念になります。つまり、上位規範を「踰越」しているかどうか、という問題を法的に relevant な仕方で決定しうるのは、〈権威〉の内側にいる者、すなわち、法によって授権された機関だけなのであって、〈権威〉の外側にいる私たちにはそんなことはできませんよね。だから、法実証主義は、外側のほうにいて見ているかぎり、「権威によって法とされたもの」を法として記述するしかないのです。それは決して不当に消極的な態度ではありません。むしろ、科学としての正しい態度だと思います。これからケルゼンの述べているところを見ていきますが、もしそれに義憤のようなものを感じたとしたら、それは、今、ケルゼンは〈権威〉の外側にいる、ということをうっかり忘れてしまったか、そもそも〈権威〉の外側にいる、ということの本当の意味を見失ってしまったか、のどちらかだと言っていいでしょう。

② 上位規範を「踰越」した下位規範

上位規範を「踰越」した下位規範の問題は、いわゆる「規範衝突（Normenkonflikt）」の一種である「異段階間の規範の衝突（Konflikt zwischen Normen verschiedener Stufen）」の問題ですが、すでに明らかなように、ケルゼンは、この問題が動態理論的視点からは仮象問題にすぎないという立場

に立っています。したがって、彼によれば、「衝突」しているとされるどちらの規範も同等に法であり、妥当しており、同じ法秩序の平等なメンバーである、ということになります。この「規範衝突」の例には一応二種類あるとされています。一つは「違法な」判決で、もう一つは「違憲の」法律です。まず前者から見てみましょう。

「違法な」判決：これにも、一応、内容上のそれと手続上のそれという二種類があるにはあるのですが、ここでは分けて論ずる必要はないでしょう。どちらも同様に扱われるからです。たとえば、前にもこの例を出しましたが、ここに共謀共同正犯理論という、現行刑法の法文上は基礎づけることのできない——もちろん静態理論的視点からですが——理論を採用した判決があるとしましょう。ケルゼンの言うとおり、この場合のように、「有権的解釈によって、法規範はまったく違った内容の他の規範と置き換えられることがある」(Kelsen 1949：xv) わけですが、多くの刑法学者は、この有権性の故に、静態理論的な議論レベルで白旗を揚げるという誤まった行動——ちょっと言いすぎかもしれませんが——を行ったのです。

　しかし、〈権威〉の内側と外側というトポロジーに定礎している法実証主義は、決してこのような誤りは犯さないのです。この判決が刑法の法条と「合致しているかどうかの問題」は、〈権威〉の外側にいる者には、もともと手の届かない静態理論的問題であって、法的に有意味な形で直接的に提示されることはありません。つまりそれは、「今挙げたその問題の決定について、誰が法秩序から授権されているのか、という問題」(Kelsen 1960：272) と必ず結びついて提示されるのです。そして、その決定権は、実定法上、当の裁判所かその上級裁判所にだけ与えられていますよね。その裁判所が、この判決は刑法に「合致している」と判断し、その判断が確定してしまえば、〈権威〉の外側にいる法学者が静態論的視点から、「そんなことはない。刑法に合致なんかしているものか」、つまり「その判決は違法だ。場合によっては罪刑法定主義にも反する——こうなると、「違憲の」判決にもなってしまうでしょうが——」と、いくら叫んでみたところで、法的には「合致している」、つまり合法ということになってしまいます。逆の場合、つまり、法学

者が「合法だ」と考える判決を、裁判所が「違法だ」とした場合、これも同じです。違法ということになってしまいます。そうですよね。間違いないですよね。だから、〈権威〉の外側にいる者たちがいくら反対しようが、〈権威〉がAだとしたものが、〈権威〉の外側ではAになってしまうのです。

　ただ、訴訟当事者はある程度これに抗議することができます。というのも、彼は〈権威〉劇を演じている役者の一人だからです。すなわち、彼には上訴権があり、その上訴が上級裁判所によって認められることもありえます。これは、「法秩序が判決の合法性を保障しようとする典型的な手続」(Kelsen 1945：154) ですが、無限に許されるわけでないことは皆さんご存知のとおりです。必ず終審裁判所に行き着くわけで、その裁判所が上訴を棄却すれば、原則的にはその決定は既判力（Rechtskraft）を持ち、上に挙げた共謀共同正犯理論に基づく判決の合法性はもはや問えなくなり、それは妥当するようになるのです。さらに、これは驚かれると思いますが、その判決が従ったその理論までもが、刑法などと並んで、一般規範として法秩序の一角をなすことになるのです。これは、あくまでも動態理論的視点から見て、ということですが。

　それ故、審級制というものも、上位規範と下位規範を一致させる絶対的な保障ではありえないわけです。ということは、そのような保障は実定法上存在しない、ということなのです。したがって、「違法な」判決とされるものは、この審級制度を前提にすれば、たんに「取消しうる」判決にすぎないわけで、はじめから無効な判決ではないのです。取消されなければ——つまり、確定されれば——妥当し、その妥当性は、法秩序が定める手続で終了させられるまで持続するのです。ケルゼンは、このことを「レジティマシー原理（das Prinzip der Legitimität）」と呼びます (Kelsen 1960：213)。この原理が妥当するのは、もっぱら、「一般規範によって授権された裁判所が創設した」という単純な理由によってなのです。こうして、「違法な」判決という問題は真正な問題ではない、仮象問題ということになります。

　「違憲の」法律：この場合も、内容上のものと、手続上のものとに二分できますが、今度は手続上のもののほうで説明することにしましょう。たとえ

ば、国会が、定足数の規定（日本国憲法第56条第1項）に違反して、ある法案を成立させたとしましょう。まずありえないとは思いますが、こんな手続違反で成立した法律は、静態理論的視点から言うならば、言うまでもなく「違憲の」法律ですよね。しかし、これも「違法な」判決の場合と同様に理解されるのです。

つまり、決定的な問題となるのは、「違憲かどうか」自体ではなく、「誰がその決定について授権されているのか」ということなのです。ドイツやオーストリアの場合は憲法裁判所がその法律の廃止権を持っていますが、我が国の場合は、すべての司法裁判所が、「具体的事件においてその法律の適用を拒否する権限」というかたちで、その決定権を持っています。したがって、裁判所がその法律は「合憲である」と判断したか、「違憲である」とは言わなかった、つまり憲法判断を回避したとすれば――そして、その判決が確定すれば――、法的には「合憲」になってしまうのです。そしてその法律は、授権された機関によって創設されたという理由で、妥当し、その妥当性はやはり「レジティマシー原理」に従い、そのままその法秩序の一員であり続けるわけです。したがって、この「違憲の」法律の問題も、動態理論においては仮象問題である、ということになるのです（以上、Kelsen 1960：275-278参照。）。

13) 革命

ところで、この「違法な」判決や「違憲の」法律の問題と一見すると似ているけれども、全く違った問題があります。実際に起こるかどうかは分からないですが、「権力簒奪者（Usurpator）によって発布された一般規範」の公布と適用を審査権限のある機関が拒否しなかったような場合とか、「主観的には終審裁判所の判決であると自ら表示しているもの」が執行権限のある機関によって執行され、実効的になったような場合の問題です。ケルゼンはこういう問題についても論じているのですね（Kelsen ibid.：279-280）。

「違法な」判決や「違憲の」法律は、たとえ「違法」でも、「違憲」でも、授権された機関によって創設されたものですから、法秩序の統一性と矛盾は

しませんでした。しかし、この自称「法律」や自称「判決」の場合はそんなわけにはいきません。授権という、自分を現行法秩序につなぎ止めるべき唯一の「糸」が切れているからです。つまり、授権された機関によって創設されたのではないからです。だから、この事態のことを〈機関の簒奪〉と名づけることもできると思います。

このような法律や判決の妥当性は、当然否定されるのではないかと思いますよね。ところが、あにはからんや、法実証主義者は否定しないのです。「それはおかしいんじゃないか。今まで説明してきた妥当性概念と相容れないじゃないか」と思った人は多いはずです。でも、その疑念はすぐ晴らされます。

では、どうしてこの「判決」や「法律」は妥当するのでしょうか。

その答えは意外なものです。——それらが適用されたからであり、執行されたからなのです。上位規範から妥当性を授かるのではなくて、言ってみれば下からもらうのです。——ただ、ここで注意してほしいのは、答えは決して、「人々がそれを遵守しているから」ということではないということです。あくまでもそれまでの法秩序において権限のある機関によって適用され、執行されたからこそ、その法律や判決は客観的に妥当する規範と理解されなければならないのです。つまり、それらもそれまでの法秩序モビールの中の、適用機関や執行機関の属しているユニットの一段階上のユニットを構成するのです。ただ、——ここが大事ですよ！——それらは、先ほど見た「違法な判決」や「違憲の法律」と違って、それまでの法秩序モビールのより上のほうのユニットとはつながっていません。機関を簒奪したのですから、授権という糸でつながれていないのは当然です。しかし、実際に適用され、執行された、ということは、その判決や法律は現実には地べたに「落っこちなかった」ということを意味しているのですから、法実証主義は、それをやはり架空の糸によって、今度は別の架空の釘に引っ掛けなければならない、という理論上の強制の下に置かれるのです。

ケルゼンは、この〈機関の簒奪〉とも言うべき事態を「革命（Revolution）」と関連づけています。「革命」と聞いて驚いたかもしれませんが、彼

によれば、そもそもこの革命とは「ある共同体の法秩序が、違法なやり方で、すなわち、その法秩序自身によっては規定されていなかった方法で無効化され、新しい法秩序に取って代わられる」ということなのです（Kelsen 1945：117）。だから、前者の、法律のケースは「憲法の革命的全面変更（revolutionäre Totaländerung）」とされ、後者の、判決のケースは「憲法の革命的部分変更（revolutionäre Teiländerung）」とされるのです（Kelsen 1960：280）。つまり、これまでの憲法に対する、法律による全面的革命や判決による部分的革命が起こった、ということになります。そうすると、理の当然として、全面的にせよ部分的にせよ、「根本規範の変更（Change of the Basic Norm；Die Änderung der Grundnorm）」が必要になります（Kelsen 1945：118；Kelsen 1960：213-214）。革命によって成立した自称法規範は、今までのとは別の根本規範から妥当性を受け取ることになるのです。「じゃあ、根本規範って何だったんだ」と呆れる人もいるかもしれませんが、これは何ら不思議なことではありません。

　すでにお話ししたところですが、もともと根本規範というものは、たとえば単なる暴力革命によって産出されたに違いない自称憲法を「一応、憲法ということにしておこう」という法曹たちの黙契を表現したものにすぎなかったからです。革命という事態は、旧秩序の側から言うならばその秩序における妥当性の原則であるレジティマシィ原理にとって「きわめて重要な制約条件（Einschränkung）」ということになります（Kelsen ibid.：213）。なぜならば、その革命によって、関係法規範は、その法秩序の定める方法によることなく妥当性を終了させられるからです。ただし、判決による革命の場合は、妥当性が終了させられるのはその具体的事件だけであって、他の場合はその法規範は今まで通り妥当性を持ち続けているのです。

　しかし「制約条件」とは言っても、純粋法学の妥当性理論そのものの「制約条件」ではないことは明らかだと思います。今見たように、その妥当性論は全く一貫しているのです。現実に落ちていかない、つまり、宙に浮いている不可思議なモビール・ユニットを「理論上」さしあたり不思議に見えないように自然な状態に繕っておくのが根本規範論の本質だからであって、その

繕いが旧根本規範で不可能ならば、新しい根本規範——新しい架空の釘——を架空の鴨居に打ち付け、そこに架空の糸で法秩序モビールをぶら下げるだけのことだからなのです。

しかし、この革命の説明において、ひとつ、重要なことが明らかとなりました。それは、純粋法学における妥当性概念は、実効性概念と何らかの関係を持っている、ということです。私は今、自称規範が執行され、適用されているということは、そのユニットが落ちなかったということ、つまり宙に浮いているということだ、と言いました。実はこの比喩的な表現の意味は、その法規範がある意味において「実効性」を持っている、ということにほかなりません。ケルゼンはこう述べています。

　「根本規範は立法行為ないしは慣習によって事実的に定立され、かつ実効的な（wirksam）憲法にのみ関係する」。そして、「その法規範が、実際に服従され、適用されている」という意味で、「大体において実効的であるならば、法秩序は妥当しているとみなされる」が、その実効性は、「妥当性の理由（Grund）ではな」くて、「妥当性の条件（Bedingung）である」（Kelsen ibid.：214、218、219）。

このケルゼンの発言は、一見すると、彼が主張している、実効性と妥当性の峻別論と矛盾しているようですが、実は矛盾していないのです。実効性とはあくまでも存在の世界の問題であり、妥当性は当為の世界の問題なのですが、実定法は存在の世界と当為の世界の狭間に存在しているのでしたね。つまり、実定法は存在界に属する意思行為の意味であり、その結果発せられたSatzの意味でありました。だから、存在なくして当為は成り立たないわけですし、そのような意味としての法は、誰によっても従われず、全く執行されず適用されなければ、もはや法ではない、と言って構わないからです。実効性は、妥当性の「理由」ではないが、「条件」だとしていることの意味はそこにあります。

まとめ

　以上で、動態理論の視点、つまり、〈権威〉の外側からケルゼンが——いや、法実証主義者が、と言ってもいいですが——現実の法をどう見ているのか、ということに対する回答を示したことになると思います。〈権威〉の内側から見た静態理論と合わせて、これで純粋法学の大枠を描くことができたと思います。とはいえ、純粋法学にはまだ、法解釈論、国家論、国際法論などの重要な構成部分が残っているのですが、この講義ではそれらに触れることもできませんでした。最初に大風呂敷を広げたことを深く反省しています。しかし、私は今日までお話ししたことで、純粋法学の核心の理解にとって、ほぼ不足はないだろうとも思っています。開き直りかもしれませんが。

　この講義は、たしかに「純粋法学論」と名付けられていて、ケルゼンの実定法理論がどのようなものかを講ずるものではありましたが、私は皆さんに純粋法学固有の概念や理論を、単に知識として蓄えてもらうことを狙ったわけではありません。最初にも言いましたように、この講義を介して、これから法の問題、いや他の問題でも同じですが、何らかの問題を考えるときに、それを考えている自分の立場あるいは視点はどこにあるのか、ということをいつも自問、自答し、その答えを意識し続けるようにしてほしいということ、そのために、ケルゼンの思索を追体験する機会を提供すること、これが私の主な目的でした。それが成功したかどうか、あまり自信はありませんが、私自身にとっては、皆さんにこうやってお話したことによって、計り知れない多くのことを改めて理解することができ、発見することもできました。短期間ではありましたが、皆さんの脳のしわの中に、ここで私が話したことの一つでもこびりついていて、何かの時にそれがひょこっと思いだされるようなことがあれば、十二分にこの講義の意味はあったことになると思います。

　清聴ありがとうございました。

以上

【引用文献表】

Austin, John
- 1972 ***Lectures on Jurisprudence or the Philosophy of Positive Law***, Vol. 1 (The Province of Jurisprudence Determined), 5th ed., revised and edited by Robert Campbell, unveränderter Neudruck der Ausgabe London 1885, Bläschke & Ducke Gmbh.

フッサール、エドムント（Husserl, Edmund）
- 1978 「現象学『ブリタニカ』論文」木田元・宮武昭訳、現代思想 臨時増刊10：総特集＝フッサール 現象学運動の展開 青土社 所収、50～67頁（"Phenomenology, in ***Encyclopedia Britannica***" 1929）。

Gray, John Chipman
- 1909 ***The Nature and Sources of the law***, New York, The Columbia University Press.

林 道義
- 1968 「訳者注」マックス・ウェーバー 1968 所収、93-103頁。

加藤 新平
- 1976 『法哲学概論』有斐閣。

菅野 喜八郎
- 1981 「ケルゼン管見」長尾他編 1981 所収、38-53頁。

カント、イマニュエル（Kant, Immanuel）
- 1961 『純粋理性批判（上)』篠田英雄訳 岩波文庫。

Kelsen, Hans
- 1911 ***Hauptprobleme der Staatsrechtslehre, entwickelt aus der Lehre vom Rechtssatze***, I Aufl., Tübingen, J. C. B. Mohr.
- 1912 "Zur Soziologie des Rechtes," in ***Archiv für Sozialwissenschaft und Sozialpolitik***, Bd. 34, 1912, SS. 601-614.
- 1923 ***Hauptprobleme der Staatsrechtslehre, entwickelt aus der Lehre vom Rechtssatze***, II Aufl., Tübingen, J. C. B. Mohr.
- 1931 "Allgemeine Rechtslehre im Lichte materialistischer Geschichtsauffassung," in ***Archiv für Sozialwissenschaft und Sozialpolitik***, Bd. 66, 1931, SS. 449-521.
- 1941 "The pure theory of law and the analytical jurisprudence," in ***Harvard Law Review***, Vol. 55, pp. 44-70.
- 1942 ***Law and peace in international relations***, Harvard Univ. Press.
- 1945 ***General theory of law and state***, New York, Russell & Russell.
- 1949 ***The law of United Nations, A critical analysis of its foundamental problems***, London, Steven & Sons. Ltd.
- 1951 "Science and politics," in ***Kelsen 1957***, pp. 350-375.
- 1957 ***What is justice? Justice, law, and poitics in the mirror of science : Collected essays by Hans Kelsen***, Berkeley, Calif., Univ. of California

Press.
1960 *Reine Rechtslehre*, II Aufl., Wien, Franz Deuticke.
1979 *Allgemeine Theorie der Normen*, Wien, Meinz-Verlag.
ケルゼン、ハンス (Kelsen, Hans)
1929 「社会学的国家概念と法律学的国家概念」堀真琴訳、『世界大思想全集45』春秋社 所収、1-268頁 (***Der soziologische und der juristische Staatsbegriff, kritische Untersuchung des Verhältnisses von Staat und Recht***, 1922)。
1935 『純粋法学』(第1版) 横田喜三郎訳 岩波書店 (***Reine Rechtslehre***, I. Aufl., 1934)。
1971 『一般国家学』清宮四郎訳 岩波書店 (***Allgemeine Staatslehre***, 1925)。
1973 「自然法論と法実証主義の哲学的基礎」黒田覚訳、『自然法論と法実証主義―ケルゼン選集 1』木鐸社 所収、1-108頁 (***Die philosophische Grundlegung der Naturrechtslehre und des Rechtspositivismus***, 1928)。
1974 「純粋法学とは何か」森田寛二訳、鵜飼信成・長尾龍一編『ハンス・ケルゼン』東京大学出版会 所収、226-245頁 ("Was ist die Reine Rechtslehre?," 1953)。
1975 「社会的技術としての法」森田寛二訳、『正義とは何か―ケルゼン選集 3』木鐸社 所収、123-160頁 ("The law as a specific social technique," 1941)。
1977 「法科学は規範科学か文化科学か」森田寛二訳、『法学論―ケルゼン選集5』木鐸社 所収、53-141頁 ("Rechtswissenschaft als Norm- oder Kulturwissenschaft" 1916)。
メルロー＝ポンティ、モーリス (Merleau-Ponty, Maurice)
1966 「人間の科学と現象学」滝浦静雄・木田元共訳『眼と精神』みすず書房 所収、7-95頁 (***L'Œil et l'esprit***, 1961)。
1967 『知覚の現象学』竹内芳郎・小木貞孝共訳 みすず書房 (***La Phénomenologie de la Perception***, 1945)。
宮本 憲一
1982 「暗闇の『公共性』――公害問題の解決の道を閉ざす判決」法律時報 第54巻第2号14-19頁。
長尾 龍一
1964 「法理論における真理と価値――ハンス・ケルゼン研究第一部――」国家学会雑誌 第78巻1-29、292-345、413-445、574-609、729-781頁。
1973 「訳者あとがき」『神と国家――イデオロギー批判論文集』長尾龍一訳、有斐閣 所収、170-175頁。
1981 「ケルゼン賛歌」長尾他編 1981 所収、3-5頁。
長尾 龍一・新 正幸・高橋 広次・土屋 恵一郎 (編)
1981 『新ケルゼン研究』木鐸社。
中村 雄二郎
1967 「制度と社会についての基礎理論・序説」日本哲学会誌 哲学 第17号115-139頁。
1973 「法の存在構造と実定性――法理論における哲学と科学」法哲学年報 法哲学

の課題と方法　有斐閣　71-97頁。
　1976　「法の実定性と言語——制度と社会の基礎理論のために——」思想　第625号56-72頁、第626号77-97頁。

尾高　朝雄
　1942　『実定法秩序論』岩波書店。
　1948　「ノモス主権について」国家学会雑誌　第62巻第11号574-603頁。

大塚　滋
　1979　「純粋法学における法解釈の問題（一）（二）」東京都立大学法学会雑誌　第19巻第2号171-216頁、第20巻第1号115-159頁。

ポパー、カール（Popper, Karl）
　1979　「準拠枠という神話」小林傳司訳　思想　第662号109-133頁（"The myth of the framework," 1976）

ラートブルフ、グスターフ（Radbruch, Gustav）
　1961a　「法哲学入門」野田良之・阿南成一訳『ラートブルフ著作集4　実定法と自然法』東京大学出版会 所収、13-221頁（***Vorschule der Rechtsphilosophie***, 1947）。
　1961b　「五分間の法哲学」村上淳一訳『ラートブルフ著作集4　実定法と自然法』東京大学出版会 所収、223-228頁（"Fünf Minuten Rechtsphilosophie," 1945）。

高橋　広次
　1979　『ケルゼン法学の方法と構造』九州大学出版会。

手島　孝
　1981　「独創における陳腐」長尾他編 1981 所収、87-90頁。

土屋　恵一郎
　1978　「法的実在の世界の発見——ケルゼン研究（1）——」法律論叢　第51巻2・3合併号101-136頁。

牛山　積
　1982　「大阪国際空港最高裁判決の意義」法律時報　第54巻第2号8-13頁。

ウェーバー、マックス（Weber, Max）
　1968　『理解社会学のカテゴリー』林道義訳　岩波文庫（"Über einige Kategorien der verstehenden Soziologie," 1913）。
　1972　『社会学・経済学の「価値自由」の意味』本木幸造監訳　日本評論社（***Der Sinn der Wertfreiheit der soziologischen und ökonomischen Wissenschaften***, 1917）。
　1974　『法社会学』世良晃志郎訳　創文社（***Wirtschaft und Gesellschaft***, Zweiter Teil, Kapitel I und VII.）。

第2講　ハート法理学[*]

はじめに

　この講義のあとに、オースチンからジェレミー・ベンサム (Jeremy Bentham：1748-1832)、そしてトーマス・ホッブズ (Thomas Hobbes：1588-1679) と、イギリス型法実証主義の流れを逆に辿っていきますが、これらの3人に共通するのは、実定法を「主権者の命令」ないし「主権者の意志」として定義するところです。その点は、実定法を、少なくとも第一義的には、自然法的なものから切断し、人間的なものと捉え、実定法それ自身なるものを追究すべく、ザッハリッヒに、現実主義的に捉えようとする傾向の現れです。この傾向そのものはまさに法実証主義的と言っていいかもしれません。とはいえ、その現実主義が方向を間違って事実還元主義になってしまったため、法からその本質である規範性をそぎ落としてしまい、もはや「法」実証主義ではなくなってしまう危険性をももっていることも指摘するつもりですが。

　ただ、彼らの理論が法実証主義的に見えるのはあくまでも表面的なレベルのことで、実は、その背後に、主権者命令説などを包み込んでいる、と言うか、それを下から支えている、と言ってもいいような自然法論的な思想ないし哲学が厳然と存在している、ということを指摘しておかなければなりません。ホッブズの場合は社会契約論、ベンサム、オースチンの場合は功利主義がそれです。それらが彼らの実定法理解に対して非侵犯的であるならば問題

---

[*]1988、89、90年度東京都立大学、中央大学、東海大学「法思想史」講義ノートより

ないのですが、少なからず侵犯的であったことも指摘しようと思っています。

　ホッブズは別にして、一方では実定法の分析、これは個別化と言いますが、それを追究しつつ、もう一方でやはり自然法論的アイデアを保持し続け、それらをどこかで結びつける、これがイギリス型法実証主義の特徴であって、これから紹介する現代法実証主義の旗手の一人で、最も洗練された法実証主義者とも言われるイギリスの法理学者 H. L. A. ハートもこの特徴を具えているのです。しかし、彼の場合は、彼のイギリスにおける先行者に共通していた主権者命令説を断固として拒絶したのです。ここに彼の理論の特異性の一つがあるのです。

　ところで、彼自身も自分のことを一応は法実証主義陣営の一人と位置づけているようですが*、このように先行者の主権者命令説を拒絶しているのに、どうしてそのような位置づけが可能なのでしょうか。それをまず確認してみましょう。

1．法実証主義

　ハートによると、現代の英米圏では、法実証主義とは次に掲げる五つの主張のうちどれか一つ以上を主張するものだ、とされているそうです（Hart 1961：253；Note for Page 181）。

　第一は、法は人間の命令である、との主張です。これが命令説ですね。

　第二は、法と道徳、在る法と在るべき法の間には必然的関係はない、との主張です。これは、法と道徳の分離論ですね。

　第三は、法的概念の意味の分析は、その歴史的・社会学的研究や、法に対する道徳的評価などとは区別されるべき重要な研究である、との主張です。

　第四は、法体系は論理的に完結したシステムで、あらかじめ定められた法的ルールから論理的手段によってのみ正しい判決が演繹される、との主張で

＊　1994年に公刊された『法の概念』第2版では、「後記」において、彼は自らの立場を「柔らかい実証主義（soft positivism）」と規定している（Hart 1994：250）。

す。これはしかし、法実証主義ではなくて、概念法学の主張だと思われます。よく誤解されるのですが、法実証主義と概念法学は別物ですよ。ハートも、概念法学を「分析法学」と結びつけるのは正しくないとしています。

　最後の第五は、道徳的判断は証拠によって合理的に論証することができない、との主張です。

　彼によると、オースチンは第一、第二、第三を主張し、ケルゼンは第二、第三、第五を主張しているが第一、第四は主張していない、ということになりますが（ibid.）、では、彼自身はどうなのか、と言いますと、はっきりと述べていないのですね。おそらくや、オースチンとケルゼンに共通する、第二と第三だけを主張して、第一、第四、第五を否認する立場ではないか、と私は想像しています。ただ、第二の、法と道徳の分離の主張を本当にしているかどうかも実は怪しいのだ、ということを後でお話したいと思ってはいますが。

　しかし、読者にこんな想像をさせること自体、問題だと思いませんか。自分は法実証主義者だと言うなら、その法実証主義の特徴づけという大事なことを、そもそも、本文の中ではなく、注の中でやる、というのは極めておかしいことです。なるべく目立たないようにしているとしか思えないのですが、勘繰りすぎでしょうか。なぜ目立たなくしたかというと、これらの主張の中に、実定法だけを対象とし、自然法なるものの存在は認めないとする、法実証主義の根幹に関わる実定法一元論が加えられていない、という欠点があるからです。誰だって、法実証主義と言ったら、その特徴として、まずこの自然法否認論を挙げるでしょう。自然法の存在を認める法実証主義なんて、概念矛盾ですからね。そして、この否認論こそ、自然法論と最も鋭く対立するところです。これもあくまでも推測ですが、自分が「自然法の最小限の内容」などと言って、自然法の存在を認めてしまっているが故に、自然法否認論が外されているのだと思います。しかし、本当のところは分かりません。

　それでは、法実証主義とされる彼の理論が実際にどのようなものか、詳しく見ていきましょう。

2．法のルールへの還元：社会契約論

　上に挙げた第一の主張すなわち主権者命令説は、ホッブズからベンサム、オースチンへと、イギリス法実証主義を脈々と流れる中心的な主張です。しかし、ハートはこの命令説とはっきり決別しました。それは、この命令説には、次のような難点があるからだ、とされます。

　　まず、立法は、単なる他者への命令と違って、「自己拘束力」を持つが、法を、その上にいる者が他者に向けて定めたものだと考えていたのでは、このことは悩ましい法的現象である（ibid.：42）。また、法を、制裁に対する「怖れを背景にした命令」とする捉え方は、刑法には適合するが、司法や立法の権限を付与する法、法律関係を創出する権限を付与する法には適合しないし、もともと命令とは言えないようなルールもある。そして最後に、「習慣的に服従され、すべての法律上の制限を免除されている主権者」との関係で法を分析することは、近代法システムに特徴的な「立法権の継続性」の説明に失敗する（ibid.：77）、など。

　要するに、強制、制裁、威嚇といった概念装置で法を説明しつくすことはできないのだから、命令説は破綻している、というわけです。そこでハートは、この難点を回避するために「ルールのアイデア（the idea of a rule）」というものを導入するわけです。彼によれば、「我々は、それなくして、法の最も基本的な形態を説明することすら望みえない」のだそうです（ibid.：78）。その理由は、私たちは法に関連して、「must, should, そして ought to」といった「規範的な用語法」を用いるが、これらは「一定の行動を要求するルールの存在を示め」しており、それらを用いた「批判や一致への要求」、すなわち「共通の基準としての一定の行動パターンへの批判的反省的態度」——これを彼は「受容（acceptance）」と言うのですが——これこそが、「社会的なルールと、グループの単なる習慣とを区別する決定的特徴」だ、というものです（ibid.：9、56）。

つまり、彼は、命令説の考え方を「強制的秩序」モデル、自分の考え方を「約束（promise）」モデルとしたうえで、こう述べています。

　「約束」は「多くの……法の特徴の理解にとって多くの点で強制的秩序のモデルよりはるかによいモデル」である（ibid.：42）。

はっきり言ってしまえば、法は人々の〈約束＝合意〉によって生み出されたルールであると考えている、という意味です。これは言うまでもなく社会契約論的な考え方ですね。命令説は、法を命令とそれに対する服従習慣という事実に還元しようとしたのですが、ハートは、合意なり受容といった別の種類の事実に還元しようとしているのです。事実への還元という点では同じですが、ホッブズを除き、彼以前の分析法学——つまり、ベンサムとオースチン——が功利主義哲学に基づいていた点に鑑みますと、ここに大きな断層があることが分かりますね。

では、何故彼が社会契約論を採用したのか、と言いますと、「我々は約束をするとき、我々自身に責務（obligation）を課し、他者に権利（right）を付与することによって、我々自身の道徳的状況を変更する」からだそうです（ibid.）。法に特徴的な、責務や権利というものも約束によって生み出されたのだ、というわけです。確かに私たちは、約束をするとき、相手を介して自分を拘束し、相手に権利のようなものを与えていると言えます。しかし、そうだとしても、法一般の成立、法の規範性を、挙げて約束に遡源するのにはやはり無理があるのではないでしょうか。そのことは、社会契約論一般に対して、古くから指摘されているところです。

つまり、私たちの祖先が歴史上のある時点で社会形成、国家形成のための契約を結んだ、などということは、証拠だてられてもいないし、どう考えてもありそうにもないことです。そして、たとえ百歩譲って、その契約が存在していたとしても、それがその子孫たちをずっと拘束することを説明する原理になりうるわけはありませんよね。言うまでもなく、彼ら子孫たちは契約の当事者ではありませんからね。

しかし彼は、このモデルでこそ法の拘束力を説明することができるとしているのです。こんなふうに言っています。

> 「もしルール・システムがいかなる者にも強制的に課されるべきであるならば、それを自発的に受容する十分な数の人々（a sufficient number）がいなければならない。彼らの自発的協力、したがって権威の創出がなければ、法と統治の強制力は確立され得ない」（ibid.：196）。

このように、すべての、ではないですが、人々の自発的協力が権威の創出の必要条件になっている点だけでなく、先ほど確認したように、立法の自己拘束力を約束によって説明しようとしている点から見ても、間違いなく彼は、社会契約論に立っています。

さらに彼は、「法への服従責務」の根拠づけにも社会契約論的なアイデアを持ち出しています。引用します。

> この責務は、市民が彼の社会の他のメンバーたちに「仲間のメンバー（fellow members）としての関係故に負っている」ものと考えられるのであって、「従わなかったとしても法システムの権威はほとんどあるいはまったく害されない、ということが明らかであったとしても」、その責務に従うべしとされている。功利主義が説明しえないこの側面を説明するのが「社会契約論」である。それによると、この責務は、「他者に対する公正さ（fairness）の責務」と見ることができるのであって、このような考察は、「社会契約論における作り話的（mythical）な部分、さもなくとも反論の余地のある部分から切り離すことができる」（Hart 1967：275）。

ちょっと待ってください。「作り話的」なのはまさに社会契約そのものなのですから、それを社会契約論から切り離せる、ということは、契約がなくとも各人は仲間になる、という考えなのでしょうか。でも、そうだとすると、明らかにこれは社会契約論の全面否定になってしまいます。そうですよね。彼は、「約束」が法考察に最も有効だとしたにもかかわらず、ここではその「約束」つまり「社会契約」をもみ消そうとしています。社会契約論に

対するお定まりの批判を回避しつつ、社会契約論的に法を基礎づけようとしたのでしょうが、そんなことは不可能に決まっています。こんなご都合主義的な説明に納得するわけにはいきません。

3．第一次的ルールと第二次的ルールのコンビネーション

それはともかく、以上のようにハートは、社会契約論的な根本前提から、法をルールと捉えているのですが、そのルールというのがそれほど単純ではないのです。ハートによれば、

　「『法』という言葉が『適切に』用いられる時はいつでも」、「基本的ないし第一次的なタイプ（the basic or primary type）のルール」と、「そのルールに対して寄生的ないし第二次的な（parasitic upon or secondary to the first）ルール」の「コンビネーション」が見出される。第一次的ルールとは、人間に「義務を課す」ルール、「行為に関する」ルールのことだが、第二次的ルールは、人間に「公的または私的な権限を授け」、「義務や責務の創設や変更をもたらす操作（operations）を規定する」ルールのことである（Hart 1961：78-9）。

すぐあとで述べますように、この第二次的ルールには何種類かありますが、第一次的ルールと第二次的ルールとのこの区別は、ほぼ行為規範と授権規範・組織規範という伝統的な区別に置き換えることができると考えられます。もちろん、第一次的ルールが行為規範、第二次的ルールが授権規範とか組織規範などです。しかし問題は、行為規範としての第一次的ルールが現在の私たちの法システムのなかにどれほどあるのか、ということです。刑法を例にとってみましょう。第一次的ルールなどどこにも見つからないですよね。そうじゃないですか？　あるのは第二次的ルールばかり。だから、彼の言う法システムは、少なくとも刑法に関して言えば、存在しないと言うか、不可視の第一次的ルールと可視の第二次的ルールのコンビネーションという

ことにしかならないわけです。それにもかかわらず多くの人々は、私たちが経験できない不可視のルールをも対象としている彼を、経験主義を旨とする法実証主義者と呼んでいるのです。不思議ですね。

しかし、彼によると (ibid.：89-91)、人間社会は大昔からそうだったわけではないそうです。まだ立法機関も裁判所も役人もない「未開社会 (primitive community)」は、第一次的ルールだけで社会統制することができていた、とのことです——私には、そう断言する自信はありませんが——。ところが、この体制では、何がルールなのかについて疑義が生じたとき、解決する手続きがないという、「不確実性 (uncertainty)」の欠点を持ち、ルールが漸次的にしか変更されないという、「静的 (static) な性格」を持ち、違反があった場合に、それに対抗するものとしては、散漫な社会的圧力しかないという、「非実効性 (inefficiency)」の欠点を持つ、と言います。それらの欠点を補うべきものが第二次的ルールであって、それが生まれることで、社会ははじめて「前法的世界から法的世界へ (from the pre-legal into the legal world)」と移り行くのだ、というのが彼の理解です。

つまり、第二次的ルールが整ってはじめて社会は法を持ったと言えることになるわけで、逆に言えば、第一次的ルールはそれ自体としては法ではない、ということになります。とはいえ、不可視のその第一次的ルールが彼の法システムの中から放逐されてしまったわけではない点には注意しておくべきでしょう。

さて、それでは、その法システムに不可欠とされる第二次的ルールがどのようなものかを詳しく見てみましょう。一言で言えば、それは、第一次的ルールに寄生しているのです。つまり、第一次的ルールとは「異なったレベル」にあって、それら「についての (about)」ルールのことですが、次の三種類があるとされています (ibid.：92-96)。

第一は、「承認のルール (rules of recognition)」というもので、特定の機関による制定、長期間の慣習的実践、判例との関係などのメルクマールによって、何が第一次的ルールかを決定するものです。これは、第一次的ルール

だけの体制の「不確実性」に対する対策として導入される、とされています。

　第二は、「変更のルール（rules of change）」というもので、一定の人々に対する立法権限の付与と立法手続を規定するものです。ですから、第一の「承認のルール」と密接な関係を持っています。これは、第一次的ルールだけの体制の「静的な性格」に対する対策とされています。

　最後は、「判決のルール（rules of adjudication）」というもので、第一次的ルールが破られたかどうかを権威的に決定する権限を一定の人々に付与し、その手続を定めるものです。これも、非常に不完全ですが「承認のルール」の一形態でもあります。これは、第一次的ルールだけの体制の「非実効性」に対する対策とされます。

　もう明らかだと思いますが、第二次的ルールのなかで最も重要なのは、一番目の「承認のルール」ということになるでしょう。ハートはこれを、「究極のルール（an ultimate rule）」（ibid.：102）と名付けているくらいです。「究極の」というのは、他のルールすべてを同定するルールではありますが、それ自体がルールであるかどうかの規準を定めるルールがもはや存在しないルール、ということです。つまりは、法システムの妥当性の最終的規準ということになりますね。

　さて、この分類によれば、私たちが知っている法律は多分すべてが「変更のルール」か「判決のルール」ということになるでしょう。しかし、「承認のルール」はどうでしょう。直感的には憲法のことかと思うのですが、実はそうではないようです。というのも、憲法は「変更のルール」であり「判決のルール」であるからです。「承認のルール」は、その他のルールと違って、「制定法のレベルに還元」できないルールで、ハートによれば、「裁判所が法を確認する際に使用」するルール、「実際の慣行のなかに存在」するルールなのです（ibid.：108）。

　私は、機能的には、ケルゼンの根本規範にきわめて近いものと見ているのですが、ハート自身はしきりにその両者の違いを強調しています（cf. ibid.：244-247）。確かに中身は違いますし、拠ってもって立っている理論的基盤が

違いますが、自然法以外で、法システム全体を法として成り立たせる何かが理論的に必要だ、との考えから編み出された、という点では同じだと思います。もしかすると、ハートは、ケルゼンや私たちと違って、不文憲法の国イギリスの人間ですので、この「承認のルール」でもって不文憲法のことを意味しているのかもしれませんが、よく分かりません。

　結論としては、法システムは、最上位に「承認のルール」が位置し、その下に、その他の第二次的ルールである実定法システムが位置し、そのさらに下に第一次的ルールが位置する、という構造として理解されているような気がします。

4．ルールに関する内的視点と外的視点：内的言明と外的言明

　以上のようなルール・モデル論の基礎には、既に述べましたように、法の合意モデルがあるわけですが、そのことを示すのが、「内的視点（the internal point of view）」と「外的視点（the external point of view）」のダイコトミーです。

　ハートは、主著である『法の概念（*The concept of law*）』の序文で、こう述べています。

> 「本書の中心的テーマの一つは次のことである。すなわち、法もその他の形態の社会構造も、私が『内的』言明――ルールに関する内的視点からの言明のことです――と『外的』言明――同じく、外的視点からの言明のことです――と呼んできたもので、社会的ルールを観察するときはいつでも両方がなされうるところの、二つの異なった種類の言明の間の一定の決定的区別を認識しないと理解することができない、ということである。」
> (ibid.：vii)

　だからこのダイコトミーは、ハートの理論を理解するためにとても重要なポイントだということになります。ですから、それぞれの視点とはどのよう

なものかを確認しておかなければなりませんね。では、まず「内的視点」ですが、これは、「ルールを行動の指針として受容（accept）し使用する集団の一員」の視点のことだとされます。そして「外的視点」のほうは、「自分自身はそのルールを受容してはいない観察者」の視点のことだとされます（ibid.：86）。

この二つの視点から、ルールについてそれぞれどのような言明がなされるのか、ということはあとで見るとしまして、ここでは、「内」と「外」とを分ける基準が、ルールを「受容」しているかどうか、であることに注意しておいてください。それは、彼の社会契約論的立場を鮮明にさせているからです。そうした上で、彼は内的視点のほうこそ法理学のとるべき視点であるとするのです。ちょっと長いですが、彼の説明を聞いてみましょう。

> 外的視点に立つ観察者は、「ルールと部分的に一致した観察可能な行態の規則性と、ルールから逸脱した行態が遭遇する……不利な反応の形態における規則性を記録することだけで満足」するのであって、その観察者の記述は、「まったくルールに関係したものではありえず、それ故責務や義務といったルール依存的観念に関係したものではありえない。」つまり彼は、例えば、「交通信号（traffic signal）が赤に変わったとき、人や車が止まるだろうという高い蓋然性を語ることに自己限定する」のであって、信号を「記号（sign）」としか扱わないのである。彼が観察しているのはルールの「外的側面（the external aspect）」にすぎない。そのため彼は、「彼が注視している者たちの社会生活のすべての面を見損なうだろう。」ルールには「内的側面（the internal aspect）」があって、これは内的視点から見えるのである。それに言及するということは、観察対象の人々が「自分たちの行態を見ている仕方を考察に取り込むこと」である。例えば、この視点からは、赤信号は、「自分たちが止まるべき信号（signal）」であり、止まることを……責務（obligation）とするルールに従って自分たちが止まることの理由（reason）なのである。」したがって、「責務と義務といった基本的諸概念の分析には、内的視点のこの〔第一次的ルールの単純な体制での一

引用者〕最も基本的な顕現に言及することが要求される」のである (ibid.：86-88、96)。

つまり、どうやらルールと言っても第一次的ルール限定ではなく、第二次的ルールも含まれているようではありますが、ルールを受容している者の視点からしかルールすなわち法は見えない、ということのようです。あの O. W. ホームズ判事 (Oliver Wendell Holmes：1841-1935) が、法は「悪者 (a bad man)」の視点から見なければならない、とした (Holmes 1897：459) のとは対照的な考え方ですね。しかし、このハートの考え方は、社会契約論からの必然的な帰結であって、法の規範としてのクレイムに対しては決してコミットしないという法実証主義の態度としてはありえない、ということはここで確認しておきたいと思います。

さて、いよいよ、内的、外的というそれぞれの視点からどのような言明がなされるのか、ということですが、対象であるルールが二次元的なユニオンであることから、それらを四次元マトリックスで表すことができるはずです。ハート自身が挙げた言明例をそのマトリックス上に整理してみると、次の**表1**ようになると思います (cf. ibid.：88、99)。

表1

	内的言明（ルールを受容）	外的言明（ルールを受容せず）
第一次的ルール	「私は責務を負っていた (I had an obligation)」「あなたは責務を負っている (You have an obligation)」	「私は、そうすることを余儀なくされた (I was obliged to do it)」「もし〜ならば、多分あなたはひどい目に遭うだろう (You will probably suffer from it if ….)」
第二次的ルール（承認のルール）	「……は法である (It is the law that….)」 〈by 機関〉　〈by 私人〉	「イギリスでは、女王が議会において制定したものは何でも法として承認されている (In England they recognize as law … whatever the Queen in Parliament enacts ….)」

4．ルールに関する内的視点と外的視点：内的言明と外的言明　　*137*

きわめてすっきりしているので、うまくできているように見えますね。しかし、実はそんなことはないのです。

この**表1**には、対象であるルールが第一次的ルールか第二次的ルールか、というタテ軸と、言明者がそのルールを受容しているかどうか、というヨコ軸しかありません。彼の理論では、そうでなければならないからです。ところがハートは、その他にもう一本の軸を、彼の前提に反して、密かに持ち込もうとしているのです。その軸というのは、言明当事者が誰か、機関なのか否か、というもので、その軸が持ち込まれるのは、第二次的ルール（承認のルール）に関する内的言明のところです。**表1**では、左下のところに点線で表しておきました。では、そのことを詳しく説明しましょう。

ハートは確かに、この内的言明は「裁判所やその他の官吏（courts or other officials）」のみならず「私人やその助言者（private persons or their advisers）」によってもなされることを認めています（ibid.：98）。しかしその一方で、「一般市民や法律家の口から発せられた場合」、それは「裁判官が何をするか……の予測（a prediction）である」——つまりは外的言明ですね——が、「判事の口から発せられた場合」は、それ自体、そのルールの「承認の行為（an act of recognition）」である、と述べているのです（Hart 1959a：237、なお、cf. Hart 1961：102）。

これは一体どういうことでしょうか。同じ表現の内的言明でも、それが発せられた口の持ち主の違いで、本当の内的言明であったり、外的言明であったりする、というのはおかしいですよね。これは、ルールを受容しているかどうか、という主観的な基準だけで内的言明と外的言明を区別していた彼の理論、すなわち、受容理論とも言うべき社会契約論、からは必然的に出てこない区別ですよね。隠し切れなかった受容理論の綻びとでも言ったらいいでしょうか。実は、彼自身も受容理論を貫徹できるとは思っていなくて、この承認のルールに関する内的言明——すなわち、法の妥当性言明です——に限っては、それを有意味にできるのは、社会契約の主体である社会成員一般なのではなく、その社会の法的機関だけだと考えていたみたいです。

いや、もっとはっきりと、次のようなことも言っているのです。

「社会の大多数の人々（the bulk）が……究極的な承認のルールを一般的に共有し、受容し、あるいは拘束的とみなさなければならない、とする考え」は、彼らが習慣的に法に服従しているとする命令説とは「逆の誤謬（opposite error）」である（ibid.：110）。

単純な社会ならいざ知らず、「複雑な現代国家において」、「人口の大多数がその法システムの官吏と同様に、明示的、自覚的に……承認のルールを『受容している』」、と主張することは、「フィクションを主張すること」である（ibid.：111）。

社会の大多数の成員が承認のルールを受容するなんて、そんな馬鹿な、という意味でしょう。まさにその通り、と思われる主張なのですが、誰もがこれらの彼の言明を見て、我が目を疑うはずです。いや疑わなければなりません。彼はルール・システムの存立のためには十分な数の人々の自発的受容が不可欠であるとしていたからです。「大多数」とか「十分な数（a sufficient number）」とか、曖昧な言葉が使われているので、なんだかごまかされそうですが、とにかく、十分な数というのは大多数よりはかなり少ない数で、第二次的ルールを受容している一般市民は大多数である必要はなく、十分な数さえいればよい、ということになりますよね。その十分な数ってはたして、どのくらいなのかよく分かりませんが、いずれにせよ、自分は子どもっぽい理想主義的な主張をしているのではなく、大人の現実主義的な受容理論を唱えているのだ、というわけでしょう。

しかし、彼は結局、一貫性という美徳にあえて背を向けて、次のように述べてしまいました。

　法システムの存在にとって「決定的（crucial）」なのは、「官吏による承認のルールの受容」であり、法システムの存在にとって「必要かつ充分な最小条件（minimum conditions necessary and sufficient）」は、第一に、承認のルールに適って妥当している第一次的ルールが「一般に服従されている（generally obeyed）こと」であり、第二に、各第二次的ルールが、官吏としての行態の共通の公的規準として、「官吏によって有効に受容されている

(effectively accepted … by its officials) こと」でなければならない（ibid.: 111、113）。

　こうなると、上の**表1**の中の点線を実線にして、その右側部分に斜線を入れなければならない、ということですよね。とすると、受容基準が普遍的に妥当しないことが彼自身によって認められてしまったわけです。これにはどう反応したものか困惑します。しかし、ちょっと待っていただきたいと思うことは、それだけではないのです。第一の最小条件は、第一次的ルールが「一般に服従されていること」となっていましたね。これが間違いでないとすると、オースチンの命令説に対する彼の批判はどうなってしまうのでしょうか。ハートは、そこでは、法が服従習慣によって支えられるとする命令モデルによるよりも、人々の受容によって支えられるとするルール・モデルによるほうが法はうまく説明できる、などと言っていませんでしたっけ。それなのに、ここでは、人々——正しくは、社会の全成員から十分な数の人々を差し引いた残りの人々——は受容していなくてもよい、ただ服従していればよい、となっているではありませんか。
　じゃあ、受容理論である社会契約論的ルール・モデル論は真っ赤な嘘だったのでしょうか。第二次的ルールに関しては、ルール性、すなわち規範性は官吏の世界にしか必要ないし、第一次的ルールに関しても、服従してさえいればよい、というわけですからね。
　ハートは、今引用した箇所の直後にこんなことも言っています。

　「**極端な場合、内的視点は、法的言語のその特徴的な規範的使用（『これは妥当するルールである』）とともに、官吏の世界に限定されるかもしれない**」（ibid.: 114）。

　なんだ、そういうことだったのか。それでは、あの**表1**の四次元マトリックスはまったくのお門違いだった、ということになりますね。つまり、法システムは、仮にそれが第一次的ルールと第二次的ルールのコンビネーションだとしても、ルールの内的側面と外的側面という二分法ではどうしても割り

切ることができず、余りが出てしまう、ということですね。ということは、受容基準は有効ではなかったわけですから、彼は、それをはっきり捨て、その代わりに、余りのほうをこそ前面に、つまり、言明主体が機関であるか否かという基準——〈機関性〉基準とでも言うべきもので、ケルゼンの純粋法学における動態理論的視座のようなものです——を前面に持ち出すべきだった、と私は思っています。しかし彼は、どんな理由からかは分かりませんが、そのようには思いきれなかったのですね。

5．ルール懐疑主義への接近

　実は彼は、アメリカン・リアリズムのルール懐疑主義に対する批判をしているところでも、同様のはっきりしない態度で、この〈機関性〉基準を持ち込んでいるのです。もちろん最初は、次のように、ルール懐疑主義の〈機関性〉基準に対して批判的なことを述べています。

　　ルール懐疑主義は、「いかなる制定法も、それが実際に裁判所によって適用されるまでは、法ではないと考えている」が故に、「法は裁判所の判決とその予測だけからなっている、という真実を覆い隠しながらルールについて語る主張は、神話である」と断ずるが、これは、「第一次的ルールと第二次的ルールの両方を含むような不適当な一般的な言い方をしている」ために、「全く支離滅裂」なのである。「裁判所の判決があると主張することと、そもそもルールなど存在しないとすることとは矛盾なく結び付くことはできない。」というのも、「裁判所の存在は第二次的ルールの存在を必要とする」し、「判事は、そのように判決する際に強制の感情（feelings of compulsion）を経験するだろう」し、「我々は、もし自分の行動が問題とされたならば、ルールに言及することによって正当化しようと思う」からである。確かにゲームで言えば、「スコアラーがそうだと言うものがスコアだ」ということになるが、それ「以外にスコアに関するルールがま

ったくない、という意味だとすると、それは間違い」であって、「スコアラーがそうだと言うものがスコアだ」というのは、スコアリング・ルールなのではなく、「スコアラーによるスコアリング・ルールの適用の権威と最終性を認めるルール」なのである（ibid.：64、133、135、136、138-140）。

　要するに、リアリストのようなルール懐疑主義は、第二次的ルールであるところの、スコアラーの権威と最終性を認めるルールを、間違って、第一次的ルールであるスコアリング・ルールと同じ平面に置いて、矛盾だとしてしまったために犯された過ちだ、ということなのでしょう。それはそれで分かります。ところが彼は、意外にも、その過ったルール懐疑主義を全面的に退けてしまおうと考えているわけではないのです。彼は、ルール懐疑主義とその対極にあるとされる「形式主義 (formalism)」との間にこそ「真理 (truth)」がある、と言うのです（ibid.：144）。

　彼によれば、形式主義の方は形式主義で、「裁判所が踏むすべてのステップは、そうする権威を前もって与える何らかの一般的ルールによってカヴァーされて」いると考えてしまう「誤謬 (error)」を犯しているのであって、「裁判所は、最も根本的な憲法的ルールに関する、事前には予想しえない問題を解決するとき、その問題が起こり、裁決がなされた後に、それを裁決する権威を受け取る、ということが真理なのかもしれない」そうです。つまり、「権力は、成功から、過去に遡って (ex post facto) 権威を獲得するのである」、と考えることが正しい、というわけです（ibid.：149、150）。

　しかし、この事後的権威獲得論とも言うべき主張とリアリストのルール懐疑主義との間にはどれほどの隔たりがあるのでしょうか。裁決する権威を事後に受け取る、ということは、結局は「スコアラーがそうだと言うものがスコアだ」と言っているのと同じことになりますよね。だからなのでしょうが、ハートは、イギリスの裁判所による先例拘束に関するルールの「巧妙な取り扱い (manipulation)」に関して、「裁定 (ruling) がなされたのである。今やそれは法として従われる。……これらの非常に根本的な事柄の周縁部においては、ルール懐疑主義者を歓迎すべきである。もっとも、歓迎されるの

は周縁部においてである、ということをルール懐疑主義者が忘れないかぎりでのことだが」(ibid.：150；強調—引用者)、と認めざるをえなかったのです。何とも歯切れの悪い言い方ですが。

ともかく、彼の『法の概念』は、最初、他の法実証主義者たちの学説を批判的に追い、それらを誤謬の歴史として総括した上で、Fresh Start と称して、「受容」をキーワードとしたルール・モデル論を展開したのですが、どうやらもう一度 Fresh Start をしなければならないようですね。

6．ルールの Open Texture 理論

彼は、以上のように、自分の理論の根幹に位置する受容理論を切り崩してでも、形式主義とルール懐疑主義の間に真理あり、としました。その折衷的な考え方が法解釈という実践の場面で明瞭にあらわれているのが、有名な〈ルールの open texture 理論〉です。

これから、それがどのようなものかを見ていきますが、彼の考え方を把握するためにまず、彼が、一方の極にある「形式主義」をどのようなものと捉えているのか、を確認しておかなければなりません。先ほど少し言及しましたが、結論的に言えば、彼がこの名称で意味しているものはいわゆる概念法学のことだと思います。つまりこれは、英米圏で法実証主義とされている第四の tenet のことですね（本書126-127頁参照）。

この点は、彼がすでに、「形式主義ないし概念主義として法理論に知られている……邪悪性（vice）」(ibid.：126) といった表現をしていることでも容易に推測できることですが、その定義と批判の中でしっかりと確認できます。では、その定義はと言いますと、こうです。

形式主義とは「ひとたび一般的ルールが定められたならば、そのような選択——これは、我々が最もよく満足するやり方で行う、競合する諸利益

のいずれかからの選択のことです——の要求を変装 (disguise) しようとし、かつ極小化しようともするところの、言葉で定式化されたルールに対する態度」であって、具体的には、「ルールの意味を凍結 (freeze) して、その中の一般的な用語が、そのルールの適用が問題となるすべてのケースにおいて同じ意味を必ず持つように」し、「そのルールをこのやり方で適用することの社会的帰結が何であろうと」適用するというやり方である。

そして、その「完成形 (consummation)」が「法学者の『概念天国 (heaven of concepts)』」であって、このやり方では、「合理的な社会的目的を実現するためには排除したいと思うようなケースをルールの範囲に入れ」てしまうよう強いられるので、「ルールを持ったり維持したりする我々の目的に敵対することになるだろう」(ibid.: 126-127)。

この後半部分が、形式主義に対する彼の批判の要点です。その趣旨がいわゆる概念法学批判であることは誰の目にも明らかですね。しかし、すでに指摘しておきましたが、これは法実証主義批判ではありません。概念法学と法実証主義は別物なのです。

実は、彼が形式主義を批判する点がもう一つあります。それは、裁判所の踏むべきすべてのステップが、そうする権威を前もって与える一般的ルールによってカヴァーされている、とする点です。しかし、この点は、先ほど (本書141頁) 触れましたので、もう繰り返さなくていいでしょう。

では、法解釈の場面で、この形式主義とルール懐疑主義の間にある真理とはどのようなものだとしているのか、と言いますと、それはルールを「open texture」と見ることなのです。

ところで、この「open texture」という言葉ですが、多くの場合、「開かれた構造」などと訳されています。しかし私は、この訳語ではその意味が伝わりにくいと感じています。「texture」というのは本来「織物」のことですから、それに合わせるには、「open」も、「開かれた」ではなく、「目の粗い」という意味に取った方がふさわしいわけで、「open texture」は「目の粗い織物」ということになります。ルールというものは、目がそれほど詰ま

っていない織物みたいなものだ、ということなんじゃないかと思います。『魏書』に「天網恢々粗にして漏らさず」という有名な言葉がありますが、そんな天網のイメージですね。これの方がずっと分かりやすいでしょう。ただ、この天網の粗さは、どうしても避けられないものと、わざとそのようにしているものとの両方があるようです。彼は、それをこんなふうに説明しています。少々長いですが、彼の理論の中で最も法実証主義的と言っていい部分ですので、詳しく引用します。

　制定法にせよ、先例にせよ、その適用が問題になると、それらが「不確定的（indeterminate）」であることが明らかになる。その不確定性こそが「open texture」であり、これは、神ならぬ「人間の言語の一般的特徴」であり、「事実に対する相対的無知」、「目的の相対的不確定性」というハンディキャップに基づく結果でもある（ibid.：124-125）。つまり、法的ルールは、「明白な意味の中核部分（central core）」と「裁判官が選択肢の中から選択しなければならない不確実性の周縁部分（penumbra of uncertainty）」をもっている（ibid.：12）。――このことを私は〈非意図的不確定性〉と呼んでおきます。――
　また、人間には将来を予想して手を打っておく能力――完全な能力という意味ですが――はないので、法システムは、次の二つのテクニックによって、その無能力に対処している。――このことを私は〈意図的不確定性〉と呼んでおきます。――第一のテクニックは、「非常に一般的な基準」を設定しておいて、後は「行政的な、ルール創設機関（rule-making body）」に「自由裁量」を授権する、というものである。第二のテクニックは、例えば、過失の場合の「適正な注意」という基準の使用のように、「何が合理的かについての普通の判断」に委ねる、というものである（ibid.：127-129）。
　だから、法の open texture が意味しているのは、裁判所等がケースごとに重さの異なる対立利益を調整しつつ明らかにしていくべき多くのことが残されねばならない行為の領域がある、ということ――要するにこれは、

自由裁量の領域が残っている、ということだと思います——である。つまり、裁判所はルールの周縁部では「ルール創出的機能（a rule-producing function）」を果たす、ということなのである（ibid.：132）。

このようなハートの法理解は、特段問題のない常識的なもの、普遍的なものであると言ってよいでしょう。そして、この open texture 理論は法実証主義的であると言っても構わないように思います。しかし、ロナルド・ドゥオーキン（Ronald Dworkin：1931-2013）は、これをもって、法実証主義は、難解な事例や法の欠缺の事例において裁判官は、「法的権威の定めた規準に拘束されないという意味で裁量をもつ、と主張」し、裁判官に「新たな一個の立法行為のごときもの」を認めてしまったのだ、と批判していますが（ドゥオーキン 1986：14-15、31）、これは誤解ですね。ハートや法実証主義の理論が裁判官に自由裁量を授権しているのではなくて、法システム自体がそう授権している、ということをハートや法実証主義者が述べているだけですから。ちなみに、ドゥオーキンはそのような場合でも裁判官は「原理（principle）」に拘束されている、と考えているのです（前掲：33、36参照）。

7．法と道徳の関係

1）法と道徳の部分的重複

さて次に、法と道徳の関係について、ハートがどんなことを主張しているのか、を見てみますが、open texture 論と違って、その主張が、一般に考えられているように法実証主義的なものであるかは大問題なのです。

ハートは、法実証主義の tenets の一つとして、〈法と道徳との間の必然的な関係の否認〉を挙げていましたね。そして、後で詳しく触れますが、ナチスの時代の法に関して、自然法論者ロン・L. フラーとの間で交わされた論争の中で、法の妥当性の問題とその道徳的評価の問題とを区別するべきことを主張したことは有名です。また、その論争の前に紹介しますが、不道徳行

為の法的規制に関するパトリック・デヴリン（Patrick Devlin：1905-1992）判事との論争の中では、法による道徳の強制は許されない、と主張しました。そんなわけですから、ハートは、法と道徳の分離を説いた法実証主義者と簡単に捉えられることが多いのですが、ことはそれほど単純ではない、というのが私の見方です。

このトピックに関する彼の主張を一言で言ってしまえば、こうなると思います。〈法は、法的に強制することが《法の道徳性》という観点から正当化できる場合には、一定の道徳律をその中に取り込まねばならないが、逆に、正当化できない道徳は、取り込んではならない〉ということです。

ところで、ここで急いで断っておかなければなりませんが、《法の道徳性》という概念は、私の勝手なネーミングで、ハートの概念ではありません。つまり、この問題に関する彼の主張は、決して彼の定義で言うところの法実証主義のごとく、法と道徳の間には必然的関係はない、というものではないのです。では、この、彼が法実証主義者だったら、そんな馬鹿な、と言われかねない結論をこれから詳しく説明していきましょう。

ハートは、意外なことに、「すべての社会において、法的責務と道徳的責務の間には、内容上、部分的な重複（overlap）がある」、と述べているのです（Hart 1961：166）。もっとも、これは、法と道徳の関係に関する事実認識であって、一定の限度のもとで——つまり、民族とか時代だとかの一定のくくりの中で——ではありますが、まあ、誰もがおおむね承認することだと思います。しかし、彼もそのことを認めているとすると、彼が挙げる法実証主義の第二の tenet、法と道徳の必然的関係の否認との関係はどうなるのか、つまり、彼もその tenet を主張しているのかどうか、という点が大いに疑問となりますよね。

彼は、今引用したところの少し前にこんなことを言っているのですが、これもそのことを疑わせます。こうです。「ある社会集団に共有され、受容された道徳における基本的な要素は、……われわれが責務の第一次的ルールと呼んだ種類のルールからなっている」（ibid.：165；強調—引用者）。この点は

前にも触れているのですが、この言い方から判断しても、彼のルール・システム論が、内容的のみならず、形態的にも、法と道徳の重複だったことが明らかになります。つまり、第一次的ルールと第二次的ルールのコンビネーションというのは、実は、基本的道徳律と法的ルールのコンビネーションのことだったわけです。

2）自然法の最小限の内容

　法と道徳の間には、内容的な次元で、必然的な関係でなく偶然的な重複関係がある、と言っているだけなら問題はありません。誰だってそれは認めるでしょう。しかし、ハートは「すべての社会において」と明言しているのですから、その重複関係を偶然的なものとは考えていなかったと思われます。つまり、彼は本当は内容的な次元で必然的な関係があると考えているのだ、と言っていいのではないかと思います。というのも、彼はこんなことも言っているからなのです。すなわち、

　　いかなる社会組織であれ、それが存続しうるものであるべきなら、持っていなければならない一定の行為のルール」があって、それらが「すべての社会の法と習律的な道徳における共通の要素」を成しており、「生き残ること（survival）がひとつの目的だとするならば、法と道徳はある特殊な内容〔この行為のルールのことです〕を含んでいなければならない」（ibid.：188, 189）。

こんな具合です。まさしく必然的関係ですよね。
　そして、このような共通のルールのことを彼は、あろうことか「自然法の最小限の内容」と呼んでいるのです。該当部分を引用します。

　　「人間、その自然的環境、そして目的に関する基本的な真理に基礎を置いているところの、普遍的に承認されたそのような行為原理は、自然法の最小限の内容（the minimum content of Natural Law）と考えられるかもしれない。それは、その名称の下でしばしば提供されてきた、より大げさでより

疑わしい諸解釈（constructions）と対比してのことだが。」(ibid.：189；強調 ―引用者)

　伝統的な自然法論とは一線を画すものとはしていますが、法実証主義者とされているはずの学者がこのような主張をしているのです。本当は驚くべきことのはずですが、どうもそれほど問題にされていません。とても不思議な現象です。彼は、法実証主義の tenet として五つを挙げていましたが、その中に、自然法を法学の対象として認めない〈実定法一元論〉ないし〈反自然法論〉を加えていませんでしたよね。それは、自分自身がこういう主張をするからだったかもしれません。つまり、自然法の存在を認める法実証主義の可能性を残しておこうとしたのかもしれませんが、本当のところはよく分かりません。

　では、その「自然法の最小限の内容」という表題の下で彼がどのようなことを論じているのか、詳しく見てみましょう。

　彼はまず、法と道徳がどうして共にこの「自然法の最小限の内容」を含まなければならないのか、を論じ、「理由」として次の5つの「公理（truisms）」を挙げます（ibid.：190-193）。そして、その後、それらは「自然法論において道理にかなっているところの核心（the core of good sense in the doctrine of Natural Law）を明らかにする」、とはっきり述べています（ibid.：194）。くどいようですが、これはどこからどう見ても自然法論擁護論であって、法実証主義の主張ではないですよね。

　さて、彼が挙げる第一の「公理」ですが、それは「人間の傷つきやすさ（vulnerability）」です。人間は他人に身体的攻撃を加えてしまうこともあり、加えられると通常傷つきやすい、ということです。第二は人間の「おおよその平等性」です。どんな個人も、協力なしに、他人を長期間支配し続けられるほど強力ではない、ということです。第三は「限られた利他主義」です。人間は悪魔ではないが天使でもなく、その中間だということです。第四は「限られた資源」で、衣食住の資源は無尽蔵ではないということです。そして最後の第五は「人間の限られた理解力と意志の強さ」です。人間の中に

は、目先の利益にとらわれ、長期的な利益展望や意志の強さを持てない輩がいるものだ、ということです。

　そして、彼はこれらの「公理」から「自然法の最小限の内容」を導きます。対応関係があまり明確でないところもあるのですが、だいたい次のとおりです。

　その内容の大半は「禁令（prohibition）」という形態をとる「自制（forbearance）」を内容とする、としています。このことは、第一から第三の公理から導かれるようです。だから、「殺人、身体傷害のための暴力行使」に関する禁令が、そのうち最も重要なものだとされるのです。次は第四の理由から導かれるもので、静的なものとしては「財産制度の最小限の形態と、その尊重を要求する特別な種類のルール」が、動的なものとしては、「債権債務関係」を創出したり変更したりするルールが挙げられています。物権法と債権法のことでしょう。そして最後は、第五の理由から導かれるもので、自発的に相互的な自制のシステムに従おうとする者が、従おうとしない連中の犠牲にされないようにするための「保証（guarantee）」として、「制裁」を規定することです。

　そして彼は、特にこの制裁の規定が国内法にあっては「自然的必然（natural necessity）」である、ということなどをもって、「我々は、『法はいかなる内容も持ちうる』という実証主義的テーゼ（positivist thesis）に応答すべきである」とまとめているのです（ibid.：195）。これはもう、はっきりと反法実証主義的な発言だと言わざるをえないと思いますが、どうですか。このようなことを明言しているハートがどうして法実証主義者だと言われ続けてきたのでしょうか。不思議でなりません。

　ここで道徳律の内容との関係で特に問題となるのは「殺人、身体傷害のための暴力行使」に関する禁令です。その禁令の内容は、彼自身も示唆しているように、モーセの十戒あたりがモデルになっているところの実定道徳ですね。つまり、彼は、法はそれらの禁止ルールを道徳と共有しなければならない、と考えているのです。ということは、もし彼が法実証主義者だとします

と、自分自身で法実証主義の tenet を破っていることになるわけです。したがって彼は、法実証主義のように、法と道徳の間に部分的に重複が〈ある〉、と単に認識しているかのように見えますが、実は、両者は部分的に重複〈しなければならない〉、と主張していたと理解するほかないわけです。

その裏付けになるようなことを彼は言っています。例えば、「法体系の安定性は、部分的には、……道徳との一致に依存している、ということを否定できた『実証主義者』はいなかった」(ibid.：222) とか、「判決を容認可能なものにするのに、『道徳的』と呼んでよい……要素が重要であることを否定する者はほとんどいないだろう」(ibid.：223) とかです。言うまでもありませんが、法実証主義はこのような主張にコミットしません。法実証主義は、法と道徳の内容が一致していたとしても、それは偶然的なものにすぎない、と捉えているからです。

8．ハート・デヴリン論争

ところで、彼のこの主張は、他方で、〈法と道徳には重複してはならない部分がある〉という主張と結びついています。そのことを示すのが、1960年代前半、同性愛や売春の禁止を巡って行なわれた、デヴリン判事との論争における彼の主張です。

この論争の発端となったものには二つあって、第一は、1957年に発表された「同性愛と売春に関するイギリス刑法改正諮問委員会」(J. Wolfenden 委員長) の報告で、第二は、1961年にイギリスの最高法院が下した「ショウ事件 (Show v. Director of Public Prosecutions) 判決」です。

まず、第一の報告は、委員長の名をとって Wolfenden 報告と呼ぶことが多いのですが、その要旨は次の通りです。すなわち、同性愛などの行為は、「私的道徳と私的不道徳の領域 (a realm of private morality and immorality)」に属し、それらが「合意した成人の間で非公然に (between consenting adults in private)」行なわれる限り、「法が干渉すべきものではない」。刑法の機能

は、「公の秩序と品位を守り、市民を不快なものや有害なものから保護」することなどである（Wolfenden 1957：24-25、9）、というものです。ショウ事件判決のほうは、それとは逆に、「裁判所は、国民の道徳の守護者（custos morum）であり、良き道徳に反する（contra bonos mores）犯罪に関する取締権（superintendency）を持っている」のであって、「コモン・ローに代わる制定法がまだ介在していなかったとしても、公共の福祉を害するそれらの犯罪を取り締まるところの、除去できない権限」を持っているとした（House of Lords：1961：16、5）、ある意味、罪刑法定主義と真っ向から対立する判決です。

デヴリン判事は、多分にキリスト者としての立場からですが、Wolfenden報告に反対し、ショウ事件判決に賛成する論陣を張りました。その主張──ショウ事件判決の方は省略します──を要約するとこうなります。あらゆる社会の構造は「政治と道徳」の両方からなっていて、その政治や道徳などについての「共有された観念がなければ、いかなる社会も存在しえない」。その共有された道徳は「公共道徳（public morality）」または「共通道徳（common morality）」と言うべきものであって、Wolfenden報告は、「同性愛と売春を非難するこの公共道徳が存在していることに特段の注意も払わず」、過って「私的道徳」の問題にしてしまった。そして、「不道徳」というのは、「リーズナブルな人（reasonable man）」すなわち「心の正しい人（right-minded person）なら誰であれ、不道徳であると考えると推測しうること」であり、同性愛などに関しては「一般的な嫌悪感（a general abhorrence）」があると言える。このようなものに対する「不寛容、憤慨、不快感（disgust）」は「道徳的な法の背後にある力」なのであって、「悪徳の抑圧（the suppression of vice）は、破壊活動（subversive activities）の抑圧と同様に、法の任務（the law's business）である」、とまあ、こんなことを言いました（Devlin 1970：8-10、13-15、17）。

それに対して、ハートは、Wolfenden報告に賛成し、ショウ事件判決に反対する論陣を張りました。その主張──ここでもショウ事件判決の方は省略します──は、おおよそ次のとおりです。

デヴリン判事によれば、法が関わる道徳的判断は、その判断がたいていの場合は「感情 (feeling) の問題」と言えるところの「リーズナブルな人」を基準にして確定すべきで、「個人から選択の自由を奪う」には、その背後に「不寛容、憤慨、不快感」がなければならない、ということになるが、「二人の成人が非公然に行う同性愛行為」を「反逆や治安妨害 (treason or sedition) と似たものと考えるのは馬鹿げたことである」。そして、彼に対しては、「道徳よ、どれほどの犯罪が汝の名において犯されうることか！」と言わねばならない (Hart 1959a：162-163)。
　問題は、「道徳 (morality) の強制が道徳的に (morally) 正当化されるかどうか」である。だから、二つの道徳が問題となる。その強制が問題となる方の道徳は「実定道徳 (positive morality)」と言い、それは「所与の社会団体によって実際に受容されて共有されている道徳」である。そして、その正当化に関わるほうの道徳を「批判道徳 (critical morality)」と言い、それは「実定道徳を含む実際の社会制度の批判の中で用いられる一般的な道徳的諸原理」のことである。つまり、「われわれの問題は、実定道徳の法的強制に関する批判道徳の問題」、つまり、実定道徳を法によって強制することの「正当化の問題」なのである。正しい批判道徳は、売春自体を、公然と行われないかぎり非合法とせず、成人間の非公然な同性愛の規制も緩めるべしとしたWolfenden報告、および、それが依拠しているところのミルの原理なのであって、デヴリン判事のような「リーガル・モラリズム (legal moralism)」は排されねばならない (Hart 1963：17、20、14、6)。

　少し長くなりましたが、これでもかなり要約しています。
　さて、この中で言及されている「ミルの原理」について簡単に触れておきましょう。これは、功利主義哲学者ベンサムの弟子であるJ. S. ミル (John Stuart Mill：1806-1873) が、その『自由論 (*On liberty*)』(1859年) の中で表明しているいわゆる「危害原理 (harm principle)」のことです。ミルはそこでこんなふうに述べています。「人類が、個人的にまたは集団的に、だれかの自由に正当に干渉しうる唯一の目的は、自己防衛 (self-protection) …

〔であって、－引用者〕…文明社会の成員に対し、彼の意志に反して正当に権力を行使しうる唯一の目的は、他人に対する危害の防止（to prevent harm to others）である」（ミル 1979：224）。これが「危害原理」と呼び習わされてきた考え方です。Wolfenden 報告が、全面的にこの考え方に依拠していることは明らかですね。

ところで、ハートの主張の中で特に注意してほしいのは、彼が用いた二つの道徳概念です。どちらも morality という同じ言葉ですが、彼がそれを二つの意味で使い分けている、ということ、そしてとりわけ、法の謙抑性とも言うべき内容をもつ「批判道徳」という概念を使っていることです。普通、私たちが法と道徳との違いを論ずるときに例に挙げられる道徳は、汝殺すなかれ、盗むなかれといった、彼の言う「実定道徳」を指していますよね。しかし、この「批判道徳」は明らかにこれとは違う意味です。実定法に対する批判原理、実定法の道徳性とも特徴づけられるもので、それは、実定法や「実定道徳」より上のレベルと言いますかメタのレベルに位置していて、その両者の関係を律するものとして観念されています。私たちは、ハートがそのような「批判道徳」のレベルに依拠して、同じレベルにあるデヴリン判事のリーガル・モラリズムを批判していることに注意しなければなりません。

つまり、ハートは実定法超越的な価値基準にこの問題における判断の根拠を置いているのです。このような考え方は、誰が何と言おうと、法実証主義のものではありませんよね。言うまでもなく自然法論のものです。先ほど紹介した「自然法の最小限の内容」の中の第一のものも、このミル的な批判道徳の観点から正当化されるものであることは明らかでしょう。まさしくそれは、「他人に対する危害の防止」に関係しているからです。

だから彼は、そもそも、法実証主義者として、法と道徳との違いを認識しているのでも、単純に法と道徳の分離を主張しているのでもないのです。彼は、法は道徳とともに、自然法の最小限の内容を自分の中に取り込まなければならないが、その一方で、――ミルの「危害原理」に基づいてですが――成人間の合意によって非公然になされる同性愛や売春などまで禁止するというかたちで「私的道徳」をその中に取り込んではならないと、ちょうどベン

サムのCensor（第4講201-204頁参照）のように、立法の在るべき姿を説いているのです。これは紛う方なく自然法論です。

9．ハート・フラー論争

ところが、このような彼の批判道徳を、立法者が無視した場合、たとえば、取り込むべき実定道徳を取り込まなかったり、取り込んではならない私的道徳を取り込んだり、あるいは、実定道徳に反する行為を国民に要求したりする場合、彼はどうするのでしょうか。こういうことは決してありえないことではありませんよね。立法や司法に対して、こうあるべきだと提案している以上、その提案に反する事態が生じたとき、提案者はその事態につき、何らかの対応策を示さなければならないのが当然です。

その問題に対する彼の考え方を示しているのが、有名な「ハート・フラー論争」における彼の議論なのです。

1）発端：ラートブルフの発言

ドイツの法哲学者で、ワイマール共和国の司法大臣も勤めた（1921-1923）ことのあるG. ラートブルフは、第二次世界大戦直後の1946年に、ナチスの暴政に対する評価を契機にして「法実証主義」を批判しました。その発言がこの論争の発端となったのです。ですので、まずこのラートブルフの発言を見てみましょう。彼はこう言いました。すなわち、

> ナチスは「『法律は法律だ（Gesetz ist Gesetz)』という原則」を用いて、「法曹というナチスの従者を手もとにつなぎとめておくことができた。」この原則は「何十年もの間ほとんど反対もされずにドイツの法律家たちを支配した法実証主義の思想の表現（der Ausdruck des positivistischen Rechtsdenkens）である。」「実証主義は『法律は法律だ』というその確信によって、ドイツの法曹階級から、恣意的かつ犯罪的な内容をもった法律に対して抵

抗する力を奪い去ってきた。」(ラートブルフ 1961b：251、259)

　急いで断っておきますが、私は、ここで述べられていることは正しい意味での法実証主義批判ではなくて、戦前、戦中におけるラートブルフ自身の法哲学的立場、すなわち、彼の挙げる三つの法の理念のうち、「正義」と「合目的性」より「法的安定性」に最優先権を与える立場、すなわち、裁判官に法律への盲従を命ずる立場に対する黙示的で歪められた自己批判に他ならなかった、というふうに考えています。同じ理由から、これをラートブルフの「転向」と呼ぶ人たちもいますが、ともかく、そういう批判に対し、ハートは、10年くらい経ってからですが、ハーヴァード・ロー・レヴュー誌上で、法実証主義の擁護という、当時においては、すぐさまナチス擁護と同一視される惧れのあった立場からラートブルフ批判の筆を執りました(「法実証主義および法と道徳の分離」1958年)。そして、その批判の基調をなしたのが、〈法と道徳の区別〉＝〈在る法と在るべき法との区別〉の強調でした。

　しかし、子細はどうあれ、ナチスの行った暴虐行為に対する全面的な否定とか非難とか、その忌まわしい犯罪と自己とを切断するために異常なほどの熱気と執拗さをもって行なわれた下手人探しとか、こういった国内的、国際的な世論の渦巻く中、ナチ時代に公職追放されていた高名な法哲学者ラートブルフが、いち早く、その暴虐に関する法学分野での下手人——正しくは従犯ですかね——の一人として法実証主義の名を挙げてしまった以上、それは違うのだ、冤罪だ、と主張することには相当の勇気が必要であったということは想像に難くありません。そのため、ハートの筆致は少々遠慮がちであり、国際世論を配慮しての勇み足もあったように見受けられます。

　さらに大きな問題は、ラートブルフの戦後の発言を、そのまま法実証主義に対する批判——あるいは、もともと法実証主義者だったラートブルフの自己批判——と誤解してしまったために、誤った前提の下で法実証主義の是非を問う風潮が法学界に産まれてしまったことです。法学史的に言って重大で深刻な過ちです。

　それはともかく、法実証主義を弁護するこのハートの主張に対しては、同

じハーヴァード・ロー・レヴュー誌上で、アメリカの法哲学者ロン・L. フラーが、自然法論的立場からハート批判——つまり、ラートブルフ擁護——を行ないました（「実証主義と法への忠誠」1958年）。そして、それが「ハート・フラー論争」となっていくのですが、そこでの中心的な論点が、法の妥当性を承認することと、その法への服従義務を承認することとの関係や如何、というものだったのです。

2）ハートによる批判

では、ハートはラートブルフの「法実証主義」批判をどのように捉え、反論していたのか、これを三点に整理した上で、順に見ていきましょう。

① **妥当性と服従義務**　彼は、「『転向』以前」のラートブルフは、J. オースチン同様、「法の妥当性は、その諸要求が道徳的に悪（evil）であること……を示しても反証されえないとしていた」、と捉えていました（Hart 1958a：616）。つまり、ラートブルフはもともと法律学的妥当性論の立場に立っていた、という理解ですね。それは、ラートブルフが、ナチスの全権掌握の前年にあたる1932年に出版された『法哲学』において、「不正なる法にはただそれだけの理由でその効力をも否定し、正当なる法にはただそれだけの理由で効力を認め」るのは「自然法の謬説」である、と述べていたからです（ラートブルフ 1961a：221）。だから、これだけ引用しますと、このラートブルフの考えは、確かに法実証主義の一学説である法律学的妥当性論のように見えますね。

しかし、この部分だけで判断してはいけないのです。ラートブルフの場合、法の妥当性の承認は、すなわち、一般人や裁判官の服従義務の承認であった、ということを見逃してはならないのです。そのような承認は法律学的妥当性論というか法実証主義の立場からのものではないのですが、ハートはそうは思っていなかったようですね。しかし、ラートブルフはこう言っていたのです。

「裁判官にとっては、……自己の法感情を権威的な法命令の犠牲とし、何が法にかなうかということだけを問題とするべきで、決してそれがまた正義にもかなうか否かを問題にしないことがその職業的義務である。……内容的にいかに不正義な法が作られるにせよ、……裁判官は、正義を顧慮することなく法規に奉仕する……。裁判官が正義の僕であることを止めるときでも、なおつねに彼は法的安定性の僕ではあるのである。……法にかなう裁判官はそれによってこそ、またただそれだけですでに正義にかなう裁判官である」（ラートブルフ前掲：224-225）。

　どうですか。耳を疑ったんじゃありませんか。戦後になって法実証主義をあのように口を極めて断罪した人が、実は戦前、こんなことを言っていたのですから、驚きますよね。これは、とにかく裁判官は四の五の言わずに法規の言うとおりにしろ、法的安定性の僕でいろ、という主張ですよね。つまり、ラートブルフの頭の中では、法的安定性がそれ自体で正義に勝る価値であり、法に従っていること自体が価値である、という判断が基礎にあったわけです。しかし彼は、戦争中のどこかで、この判断がそのままでは維持できないと思ったのです。もちろんナチスの暴政を目の当たりにしたからです。それも、ただそれを第三者的に目撃しただけでなく、自分自身もそのナチスによって公職追放され、いわば自宅軟禁を命じられたからです。

　だから、「転向」したというのはあながち間違いではないのです。ただ、法実証主義から自然法論への転向ではありませんよ。戦前の彼の判断は、単に表面的に法律学的妥当性論のような形式をとっていたにすぎません。言うまでもなく、この判断は法実証主義のものではありません。法に従っていれば正義にかなうのだ、などということを法実証主義が主張するわけがありません。それにもかかわらず、ラートブルフにおける、妥当性承認と服従義務承認のこの等置を、法実証主義のものと勘違いしてしまったところに実に不幸なボタンの掛け違いがあったのです。

　ここでひとつ、注意しておかないといけないことがあります。彼が裁判官に、自分の法感情など捨てろ、などと言ったのは、もちろん、ナチスが翌年

全権掌握することを見越して、そのナチス政権下で職務を行うことになるはずの彼らに前もって警告を発しておこうと考えたからではない、ということです。彼は、あくまでも当時のワイマール共和国の法を適用する裁判官に、その共和国の元司法大臣として、つまり政権側の人間として言っているのです。この点を確認しておくことは大事だと思います。

②「法律は法律だ」のスローガン　ラートブルフは戦後、法律学的妥当性論から哲学的妥当性論に、つまり、法実証主義から自然法論に「転向」したのだ、とハートは捉えているのですが、そう捉えた上で、その「転向」後のラートブルフの法実証主義批判、法律学的妥当性論批判には「極端な素朴さ（an extraordinary naïveté）」がある、と言いました（Hart 1958a：617）。その法実証主義批判と言いますのは、この節の最初のところ（154-155頁）で引用しましたが、法実証主義は「法律は法律だ」という確信によって、ドイツの法曹からナチスの法に対する抵抗力を奪った、というものです。そして、法律学的妥当性論批判と言いますのは、その前の1945年に発表された「5分間の法哲学」において述べられたものです。それは、彼が戦前「自然法の謬説」と批判していた立場への転向のように見える次の一文です。つまり、「もし法律が正義への意思を意識的に否定し……たりするならば、その法律は通用せず、国民はその法律に対して全く服従の義務を負わないのであって、法律家もまたその法律の法としての性格を否認する勇気（den Mut）を見出すべきである」（ラートブルフ　1961c：226-227）というものです。

　法的安定性の僕たれ、という戦前の発言とまったく正反対ですね。そんな「勇気」は持ってはならないと言っていた学者は私でした、たとえ他にも同じことを言った学者がいたとしても、少なくとも私はそう言いました、しかし、それは間違いでした、申し訳ありませんでした、という反省の一言くらいあってもしかるべきなのに、それもないまま、よくこのようなことを言えたものだ、と学生だった私は思ったものです。しかし、それはともかく、これらのラートブルフの発言に対して、ハートはこう批判しました。

問題なのは、「『法律は法律だ』というスローガンと、法と道徳の区別が、どうしてドイツで気違いじみた性格（a sinister character）を獲得したのか」、という点にあるのであって（Hart 1958a：618）、たとえば、「法の存在と、そのメリット、デメリットは別物である」（J. オースチン）とか、「法規範はいかなる種類の内容ももちうる」（H. ケルゼン）といった「法実証主義の偉大なスローガン」は、「道徳的には邪悪（iniquitous）ではあるが適切な（proper）形式で制定された特別の法」に関する「理論的かつ道徳的な論点の定式化」としては「正直（honesty）」である（Hart 1961：203）。

法の存在の承認、これは法の妥当性の承認と同じことですが、その承認と、その法が道徳に合致しているとの評価、これはその法に遵う義務の承認を意味しますが、この承認との間には何ら関係がない、ということを確認している点で、このハートの議論は法実証主義的な議論として問題はないのですが、ラートブルフが言い出したスローガンを無批判に法実証主義のものとして受け入れてしまい、それをもとにして議論をしている点には見逃せない問題があります。というのも、このスローガンは、ハートの考えているような価値中立的なもの、つまり法実証主義の法律学的妥当性論を表現したものではなく、「四の五の言うな！　法律なんだから従え！」という意味が込められています。柔らかく言っても、それは遵法義務の確認・強調のスローガンです。だから、なのですが、法実証主義は〈法律は法律だ〉なんて決して言いません。①のところ（前出157頁）で確認しましたように、そのようなことを言っていたのは他ならぬラートブルフだったじゃないですか。裁判官に法的安定性の僕になれ、と命じていたのですから。何度も言いますが、法実証主義はそんなことは言いませんよ。

ちょっとこんがらがってきたかもしれませんので、整理しますね。

私の理解では、ラートブルフは戦前、自分自身が、遵法義務の確認、強調という意味で、「法律は法律だ」というスローガンに要約できるようなこと

を主張していたのですが、戦後になって、それを法実証主義——と言うか、その立場から唱えられる法律学的妥当性論——がその根底に持っているスローガンだということにして、それがナチの暴虐を許してしまったのだ、と非難して、その克服を声高に叫んだのです。要するに責任転嫁したのです。

ところが、相手のこの偽りの議論の土俵に引き込まれてしまったためか、ハートは、次の③で示すように、ナチスの法律に対する遵法問題の中に足を踏み入れてしまったのです。あらかじめ断っておきますが、この遵法義務は、道徳的な義務、ないしは政治的義務です。少なくとも法的義務ではありません。もし法的義務だとすると、法を守れ、という法がある、という変なことになってしまいますからね。

③ ナチス法批判　　ところで、ラートブルフは、法実証主義を批判するだけでなく、言うまでもなく、ナチスの法それ自体に対しても厳しい批判をしています。その批判の理由はこうです。

　　ナチスの法においては、「正義の追求がいささかもなされな」かったが故に、その「全部分は、とうてい妥当する法としての品位（Würde）をもつものではなかった。」……「ナチスのいわゆる『法』なるもの」は、「等しいものは等しく扱うという正義の本質を規定する要求を拒もうと意図していた」が故に、「法としての本性をおよそ欠いており、不正な法というよりは、そもそも法では全くないのである」（ラートブルフ 1961b：261、262）。

法の「品位」を問題にするのは学問的にはどうかな、と思いますが、とにかく彼は、平等という正義を拒絶しようとしたナチスの法を法としては認めなかったことが分かります。まさに、悪法は法ならず、ですね。

ハートは、ラートブルフ批判の最後に、「人道主義の本質的な道徳原理をそれ自身の中に含み持つラートブルフの法概念」（Hart 1958a：618）が戦後実際に適用されたある判決——これは、ナチ時代、ヒットラーに対する侮辱的発言をした自分の夫をナチスの法律に基づいて官権に密告した妻を、その

当時も効力を持っていたドイツ刑法に基づいて有罪にした判決ですが――、これを例として取り上げて批判する中で、ラートブルフのそれとは違った、ナチスの法に対する、次のような「最も強力な道徳的批判（moral criticism）」、あるいは「誰もが理解できる道徳的非難（a moral condemnation which everyone can understand）」を提起します（ibid.：620）。

彼によると、この事件の控訴審判決は、その妻が従ったナチスの法律は「まっとうなすべての人間の健全な良心と、正義観に反していた」という判決理由を述べていて、やはりこの判決理由を採用した多くの判決とともに、「自然法論の勝利として、法実証主義が打倒されたことを示すものとして、歓呼をもって迎えられた」そうです（ibid.：619）。しかし彼は、そのことをこう総括します。すなわち、

　「この結論に無条件的に満足することは、私にはヒステリーのように思われる」。我々は、「法は法であるかもしれないが、あまりに邪悪すぎて服従できないかもしれない（laws may be law but too evil to be obeyed）」、と言うべきなのだ（ibid.：620）。

「かもしれない」とは、ずいぶん腰砕けな言い方ですが、この時代、ここまで言うことすらかなりの勇気が必要だっただろう、と同情できることは先ほど言いました。だから、もう少し後になりましたら、彼もきっぱりと言えるようになりました。1961年の『法の概念』では、

　「我々はこう言うべきである。『これは法である。しかし、それはあまりにも邪悪すぎて、それを適用することが、あるいはそれに服従することができない（This is law ; but it is too iniquitous to be applied or obeyed）』、と」（Hart 1961：203）。

こうすることによって、「何であれ道徳的に邪悪な法律が持つ特定の特徴やそれらに対する社会の反応についての研究」をすることができるようになる（ibid.：205）、というわけで、ハートは、法律学的妥当性論すなわち法実証主義の立場と、遵法義務問題にコミットする立場が整合的であることを示

そうとしているように見えますが、おそらくその真意は、自分も他の人たちと同じように、ナチスの法律に対する批判的視点をちゃんと持っていますよ、ということを表明しておきたい、ということだったのだと思います。まさに、当時の反ナチ的国際世論への迎合と見ることができるのではないでしょうか。まあ、これも時代的には仕方がないことでしょう。しかし、そうだったからこそ、ハートのこの発言は、ラートブルフ擁護の立場からハートに対する反批判を試みた敵手 L. L. フラーから、「法への忠誠（fidelity to law）の問題を論争に持ち込んだこと」は「ハート教授の議論のきわめて重要な長所（a cardinal virtue）である」（Fuller 1958：632）というふうに、お褒めいただいたのです。

　自然法論者であるフラーからすると、法実証主義者というのは、本来この問題にはタッチしようとしない、けしからん連中であるはずなのに、ハートは、それをあえてやった、だからエライ、というわけです。しかし、もし転向前のラートブルフが法実証主義者だったとすればの話ですが、服従問題にもっとどぎつくコミットしていたラートブルフのほうがずっとエライ、ということになるはずですね。妥当性の認否の結論はハートとは全く逆ですが。

　それは措いておくとしまして、ハートは、本当にフラーに褒められるくらいエラかったのでしょうか？　一般には、他の法実証主義者のようにその問題にそっぽを向いていて、とぼけきっているよりは、ハートのように正面からそれに取り組む方がはるかにマシだと考えられています。しかし、私にはどうもそうは思えないのです。そもそも、法と道徳の分離という tenet をもった法実証主義者なら、その立場から道徳問題にタッチしてはならないはずです。おずおずとだけれどもタッチしてしまい、それを「長所」だなどと、敵である自然法論者に褒められるなんて、本当に法実証主義者だったら不名誉なことですし、大いに恥としなければなりません。

　ところがハートは、実際、法への服従問題に口出しをしてしまったのです。ただ、それはラートブルフやフラーとは違ったやり方でのことだ、という点に注意しなければなりません。ラートブルフとフラーは、〈邪悪な法律

は法ではない。だから、そのような法律に服従する義務はない。いや、服従してはならない〉という規範的な議論をしているのですが、それに対してハートは、邪悪な法について、「適用できない」、「服従できない」という、個人的な行動選択という次元での議論をしていて、彼のテーゼの中では服従義務の存否については直接触れられてはいないのです。つまり彼は、邪悪な法には客観的に適用義務や服従義務がない、と言っているのではないのです。あえて言ってしまえば、もし自分がそのような状況に置かれたなら、自分の道徳的な信念からして、適用しないだろうし、服従しないだろう、という自分の個人的な行動選択の問題、ないしは個人的な決意を述べているにすぎないとも言えるでしょう。このような決意表明は決して学問的な議論ではありません。時代が無理矢理言わせた自白だと思いますが、このような態度表明に一体どんな学問的価値があるのか、私には分かりません。

　少々嫌味なやり方ですが、この態度表明がいかに無意味か、ということを明らかにしてみたいと思います。まず、「服従できない」のほうについて考えてみましょう。かりにハートがナチス治下で、特定の法律についてその信念を心に懐いただけでなく、それに基づいてその法律に服従しなかったとします。たとえば、ナチスにとって不都合なある一定の行為をすると、一定の刑罰が科されることになっているのに、つまり、そのような行為は禁止されているのに、彼があえて、その行為をする、という行動選択をした場合です。そうすると彼の身に一体何が起きるでしょうか。最もありそうな結果は、ナチスの国家権力がその法律をハートに適用して、彼はその規定通りに罰せられる、ということですよね。

　ハートのような影響力のある法学教師が、教壇の上か論文の中で、こんなものには「服従できない」などと宣言し、実際に服従を拒絶して大っぴらにその行為を行ったとすると、社会には大きな反響が起こり、一方からは石礫も飛んでくるかもしれませんが、他方からはかなりの同調者も出てくるかもしれません。そうだからこそ、必ずやナチス側も〈一罰百戒〉、見せしめとして厳格にその法律をハート先生に適用して、もしかすると普通の場合よりも重い刑罰で臨むだろう、ということは容易に想像できます。

つまり、彼だけでなく、誰だって同じですが、個人として、その信念に基づいて、こんな法には「服従できない」と宣言したところで、それに服従しなくてよくなるわけではなく、そのような信念と関係なく普通に服従しなかった者と同様の運命をたどるだけですよね。もしそうじゃないのならば、私には、「服従できない」と高らかに宣言したい法律がいくつかあります。——ただ、急いで断っておきたいのですが、私は、こう述べているからといって、自らの信念に従って、自分が邪悪だ、あるいは不正義だと判断したナチスの法律に対し、果敢にも不服従という闘いを挑む者を軽蔑しているのではありません。むしろ逆に、その勇気に対し、賞賛・尊敬の拍手を送りたいと感じているほどです。自分にはそんな勇気がないのではないかと危惧していますので、たぶんその拍手も心の中だけだとは思いますが。しかし、それは個人の倫理の問題、生き方の問題、あるいは政治の問題であって、けっして法学の問題ではありません。

法学は、例えばハート先生のような行動がなされた場合、法的にはどのようなことが行為者に生じることになっているか、ということを確定する任務を持っているのだと思います。ハートが「あまりにも邪悪だ」とした法律であっても、それは、それ故に服従しなかったハートに対して適用されます。これは紛れもない法的現実です。これこそ、ハートが述べた「これは法である」という言葉で表現し尽くされている事態です。彼はこの言葉で、その法律の妥当性を承認しています。そして彼は、その法律に対して意図的に服従しなかったのです。つまり彼は、自分の行為がその法律に違反していることを知りつつ、あえてそれを行ったのです。だとすれば、その彼がその法律に基づいて処罰されることを、法的な事態ではない、とは彼は言えませんよね。だから、法学としては——必ずしも法実証主義としては、ということではありませんが——、まさに「これは法である」という言明ですべてを表現し尽くしていることになるのです。「服従できない」という言明は、そのように言いたい心情はよく分かっているつもりですが、法学としては全くの無駄話に他なりません。

では、「適用できない」の方はどうでしょうか。——この言明は、「服従で

きない」とは違う前提のもとでなされています。「服従できない」は、明らかに、法の適用を受ける国民一般の観点からなされているのですが、「適用できない」は、法を国民に適用する公務員のシミュレーションとしてなされています。つまり、ハートは、ナチ時代、もし自分がドイツの判事だったならば、邪悪な内容を持った法律は適用しない、という態度表明をしているわけなのですが、それとともに、その裏側で、ナチ時代のドイツで裁判官だった者たちに、あなたたちは「勇気」をもってそうすべきだったのだという、戦後すぐのラートブルフのメッセージと同じメッセージを伝えていることにもなる、という点に注意を向けるべきだと思います。

さて、この言明も、「服従できない」と同様、大変きれいに聞こえますね。しかし中身が問題です。裁判官がある法律を「邪悪」だとして「適用しない」、というのは、具体的にはどのような行動になるのでしょうか。ちょっと考えてみてください。ハート判事にその決断を迫る状況とは、彼が邪悪極まりないと考える法律に基づいて、自分のところに訴訟が提起されてきたという状況だと思います。それが刑事事件であろうと、民事事件であろうと、行政事件だろうと同じですが、そこでその法律を「適用しない」というのは、訴えに対して、準拠法律の邪悪性を理由とした門前払い判決を下すことなのか、それとも、同じことを理由とした、被告人無罪等の判決を下すことなのか、それとも、裁判官職を辞することなのか——これがまるで判然としませんね。

もちろん、「服従できない」の場合も同様だったように、ハートは「適用できない」というメッセージのインプリケーションをそこまで考えずに言っていたのではないか、と私は勘繰っています。個人としては「服従できない」し、裁判官だったら「適用できない」とだけ考え、それを表明することで、一応、法学界での被告人にならないための最低限保証を得ようとしただけなのではないかと思えてなりません。どうやらそれはそれで成功したと思いますが、このようなことは法学者としてやってはならないことである、と私は思います。ただ、当時の学界の雰囲気がそうさせていたのだろう、ということも忘れてはなりませんが、「適用できない」もやはり、断じて学問的

な議論ではないと言わざるをえません。

　私は今、「適用できない」の具体的内容の可能性として、3つ挙げましたが、うち、いずれにせよ判決を下す、という前二者は、自分が裁判官であり続けるという前提の下での行動、つまり、自分を裁判官とし、自分が裁判官として行動する諸条件を与えている法システムの上に乗っかる、という前提の下での行動です。しかし、もしそうだとすると、準拠法律が「あまりに邪悪だから」という理由を添えた門前払い判決や請求棄却判決等は、そのような理由による判決言渡しを授権していない法システムの下ではたして適法に下せるのでしょうか。──法的にはまず考えられないと思います。

　つまり、裁判官であり続けながら、そのような判決を書くということは矛盾でしかありません。また、実際には、そのようなことをすれば、即刻首を切られるでしょう。とすれば、はじめから辞めてしまうしかないのでしょうか？──それは確かに、個人としては一貫した行動です。裁判官である以上、その邪悪な法律に対する拒否権はありませんから、それをも適用しなければなりません。しかし、それは自分の信念に反することになります。だからこそ裁判官を辞する。──筋が通っています。

　しかし、ハートの「適用できない」は、たぶんここまでのインプリケーションを持ってはいないと思います。それの意味するところは、その法律の適用拒否であって、適用行為そのものの放棄ではないからです。その適用拒否ですら、具体的なその方法が深く考えられているわけではありません。言っては悪いですが、子供っぽい反応にすぎません。

　ついでに言ってしまいますと、最も一貫していると思われる裁判官辞職という行動を選択したらどうなるのか、想像してみましょう。問題の法律に基づいて提起された訴訟は、間違いなく、辞職したハート元判事以外の判事によって裁かれることになるでしょう。裁判官職にはリリーフピッチャーはたくさんいるのですから。だから、そのリリーフ陣の中には、ハートに同調する裁判官もいるかもしれませんが、それでも結局は他の裁判官によってその法律は適用されてしまうでしょう。この事態も、実は彼の言う「これは法だ」というテーゼ、つまり法律学的妥当性論で表現しつくされているので

す。

　こうしてみると、ハートの言うところの、ナチスの法律に対する適切な道徳的批判なるものは、極めて幼稚な決意表明にすぎない、ということになると思います。まあ、フラーに褒められるほどエラくない、ということです。

3）フラーによる反批判

　さて、ずいぶん嫌味なことを長々と言ってきましたが、以上がラートブルフに対するハートの批判です。一般には、自然法論者ラートブルフによる法実証主義批判に対して法実証主義陣営から反撃を行ったというふうに捉えられていますが、私にはどうしてもそうは思えない、ということを証明してきたつもりです。フラーはこのようなハートの議論に対して批判の筆を執ったのでした。この講義ではハートの理論が示されればそれでいいのですが、有名な論争ですので、必要なかぎりでその相手方であるフラーの議論を紹介しておきます。

　フラーがハートを、法服従問題を俎上に載せたという点で褒めたことは先ほど述べましたね。しかし、フラーが褒めたのはその点だけです。彼は、法が国民から忠誠を受けるためには、言いかえれば、国民はその法に服従する義務があると言うためには、つまり、その法が真に法であると言うためには、法は外面的道徳性とともに「内面的道徳性（internal morality）」を持たなければならない、と考えているのですが、ハートはそのことを「ほとんど完全に無視」したと言うのです。フラーによると、

　　ナチ体制によって提出された問題を、彼のように、「ナチの下では、たとえ悪法であったとしても法はあったのだ」などという簡単な言葉で「片づける（dismiss）」ことはできない。「彼は深いところで間違っている」。ナチ支配の下で生じたすべての社会秩序の「全般的な悪用を免れたのは、一つの法システムのうちどれほどのものだったか」ということが問わなければならないのだ。そしてそう問うてみると、ナチスは「過去の法的不正行為を不正ではなかったことにする遡及法を必要以上に多用した」し、ナ

チス体制を通じて「秘密法の噂が絶えなかった」。さらに、「ナチが牛耳っていた裁判所は、いかなる制定法も、ナチ自身が制定したものですら、いつでも無視する準備ができていた」。だから、それらに「法の名を付けることを否定するのは困難なことではない」（Fuller 1958：645、646、650-652、660）。

　ラートブルフは、ナチス以前のドイツにおいて法実証主義が一般的に受け入れられたことがこのようなナチスの独裁への道をスムースにしたと言うが、まさにその通りである。「ドイツの法実証主義」は、「ナチ体制以前の75年間に……他の国で受けたものとは比べものにならない地位を獲得した」が、それは、私が法自体の内面的道徳性と呼んできたものに無関心」であり、「自らその〔法という─引用者〕名で呼び、政府の費用で印刷されたものは何でも『法』として受け入れる」ので、「ナチスに役立った」という見方には同意できる（ibid.：657-659）。

　ちょっと長くなってしまいましたが、フラーが、一点を除いて、ほぼラートブルフの主張を是としていることが分かってもらえたと思います。その一点と言いますのは、ラートブルフがナチスの法を十把一絡げにして論じた点です。フラーは、その「法の内面的道徳性」理論に基づいて、遡及法の多用だとか、秘密法の疑惑だとかを例に挙げて、ナチスの法を検証しました。結論は同じになるのですが、少なくとも、感情的な議論だという誹りは受けないものだと思います。このスタンスはハート批判にも貫かれていて、ラートブルフがナチ法の全称否定だとすると、このハートは大雑把な全称肯定として批判されたわけです。

　でも、どうでしょうか。ハートの場合、どのような基準よるものであれ、悪法であるかどうかということが、それが法であるかどうかには関係してこない、という考え方ですから、全称肯定になるのは当然で、むしろ問題とすべきは、フラーも褒めたところの、邪悪ゆえに服従できない、適用できないとした部分じゃないでしょうか。あれほど褒めていたにもかかわらず、その点に触れないのは合点がいきませんね。もしその部分を、私の理解と違っ

て、服従義務や適用義務を否定したものと理解すれば、ハートがそれを法として認めたか否かはどうでもよいことになるからです。やはり、服従しなかろうが、適用しなかろうが、あのナチスの法にともかくも法という名誉ある称号を与えてしまう考え方を許せなかったのでしょうね。

　それから、フラーは、法実証主義は権力に無反省に追随する傾向を持っていて、その傾向がナチを助けたというラートブルフの見方に同意していましたが、これもどうでしょうか。彼は、ナチ時代の裁判所は、ナチに牛耳られていて、ナチ自身が制定した法すら無視する構えを持っていた、と認めていましたよね。それが権力盲従を旨とする法実証主義の為せる技なのでしょうか。それに、その権力盲従を旨とするドイツの法実証主義は、ナチ体制以前の４分の３世紀の間に、ナチスの暴虐政治の露払いをするくらい法学界、法曹界を支配したとのことですが、これにも俄かに同意できませんね。ナチ体制以前の３分の１世紀くらいの間、法学界、法曹界に大きな影響力を持ったと思われる自由法運動は、権力盲従を旨とする法実証主義だったのでしょうかね。この運動は、自由な法創造を謳っていましたから、ナチ自身が制定した法すら無視する構えを持っていたと言っていいように、私には思われますが、これ以上深入りしないようにしましょう。

まとめ

　ハートという学者は、ケルゼンと並んで、現代の法実証主義陣営の二大巨頭と目されてきたのですが、私にはどうもそう思えませんでした。彼をケルゼンと同じ法実証主義のジャンルに括ることに強い抵抗感がありました。これまでの話で、ハート法理学の概要を知ってもらうとともに、その抵抗感にそれなりの根拠があることも分かってもらえたのではないか、と思います。私にとって、法実証主義の核心は反自然法論、つまり、法学として自然法の存在を認めない立場なのです。ハートのように、自然法の存在を認める法実証主義というのは概念矛盾にほかなりません。そして、遵法問題にコミット

することも法実証主義としてはありえないことです。もしかするとイギリス紳士的なジェントルな法実証主義と評する人もいるかもしれませんが、私の目からは法実証主義の矩を超えたものでしかないのです。

以上

【引用文献表】

Devlin, Patrick
    1970   ***The enforcement of morality***, Oxford: Oxford Univ. Press (orig., 1965).

ドゥオーキン、ロナルド (Dworkin, Ronald)
    1986   『権利論』木下毅・小林公・野坂泰司訳　木鐸社 (***Taking rights seriously***, 1977)。

Fuller, Lon Luvois
    1958   "Positivism and fidelity to law – a reply to Professor Hart," in ***Harvard Law Review***, Vol. 71, No. 4, pp. 630-672.

Hart, Herbert Lionel Adolphus
    1958a "Positivism and the separation of law and morals," in ***Harvard Law Review***, Vol. 71, No. 4, pp. 593-629.
    1958b "Legal and moral obligation," in ***Essays in moral philosophy***, ed. By A. I. Meldon, Seattle: University of Washington Press, pp. 82-107.
    1959a "Scandinavian realism," in ***The Cambridge Law Journal***, 17, pp. 233-240.
    1959b 'Immorality and treason,' *The Listener*, 30. pp. 162-3.
    1961   ***The concept of law***, Oxford: Clarendon Press.（邦訳：矢崎光圀監訳『法の概念』みすず書房）
    1963   ***Law, liberty, and morality***, Stanford, Stanford University Press.
    1967   "Problems of philosophy of law," in ***The Encyclopedia of Philosophy***, Vol. 6, ed. by Paul Edwards, New York: The Free Press, pp. 264-276.
    1994   ***The concept of law***, II. ed., Oxford: Clarendon Press.

Homes Jr., Oliver Wendell
    1897   "The pass of the law," in ***Harvard Law Review***, Vol. X. No. 8, pp. 457-478.

House of Lords
    1961   ***Shaw v. Director of Public Prosecutions***, 4th May, 1961.

ミル、J. S. (Mill, John Stuart)
    1979   「自由論」『世界の名著49　ベンサム／J. S. ミル』中公バックス　211-348頁 (***On liberty***, 1859)。

ラートブルフ、G. (Radbruch, Gustav)
    1961a 『ラートブルフ著作集第1巻　法哲学』田中耕太郎訳　東京大学出版会 (***Rechtsphilosophie***, 1932)。
    1961b 「実定法の不法と実定法を超える法」(小林直樹訳『ラートブルフ著作集第

    4巻 実定法と自然法』尾高朝雄他訳 東京大学出版会（"Gesetzliches Unrecht und Übergesetzliches Recht," 1946）所収）249-267頁。
 1961c 「五分間の法哲学」（村上淳一訳『ラートブルフ著作集第4巻 実定法と自然法』尾高朝雄他訳 東京大学出版会（"Fünf Minuten Rechtsphilosophie," 1945）所収）223-228頁。
Wolfenden, John, et al.
 1957 *Report of the committee on homosexual offences and prostitution*, London, Her Majesty's Stationery Office.

第3講　オースチン分析法学[*]

はじめに

　イギリスの高名な功利主義哲学者で法学者のベンサムの思想については、次の第4講で詳しくお話ししますが、そのベンサムの弟子の一人で、一般的には、イギリス型法実証主義とされている「分析法学（the analytical jurisprudence）」を創始したとされるのがジョン・オースチンです。彼は、1826年にロンドン大学に初めて開講された「法理学（Jurisprudence）」という名の講座を最初に担当した学者です。ただ、その講義はあまり評判が良くなかったようで彼の名前は次第に忘れられていったらしいです。
　その彼の法理学の特徴を示す「分析法学」という名称は、後に、批判することによってかえって彼を忘却の淵から呼び戻した、イギリス歴史法学の祖ヘンリー・サムナー・メーン（Henry James Sumner Maine：1822-1888）の命名によるものだそうです。だからそれは、分析しかしない法実証主義、といったような批判的な意味合いを持っているわけです。しかし、これからその証拠をお見せしますが、法実証主義者とされているその彼も、実は、前講で紹介したハートと同様に、いやそれ以上に、自然法のごときものを堂々と認める法学者だったのです。つまりその分析法学は実定法以外のものも分析していたのです。だから私は、その意味で、一般的な理解にしたがって、彼のことを法実証主義者と認めるわけにはいかないのです。いやそれどころかむ

---

[*]1988年東京都立大学、東海大学「法思想史」講義より

しろ、彼の著作を偏見なく読めば、誰もが迷わず彼は自然法論者だと思うに違いないと確信しています。彼の老師ベンサムの場合、主権者を拘束する「超越的種類の法」は別として、立法者にあるべき立法を説く、検閲者（Censor）の立場からの議論には伝統的な意味での自然法論的性格がそれほど強く出てはいなかったのですが、弟子オースチンの場合は、確かに一方では、在る法の説明を事とする、ベンサムの言うところの説明者（Expositor）の立場から、師以上に詳細に実定法を分析しているとは言え、他方では、師から受け継いだ功利主義という原理の自然法的性格をいっそう際立たせてもいるからです。

これはどういうことかと言いますと、オースチンの場合、功利原理には積極的に「神の法（the Divine law）」という名称が与えられている、ということ、さらに、それとともに、ベンサムにおいてはほとんど見られなかった、その原理の実定法に対する侵犯性が相当に強化されている、ということなのです。とはいえ、ベンサムにおいては単に区別されていただけのExpositor的法律学とCensor的法律学――もっとも、そんな区別をした自分自身がその区別に忠実でなかった部分もありましたが――、これをオースチンは体系的に秩序立てようとしたことは指摘しておかなければならないと思います。もちろん、そのことが彼の理論の法実証主義性を示すわけではありません。というのも、彼のいわゆる「神の法」が実定法を侵犯しうること、つまり、実定法より優位にあることを全体的理論のなかで整合的に説明しようとした、という点もオースチン理論の重要な特徴として挙げておかなければならないからです。

1．法の諸概念

1）法の分類

では、彼の著作『法理学講義あるいは実定法の哲学（*Lecture on Jurisprudence or the Philosophy of Positive Law*）』（1885年―以下、『講義』と略称しま

す）をもとに、その一筋縄ではいかない彼の理論を概観することにしましょう。

　まず、彼はその『講義』の冒頭で、法を次のように分類しています（Austin 1972：79参照）。それを私なりに分かりやすく整理して表にしてみると、次のようになると思います——数字の番号はオースチン自身が付けたものです。枝番は私が付けましたが——。これは本当に法実証主義者とされているオースチンによる法の分類なのか、と思わず目を疑いたくなるようなものです。こうです。

表2

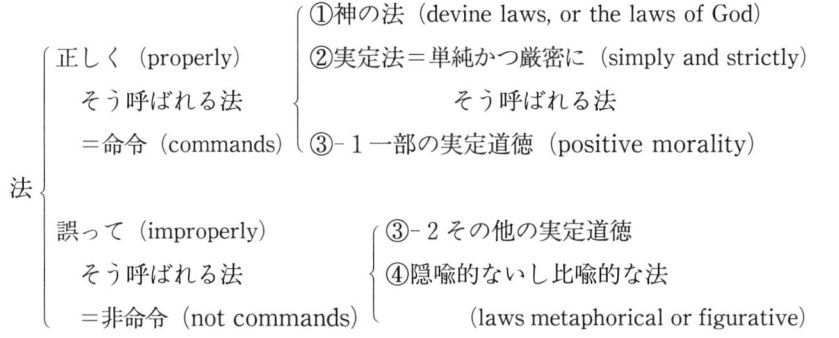

法
- 正しく（properly）そう呼ばれる法＝命令（commands）
  - ①神の法（devine laws, or the laws of God）
  - ②実定法＝単純かつ厳密に（simply and strictly）そう呼ばれる法
  - ③-1 一部の実定道徳（positive morality）
- 誤って（improperly）そう呼ばれる法＝非命令（not commands）
  - ③-2 その他の実定道徳
  - ④隠喩的ないし比喩的な法（laws metaphorical or figurative）

　何と言っても、この分類で最初に目につくのは、「神の法」や「実定道徳」の一部が、「実定法」と並んで、「正しくそう呼ばれる法」つまり狭義の法の中に含まれている、ということです。しかも、「神の法」が、「実定法」を差し置いて一番に来るのですよ。面食らいますよね。

　確かに彼は、少し後のところで、「法理学の扱う問題は実定法である」としています（ibid.：86）。そんなこともあって、一般に、彼は法実証主義者であるかのように言われているのですが、いきなり冒頭でこのような分類しているわけで、ここを読めば、そんなふうに簡単には言えないはずですよね。実定道徳の方は一応別にしたとしても、あろうことか神の法を法として認める法実証主義なんて自己矛盾以外の何ものでもないからです。

2）「正しくそう呼ばれる法」──命令説、心理強制説

しかし、そういう問題点は問題点として取っておいて、この分類に関する彼の説明をもう少し詳しく聞いてみることにしましょう。まず、「正しくそう呼ばれる法」、つまり、実定法だけでなく神の法や一部の実定道徳をひっくるめて、彼がそれをどのように定義しているのか、ということですが、彼はこう言っています。

　　それは、「一人の人あるいは人々を義務づける（oblige）命令（command）で、一定の種類の作為または不作為を一般的に義務づける命令である」（ibid.：96）。

これがまさに、法をルールと捉えようとしたハートによって批判されたところの命令説の考えです（cf. Hart 1961：77-78）。そして、このように法をもって「命令」と定義する以上当然のことですが、彼は法を、今の私たちが言うところの行為規範として理解している、と言っていいと思います。つまり、法は私たち国民を直接的名宛人として、ああしろとか、こうするなとか言っている、と考えているのです。法が命令かどうかという点は別にして、このような行為規範と理解することがはたして法実証主義として必然的なことかどうかはかなり問題ですよね。

というのも、第1講と第2講で触れましたように、法実証主義者とされる学者の一方のハートは、法を命令とは捉えませんでしたが、約束に基づくルールと理解しているために、法──とは言っても、第一次的ルールの方ですが──をやはり行為者を拘束する行為規範のように捉えているのに対して、他方のケルゼンは、法規範を少なくとも第一義的には国家機関を拘束する裁判規範であると捉えているからです。同じ法実証主義の陣営の中でも意見が真っ向から対立しているのです。私は、そこでも述べましたので理由は省きますが、ハートのような行為規範説は法実証主義としては採用しえない立場だと考えています。

この命令説の考えと密接に結びついているのが、やはりオースチンが提唱したものとして有名な心理強制説です。人々が、実定法のみならず、「正し

く そう呼ばれる法」すべての命令を守るのは、つまりそれらの義務を履行するのは、それを守らなかった場合に身に降りかかるサンクションを恐れるからだ、というものです。彼はこんなふうに言っています。

> 人が命令に従わなかった場合に彼が受けるべき害悪（the evil to be incurred）は、命令への服従を強制している（enforce）。あるいは、義務の履行を確保している（secure）。作為や不作為が義務づけられているということ（to be obliged to）は、命令に従わなかった場合にサンクションを免れないということ（to be liable or obnoxious to a sanction）である。つまり、彼が拘束されるのは、彼が害悪を受けなければならないからであり、彼がその害悪を恐れる（fear the evil）からである（ibid.：443-444）。

私たちにはいろいろな命令が向けられていますが、私たちは、本当はそれにあまり従いたくないのだけれども、従わないと酷い目にあわされる。それが嫌だから、怖いから、しぶしぶ言われたとおりにしている。そういったイメージですね。正直なところ、これは結構実態に近い状態を言い表していると思いますよ。皆さんも胸に手を当ててよく考えてみると、そんなところが全くないとは言いきれないのではないですか。彼は、法の拘束力とか、法の義務づける力とかといった、本来ならば規範に関わる次元、あえて言えば、神秘的な力が作用する次元に足を踏み入れてしまいそうな問題を、規範に関わる概念装置を使わずに、身に降りかかる害悪とかそれに対する怖れとかといった、存在事実の次元、心理の次元に還元しようとしているのですね。その意味で、この心理強制説は、法実証主義的かどうかは別にして、実証主義的あるいは現実主義的であろうとしているとは言えそうです。でも、次のようないくつかの問題があると思います。

まずは、彼自身も――決して明示的ではないですが――認めている通り、この心理強制は、神の法や一部の実定道徳も含んだ、彼の言う命令全般に共通した機能と言えるもので、実定法固有の特徴ではない、ということです。彼がやろうとしているのは、実定法の理論であるはずの「法理学」なのですから、拘束力とか義務づけとかという規範の根幹に関わる問題については、

神の法や実定道徳とは区別された特殊実定法的なものを炙り出さなければならないと思うのですが、そうしませんでしたね。それに、法的なものをすべて事実の次元に還元したい気持ちも分からないではないのですが、それははじめから不可能なことなのに、それを強行したということです。彼はこんなことを言っています。

> 人は、命令に従わなかった場合、「実際にサンクションを受けた（has actually incurred）か、あるいは、サンクションの適用を実際に免れない（is actually liable to）。」すべてのサンクションが義務づけられた者の欲求に作用するというのは真実である。なぜなら、「彼は、法がそれでもって彼を威嚇している（threaten）害悪を必ず嫌う（necessarily averse from the evil）からである。」(ibid.：445)

どうでしょうか。皆さんの経験に照らしてみて、法的な命令に従わなかった者は実際に一人残らず法的なサンクションを免れなかったでしょうか。法的な命令に従わなかったのに、サンクションを免れて普通に生活している輩は全くいないでしょうか。また、社会は広いですから、その中には、法による害悪の「威嚇」を意に介さない連中、つまり心理的に強制されずに自分の欲求通りに行動している連中がいたりしませんか。確実にいますよね。──もしかすると自分自身だって、胸に手を当てて真剣に過去を振り返ると、言葉に詰まるようなことがあるかもしれませんが。──とすると、オースチンのこの心理強制説は成り立たない、ということになってしまい、彼の法の特徴づけは失敗ということになってしまいます。確実に言えるのはせいぜい、私たちの中には、法によって心理的に強制されて、法的義務を履行する者も確かにいることはいる、というくらいじゃないでしょうか。法の問題を事実の世界に還元することは所詮無理なことなのです。

3）「誤ってそう呼ばれる法」・国際法

さて、このような「正しくそう呼ばれる法」に対して、「誤ってそう呼ばれる法」のほうは、命令ではなく、おそらく紳士協定や仁義のような「名誉

の法則 (law of honour)」など、境界があまりはっきりしていない人々のグループが人間の行動に関して持っている「意見 (opinion) とか感情 (sentiment)」によって設定されたものである、とされています。まあ、これは、law という語が用いられていて、規範であるという点で似ているだけなので、「誤って」という副詞が付くのはよくわかります。本当は法と呼んではならないものだ、ということですね。そして、面白いことに、彼は「国際法」のかなりの部分はこれに属する、としているのです (ibid. 87)。つまり、国際法は laws of honour にすぎないのであって、本当は法ではない、と言いたいのではないでしょうか。国際法学者は納得しないと思いますが、法実証主義的にはありうる主張のように思われます。

4）実定法──主権者命令説

さて、問題は「実定法」です。オースチンは、それを前者の「正しくそう呼ばれる法」の一つとしているだけでなく、その中でも、唯一、「単純かつ厳密にそう呼ばれる法」であるとしています。法の中の法ということでしょう。では、その定義を見てみましょう。次のように述べています。

> 実定法とは、「単独の主権者または主権者集団」が、自らがそこで君臨しているか最上位である (sovereign or supreme) ところの独立政治社会の構成員に対して定めたもの、あるいは、専制君主あるいは主権者が、その実定法の起草者に服従している状態にある (in a state of subjection to) 個人ないし諸個人に対して定めたものである (ibid.: 177)。

改めて言うまでもないと思いますが、すぐ上で紹介した、「正しくそう呼ばれる法」全体に関する定義である一般的な命令説と、この実定法の定義だけに登場する主権者創設説を総合したものが有名なオースチンの主権者命令説です。このように、一切自然法に関係づけることなく定義した実定法を、厳密な意味での法として見ているわけですので、その限りでは、彼の理論は法実証主義的であると言えるのかもしれません。ところがやはり、この定義だけではそうしてしまうわけにはいかないのです。

たしかに、実定法は、このように、主権者という人が、もともと国家の構成員であって自分に服従している状態にある人たちに対して発した命令である、とされたわけで、実定法が命令かどうかは別にして、かなり現実主義的な定義であると言うことはできます。しかし、その命令が向けられている人々は、なぜかもうすでに服従状態にあって、主権者の命令を受け入れる態勢が出来上がっているとされているのです。彼はこうも言っています。

　ある社会があるとして、もしその構成員の大半 (the generality of its members) が、一人の特定された共通の優越者 (a determinate and common superior) に対する服従習慣 (a habit of obedience) を持っていないならば、それは政治社会ではない (ibid.：222)。

このように彼は、主権者ないしは優越者に対する服従習慣という事実の存在を必要条件として国家や実定法を語っているのです。このような考え方は彼にとって不可欠なのです。なぜならば、そうしないと、法についての彼の説明はあまり持続的でない単なる暴力的支配者の命令にそっくりそのまま当てはまってしまい、それはまずいと考えられているからです。しかし、ハートが指摘するように、もしその習慣という事実が存在しなかったら、たとえば、今まで服従していた王が交代して、まだ服従習慣が形成されていない新しい王が生まれたらどうなるのか、という解決困難な問題を抱えることになるのですが (Cf. Hart ibid.：52, 58)、それよりも根本的に問題なのは、人々は強制されてもいないのに、そもそもなぜ主権者に服従するのか、逆に言えば、服従しているうちになぜその事実的支配者を主権者にしてしまうのか、ということです。オースチンは、そのことについてこう説明しています。

　主権を持った政治的政府 (a sovereign political government) の目的を考えれば、習慣的服従の原因を導くことができる。すなわち、ある社会が適切に教化され啓蒙されていると仮定すれば、その習慣的服従は、もっぱら、功利原理に基礎を置く諸理由 (reasons bottomed in the principle of utility) から生まれてくるのだが、実際の社会は不適切にしか教化、啓蒙されていないの

で、その習慣は、部分的には慣習（custom）や先入観（prejudices）の結果である。しかし、部分的には（partly）やはり功利原理に根ざす理由の結果でもある。つまり、服従習慣は、部分的には、政治的政府の便宜性（the expediency）または功利性（the utility）の認識、どんな政府でも無政府よりはましだ、という選好（a preference of any government to anarchy）から生じているのである（Austin ibid.：292-295）。

これは、要するに、誰か政府の仕事をやってくれる人物が名乗り出てきたか何かして、あれやれ、これやるな、とかうるさいことも言うけれど、まあ、面倒なことをやってくれるし自分たちの仕事量も減るし、誰もやってくれないよりましか、という功利主義的な考えから、あるいは、昔からそうしてきたとか、祖父さんたちもそれでいいんだと言うから、その人物やその仲間に任せているうちに、いつの間にか彼らが主権者になり、自分たちの間でも、彼に対する服従する習慣ができていて、そうなったときに始めて、その主権者が発した命令が実定法となった、といった感じの説明ですよね。

そうなる前は、つまり、まだ服従習慣ができる前は、その人物というか、主権をまだ持っていない政治的政府の発した命令は実定法ではない、ということになるわけですが、ただの命令が実定法になったり、服従していたことが習慣になったりしたのは、どんな条件が揃った時なのか、ということは説明していませんね。これはこのような仕方での実定法の定義に関わる大変大事な点ですが、説明できない性質の問題なのです。要するにオースチンの説明は、習慣になったり実定法になったりするのは、「理」に適っていたからというより、「利」に適っていたのだ、ということに尽きるのだと思います。かつてドイツの観念論哲学者G. W. F. ヘーゲルが、「理性的なものは現実的であり、現実的なものは理性的である」（Hegel 1854：17）と言いましたが、それを真似て言ってみると、〈功利的なものは現実的であり、現実的なものは功利的である〉ということになるのではないでしょうか。つまりは、功利主義的な現状肯定にほかならないように思われます。

なお、すぐ後に引用しますが、オースチンがよく用いる概念に general

utility という概念があります。私はそれを「一般的功利性」と訳しますが、トマス・アクィナス（Thomas Aquinus：1225?-1274）の研究者である稲垣良典（1928-　）は、「全般的福祉あるいは効益」と訳した上で、それを根拠にオースチンが服従習慣の原因としたのは「共通善（bonum commune）」であるとしました（稲垣良典 1976：141, 143）。しかし、この理解が違うということは皆さんにも分かってもらえると思います。彼は利を考えているのであって、善を考えているのではないからです。

　ですから、彼の理論は法を事実に還元しようとしていたように見えたために、法実証主義であるかのように誤解されましたが、最終的には功利原理に還元していたわけです。〈実定法は主権者の命令である。その主権者とは、人々が習慣的に服従してきた者である。〉ここまでは事実への還元と言っていいでしょう。しかし、なぜ人々は習慣的に服従したのか、という点になると、〈そうすることが、少なくとも功利的だったからだ〉と言うのですから、法実証主義的なのは外観にすぎないと言われても仕方ないと思います。このような還元全体が法実証主義の目指していることでないことは言うまでもありません。法実証主義は法をあくまでも規範として捉えます。第 1 講でも述べましたが、法は事実には還元できない性質のものだからです。また他方で、功利原理といった法外的な価値基準に依拠して実定法を捉えないのが法実証主義なのです。

5）神の法

　ところで彼は、その実定法と並んで「神の法」も、たしかに「単純かつ厳密にそう呼ばれる法」ではないものの、やはり「正しくそう呼ばれる法」の中に含めていました。法実証主義に関する常識的な理解を超えていますよね。我が国におけるオースチン研究の権威の一人と言ってよい八木鉄男（1924-1997）も、オースチンが神の法について述べたことを「解きがたい矛盾につつまれた一つの謎」だと言っています（八木鉄男 1977：69）。このように、実定法も神の法も一緒くたにする分類も法実証主義者の手になるものだとは断じて認められませんよね。法実証主義者は神の法も自然法も学問の

対象としての法とは認めませんから。

では、この神の法なるものが、どうして「正しくそう呼ばれる法」に分類されているのか、それを確認していきましょう。彼は神の法をこう定義しています。

> 神の法は、「神によって人間という被造物（his human creatures）に対して設定された法」で、「人定法（human laws）の究極の試金石（the ultimate test)」であるところの「命令（commands）」である。そして、この神の法には、「神の言葉」によって直接「啓示された（revealed）」ものと「啓示されていない」ものとがあって、後者の「啓示されていない」神の法は、しばしば「自然法（the law of nature; natural law）」などと称されているが、それは神の徳と人間の行為の諸傾向から収集されねばならないもので、その「唯一のインデックスないしガイド（only index or guide）」は、「神の慈悲心（benevolence of God）と一般的功利性の原理（the principle of general utility）」である（Austin ibid.: 79, 103, 104, 106）。

予想した通り、キリスト教の香りばかりで、少しも法実証主義の香りがしませんね。この「神の法」もやはり「人間」に対する「命令」だとされてはいますが、その発し手が神であるという点で実定法と根本的に異なるだけでなく、その機能も実定法とはまるで違うものとされています。つまり、それは人間が定めた法の「試金石」となるものだとされていますね。具体的にはどういう「試金石」なのかと言いますと、こうです。

> 人定法は、神の法に一致している（agree with）かどうかで、良かったり悪かったり（good or bad）する。つまり、功利性理論（the theory of utility）の支持者にとっては、それが一般的に有益（useful）であれば、良く、一般的に有害（pernicious）であれば、悪いのである（ibid.: 174）。

つまり、彼が神の法と言ってきたのは啓示された命令と功利性理論のことで、それらが実定法の評価基準だ、という意味ですね。これらに基づいて実定法のことをただ良いとか悪いとか言っているだけならば、特に取り上げて

批判する必要はないでしょう。しかし、それに法という名を付けただけでなく、「正しくそう呼ばれる法」の一つに加えてしまっているために、このまま放っておくわけにいかなくなるのです。

　神の法は「人間」に対する法だと言っていますね。しかし、ここで言う対象としての「人間」は、明らかに実定法の場合と違って、私たち政治社会の構成メンバーである人間ではなく、その私たちに対して命令を発する人間、つまり主権者だということですよね。それは、私たち、下々の者を相手にしている法ではなく、主権者と、その命令である実定法を相手にした法なわけです。つまり、「神の」法なのですから当然かもしれませんが、この法ははっきりと人間の定めた実定法を超越した次元に位置づけられているわけです。彼自身も、それに対して、他でもない「自然法」という名が与えられていることを認めていましたよね。ですから私はこのような「神の法」の存在を認めるオースチンを、どう考えても、ケルゼンと同じ法実証主義者の列に加えることはできないのです。

　それに加えて、そこで彼が言っている「啓示された」ものというのは、十中八九、イエス・キリストの福音のことだと思われます。一方の、それを書き記した福音書と、他方の、「自然法」と呼ばれているほうの神の法である功利原理とが、どちらも実定法と並んで、「正しくそう呼ばれる法」とされている点に注目すれば、彼のことを法実証主義者だとすることなど到底考えられず、むしろキリスト教的自然法論者の列に加えたほうが理に適っているのではないか、とさえ思うのですが、彼はこの当然の推論にとんでもない方向から水をかけます。

　今示しましたように、彼の分析法学の中では功利原理が神の法——啓示されていないほうですが——という至高の位置を与えられています。啓示されていない、ということは、神がその考えを自身の言葉でまだ語っていない、というだけで、福音と同じ位置にあるはずですよね。しかし、そのことはそれほど自明ではないようなのです。彼は、直前の引用箇所に続けて、目を疑うような不可解なことを言っているのです。どうも、功利原理は「神の法」なのではなく、それよりも上位にあるもののようなのです。彼の説明を聞いて

みましょう。そのまま引用します。

> 「創造神（the Deity）によって定められた法がもし一般的に有用（generally useful）でなかったならば、あるいは、それらがその被造物の一般的幸福（general happiness of his creatures）を増進しなかったならば、あるいは、その偉大な主が賢明でも慈悲深くもなかったならば、その法は良くないか、賞賛に値しないものであって、悪魔的（devilish）であり、呪詛に値するものであろう。」(ibid.：175)

まさか、そんな馬鹿な、と思った人もいると思います。無理もありません。このように、神の法でも悪魔的でありうる、などという不信極まりない言明は、明らかに、最初に紹介した彼自身の「神の法」に関する説明（前出183頁）と相容れませんからね。そこでの説明では、功利原理は、奥ゆかしく、啓示されていない「神の法」の「インデックスないしガイド」にすぎず、功利原理がではなく、その「神の法」こそが人定法に対する「究極の試金石」とされていたはずだからです。しかしここでは、オースチンは功利原理に間違いなく「神の法」より上位の地位を与えていますよね。これは明らかにおかしい。一体誰が、神の定め給うた法を、不遜にも有用でないなどと決めつけることができる、と言うのでしょうか。それは神よりすごいやつに違いありません。オースチンなのでしょうか。分かりませんね。

しかし、まあ、これは功利主義者の筆が滑ったのだ、ということにしておきましょう。そもそもが実定法よりも上の次元の話ですから、実定法にとってはどちらでも同じことですからね。だから、功利原理は神の法のインデックスなのだ、ということにしておきましょう。

6）法としての実定道徳

さて、もうひとつ、「正しくそう呼ばれる法」の中には一部の「実定道徳」がありましたよね。これとても、法実証主義としては認めることができない分類です。それが実定法と共有している「実定（的）（positive）」という形容詞は、「人間という源泉（human sources）から発している」という意味で

すから、この実定道徳というのは、神の法であるところの道徳とは違って、「その良さとか悪さとかと関係なく考察される」法だとされます（ibid.：171, 172）。ただ、具体的にどのような道徳のことを指しているかはよく分からないのですが、彼によると、それはこんなふうに説明されます。

> 「正しくそう呼ばれる法」である実定道徳とは、人が人に対して定めた命令的な法ないしルールだが、政治的優位者としての人間が定めたものでも、法的権利を追求する私人によって定められたものでもない。だから、法的サンクションをまとっておらず、相手を法的には義務づけないが、命令であるから、正しく法と呼ばれ、サンクションを装備し、義務を課す（ibid.：179）。

法的サンクションを伴わず、法的に義務づけもしないが、正しい意味での法だから、サンクションを備え、人を義務づける。いったいどういうことなのか全く意味が掴めませんが、おそらく、主権者でもなければ、自分に対して法的権利をもっている者でもない人間の命令、ということらしいですね。どうやら典型的には、私たちが普通、道徳律として考えているものがこれに当たると言っていいと思います。しかし、それだけでなく、先ほど実定法のところ（前出181頁）で指摘しました、政治的政府が主権者になる前に発していた命令、これも実定道徳なのでしょうね。ここで言っている実定道徳の特徴にぴったり符合します。もしかするとオースチンは、政治的政府が発したもので、その同じ政府が主権者になれば実定法になるところの命令をも法だということにしたいがためにこのような分類をしたのかもしれません。それもサンクションを装備し義務を課しているわけですから、同じく「正しくそう呼ばれる法」だということにしておけば、いつ、どのような条件が整えばただの命令が実定法になるのか、という問題にそんなに悩まされなくて済みますからね。

それはともかく、やはりその中心には道徳律があるのだと思います。それは国によっても時代によっても多少の違いがあるわけで、普遍的かつ絶対的な神の法たる道徳とは違う、という意味で「実定（的）」という形容詞を付

けているのかもしれませんね。しかし、それをも「正しくそう呼ばれる法」に含ませているのですから、法と道徳を峻別するのが法実証主義だとするならば、の話ですが、彼を法実証主義者にしておくのはやはりおかしいことになるでしょう。

2．法理学と倫理学

さて、オースチンはこの講義の中で、「法理学の領域を定めること（The Province of Jurisprudence Determined）」（ibid.：79）を目指し、実定法こそがその対象だとしたわけですが（ibid.：86）、彼の法理学は、その対象にどのように関わるものだとされているのでしょうか。上で述べた神の法や実定道徳という対象とはまったく関わらないのでしょうか。彼の法理学が本物の法実証主義理論であるかどうかはそれ次第、ということになると思います。

彼は、法理学は実定法に関わるとしていますが、その際、「その良さとか悪さとかと関係なく考察される」ものとして関わる、としています（ibid.：172）。これは、学問として、在る法だけを対象とし、その対象の評価から自由に考察する、という意味ですね。これは間違いなく法実証主義がその学問的対象に対してとる態度です。この点は認めなければなりません。やはり、オースチンは法実証主義者だったのか。──いや、そうではないのです。

憶えていると思いますが、すぐ上（前出185-186頁）で述べましたように、彼は、実定法だけでなく、実定道徳もやはり、「その良さとか悪さとかと関係なく考察される」としていました。だからでしょうが、彼自身、その実定道徳も「法理学ときわめて類似した学問」の主題になるかもしれない、と言っているのです（ibid.）。確かに、この考察態度だけに注目すれば、かろうじてそれは法実証主義的だと言っていいのかもしれません。しかし、問題は考察対象です。言うまでもなく法実証主義は、実定法との比較で引っ張り出す以外、実定道徳をその考察対象とはしませんから、その点ではやはり彼の考察は法実証主義の守備範囲を逸脱していると言わざるをえませんね。この

逸脱は、人々の服従習慣が形成される以前と以後とに強い連続性を想定していることの必然的結果かもしれません。

ところで、この法理学と同じく、実定法と実定道徳の両方を対象としている、と彼が想定している学問があるのです。それが「倫理学 (the science of ethics)」です。彼によれば、それは「ベンサムの用語法では義務論 (the science of deontology)」のことであって、その仕事は、法理学とは違って、実定法や実定道徳の「試金石を定めること」で、「在るべきものとしての (as they ought to be) それらを詳説」することなのです (ibid.: 173)。この仕事は明らかに法実証主義の仕事ではありませんよね。法実証主義というのは、在る法の記述とその構造分析に自己限定する立場であって、彼の言う倫理学のように、在るべき法には決して関わらないからです。

オースチンは、このような倫理学を次の二つに区別しています。一つは、特に実定法に関わる倫理学で、それを「立法学 (the science of legislation)」と呼び、もう一つ、特に実定道徳に関わるものを「道徳学 (the science of morals)」と呼んでいます (ibid.)。しかし、この両方の倫理学のいずれにおいても、対象が「良いとか悪いとか」、「在るべきだとか在るべきでないとか」が議論されるのであって、その「究極的な試金石と考えられる」ものは「一般的功利性の原理」である、としています (ibid.: 174)。しかも、この観点から実定法に関わる倫理学のことを「立法学」と呼んでいる点から見ても、この倫理学は、功利主義の立場から主権者に向かって在るべき立法を提案する、ベンサムのCensor的法律学とよく似ていると言えるでしょう。詳しくは次の第4講（後出201-204頁）で紹介しますが、オースチンの法理学と倫理学の区別は、在る法を対象とするExpositor的法律学と、在るべき法を対象とするCensor的法律学という、ベンサムの区別にほぼ対応すると言っていいのかもしれませんね。

ただ、オースチンの法理学は一種類ではなく、二種類あるので、ちょっと面倒なのです。彼は、この『講義』全体の概要を示した個所で、こんなことを言っています。

私は、法理学の領域を定めたならば、「一般的法理学（general jurisprudence）あるいは実定法の哲学」を、「特定的法理学（particular jurisprudence）あるいは特定の法についての科学」から区別する。前者は、「個々の実定的な法のさまざまなシステムに共通する諸原理と諸区分に直接関わる」が、後者は、「特に限定された国家」ないし諸国家において、「現在実際に通用しているか、かつて実際に通用したような実定法のシステム」に関する科学である。前者の一般的法理学は、「在るべき法（law as it ought to be）よりもむしろ、必然的にそう在る法（law as it necessarily is）に関係する」のであって、「直接、立法学——これは、法理学と区別される倫理学の一分野でしたね——には関係しない」が、その「研究に必要ないしは有用な準備（a necessary or useful preparative）」である。そして、この一般的法理学こそ「私の連続講義の主題であり、その視野にあるもの（the subject and scope）である」(ibid.：31-32)。

　ちょっと混乱してきたでしょうか。こういうことです。ベンサムのCensor的法律学とオースチンの倫理学が対応しているのはいいとして、ベンサムのExpositor的法律学とオースチンの法理学は一対一で対応しているのではないのです。法理学には「一般的法理学」と「特定的法理学」の二種類があって、「特定的法理学」のほうは「特に限定された国家」における実定法を対象とするわけですから、「特定の国の市民」であるとされるExpositorの視点からの法律学にぴったり対応しているのですが、「一般的法理学」のほうは、さまざまな実定法システムに「共通する諸原理」などに関わるわけですから、Expositor的法律学だというわけにはいきません。あえて言えば、「世界の市民」であるところのCensor的な視点に立ったExpositor的法律学という、変なことになると思われます。これはどうやらオースチン独特のものです。まさにそれこそが自分の法学の主題だ、としている点は、どこか19世紀ドイツの一般法学や、ケルゼンの純粋法学に通じるものがあるように思いますが、それが一般的功利性の原理を究極の試金石とする「立法学」のための準備である、としている点を見れば、法実証主義のグループに

括ることは不可能だと思います。

3．ルール功利主義

　それでは、次に問題にしたいのが、実定法と神の法との関係です。
　先ほど（前出183頁）引用しましたように、オースチンによると、「神の法」には、啓示されたものと啓示されていないものとがありましたね。前者のほうは福音書にある神の言葉そのものですから誰でもすぐ分かって良いのですが、後者のほう、これは「暗黙の命令（tacit commands）」なので、それがどんなものか分かるのには、ちょっと面倒な手続きが必要なのです。つまり、私たちはまず、神が私たちに与え給うた観察力や推論能力などを用いて、自分たちの行為の諸傾向を知り、そうすることで神の慈悲深い目的を知ります。そして、そのことによってはじめて、その命令の何たるかを知ることができる、と言うのです（Cf. ibid.: 106）。その上で彼はこう続けます。

　　「神の徳は無限であり公平であるから、彼——神のことですよ——は、感覚をもった彼の創造物（all his sentient creatures）の最大の幸福（the greatest happiness）を企てている」（ibid.）。

　最大の幸福、どこかで聞いた言葉ですね。そうです。彼の師匠であるベンサムの「最大多数の最大幸福」のそれと同じです。ただ、それが慈悲深い神の企てである、としている点にオースチンの主張の特徴がありますが、この功利原理が主権者を拘束するとされる点はベンサムと変わりません。
　ところが、この功利原理を神の法として、最上の、と言いますか、実定法より上に位置づけますと、厄介な問題が起こってきます。つまり、その下にいる主権者が制定した実定法の権威と言いましょうか、拘束力と言いましょうか、そういうものが当然ながら相対化されてしまいます。つまり、主権者も人間ですし、有限の観察力とか推論能力とかを駆使して何とかしてその神の法を探り当ててそれに適う法律を制定するわけですが、そもそもが神のよ

うに完璧ではないですから、勘違いをして、かならずしも功利的ではない実定法を制定してしまうかもしれませんし、たとえ成功したとしても、無数に起こる個々の行為の場面では、功利的なはずの実定法も、かえってその存在が、そして、それに従うことが功利的でないということも起こりうるからです。そんな場合、私たち国民は実定法に従うべきか、それとも功利原理に従うべきか、という難問にぶち当たるわけです。功利原理が最上位に君臨しているわけですから、やはり功利原理に従って、主権者の命令には逆らうべきでしょうか。それとも、功利原理に適っているはずの実定法に黙って従うべきでしょうか。悩みますね。

　これは功利主義法理学の避けられないアポリアです。しかし、オースチンはこのアポリアを解決する方策を考えだしました。というよりも、正確には、既にベンサムにおいても暗黙のうちにそう前提されていたことを明示しただけなのですが、ともかくオースチンは次のようにその方策を定式化しています。結構長くなりますが、正確を期するためですので、ちょっと我慢して聞いてください。

　　我々は、人間の行為の諸傾向を収集すると言っても、その際、あたかもその行為が「単一の孤立したもの」であるかのように考えてはならず、「その行為が属している行為の種類」を見なければならない。解決されるべき問題は、「その種類の行為が一般的になされた……ならば、一般的幸福と善の上にどのような効果が生じるだろうか？」ということである (ibid.：107)。

　　「我々の行動は、行為の諸傾向から推測されたルールに合致するだろうが、一般的功利性の原理に直接依拠して (by a direct resort to) 決定されるのではないだろう。功利性は、我々の行動の試金石ではあろうが、究極的にそうなのであって、直接的にではない (ultimately, but not immediately)。つまりそれは、我々の行動が合致するであろうところの諸ルールの直接的な試金石なのであって、特定の個別的行為の直接的な試金石ではない。我々のルールは功利性に基づいて作られるだろうが、我々の行動は我々のルー

ルに基づいてなされるであろう (Our rules would be fashioned on utility ; our conduct, on our rules)。」だから、単一あるいは個別の行為の特定の結果を考慮するということは、あの究極の原理——功利原理のことです——とは滅多に一致しない (seldom consist with) であろう——個別の行為を考えてはだめだ、ということでしょう——(ibid. : 113-114；強調—引用者)。

ちょっと長くなりましたが、ここで述べられているのが〈ルール功利主義 (rule-utilitarianism)〉と言われる立場で、下点を付した一文がそれを簡潔な定式で要約してくれています。この立場は、功利原理は個々の行為の試金石だとする〈行為功利主義 (act-utilitarianism)〉と対立するものです——ところで、これらの〈ルール功利主義〉と〈行為功利主義〉という名称は、深田三徳 (1942-) の著作 (深田三徳 1984：234) から借用したものですが、若干変更してあります——。要するに、功利原理は誰に対しても常に普遍的に妥当するのではなくて、実定法を制定する主権者、立法者だけを直接的に支配するのです。その立法者が制定した実定法の下に暮らす私たち国民は、個々の行為を行なうにあたって、その実定法に支配されるのであって、それとは別に、その上にある功利原理から直接的に支配されることはない、とするものです。つまり、主権者が功利原理に基づいて制定した実定法の下に暮らす私たちは、その実定法に従うかどうかについては個別に功利計算をしてはならない、盲目的に従え、ということになるわけです。

このような〈ルール功利主義〉と言われる立場に立つことで、オースチンは功利主義哲学と、実定法を法と認める法理学をなんとか縫合させることができたかのように見えます。言いかえれば、立法以前と立法以後の二段階に、すなわち、神の法の働く段階と実定法の働く段階とに分けることで、その両者をうまく秩序づけることができたかに見えます。

しかし、本当にうまく秩序づけられたのでしょうか。それを検証するために、彼が功利原理を、ルールすなわち実定法を審査する試金石であるとした、まさにこの点に特に注目する必要があります。それは、単に、普通の自然法論のように、功利原理がまさに実定法侵犯的な自然法としての機能を持

たされていることを示しているからなのではありません。功利原理のその侵犯性の承認が、自分の提起した〈ルール功利主義〉の考え方自体と抵触し、〈行為功利主義〉的になってしまってもいるからなのです。

4．功利原理と抵抗権

　では、オースチンの功利性はどのような場合にその自己矛盾的な侵犯性を露わにしているか、という点を確認してみましょう。正確を期するために、またもや長い引用になってしまいますが、彼は、次のように述べています。

　　特定的な（specific）**考慮が、一般的な考慮と釣りあったりそれを上回ったりする**（balance or overweigh the general）ケースは確かにある。とはいえ、ルールから逸脱すれば、どうしてもそのルールの権威を弱めることになる。「しかし、我々の決断に伴う特定的な帰結がたいそう重大なものであったりしたときは、そのルールを遵守することの害悪は、それを破ることの害悪を越えるかもしれない。我々がそこからルールを推論した理由を考えてみれば、ルールを曲げられない（inflexible）ものと考えるのは馬鹿げたこと（absurd）であったりするだろう。だから我々は、**ルールを捨てる**（dismiss the rule）べきであり、我々のルールがそれに従って作られた原理——言うまでもなく功利原理のことですね——に**直接依拠する**（resort directly to the principle）べきであり、**特定的な考慮**———般的な考慮を上回ったりしたものですね——を我々の知識と能力の最善のものと評価すべきである。」（ibid.：117-118）

　思わず、待てよ、と言いたくなったでしょう。ついさっき、〈ルール功利主義〉をぶち上げたではないか。功利性は私たちの行動の直接の試金石ではない、と言ったばかりではないか。その舌の根も乾かないうちにその考えを否定するのか。——そう思って当然です。彼は、「特定的な帰結がたいそう重大なもの」であるときは、という限定つきではありますが、明らかに、個

別の場面でのルール遵守の害悪とルール違反の害悪とを功利性の天秤に載せ、ルール遵守の害悪のほうが重い場合は、ルールに従うのは馬鹿げているから、功利原理に従ってルールを破れ、とまで言っているのですからね。〈ルール功利主義〉の公然たる自己否定です。極端な話、これではアナーキーを許容することになってしまいますよね。

ところで、このように功利原理によって実定法がオーバールールされることを認めるこの主張は、別の言い方をすると、「悪法は法ならず」の思想に他なりませんね。功利原理に適っていない法は悪法だから、そんなものに服従する義務はない、と言っているのと同じだからです。改めて指摘するまでもなく、この思想は法実証主義のものではありません。自然法論のものです。そして、この自然法論すなわち「悪法は法ならず」の思想は、ほぼ必然的に抵抗権の承認にもつながっていくものなのですが、オースチンの場合も、やはり予想通り、抵抗権を認めるのです。彼は、上の引用の直後に、こう述べています。

　「たとえば、もし我々が功利原理を神の命令のインデックスと看做すならば、設立された政府への服従は神によって一般的に申しつけられている（enjoined generally）ものと推論しなければならない。……しかしながら、その推論の根拠は、政府の功利性（the utility of government）である。だから、政府がもたらす保護の費用が高すぎたり、政府が我々に無用な束縛をかけて困らせたり……したならば、我々の一般的義務として服従を指示した原理は、抵抗を勧め正当化する（counsel and justify resistance）かもしれない。……悪い政府と良い政府の違いが重大なものになるとすると、悪い政府に対する抵抗は、それが良い政府を導くと思われる場合は有益（useful）であろう（ibid.：118）。

これは、明らかに啓蒙思想（社会契約論）における抵抗権ないしは革命権の理論と酷似した発想ですよね。もちろん、一方は自然権、自然法、他方は功利原理と、その前提は異なっていますが、抵抗の正当化の仕方は全く同じと言っていいくらいです。私は抵抗権を認めたオースチンを責めているので

はありません。自然法論者だったならばそれを認めるのは当然のことです。むしろ私が批判したいのは、このようなオースチンを疑いもせず法実証主義者として扱ってきた人々です。

ちなみに、オースチンが社会契約論をどう捉えていたか、という点もここで確認しておきましょう。彼はもちろんそれには批判的です。でも、法実証主義の立場から批判しているわけではないのです。彼によると、

> それは、国民がその主権政府に負う義務や、主権政府が国民に負う義務を説明するために、「原初的な契約（an original covenant）」という「仮説」に頼る立場だが、そのような仮説は不必要（needless）であるどころか、それより悪い。たとえ、独立政治社会の形成に先立って実際にそのような契約が存在したとしても、「それらの義務の起源を単純に……その明々白々な源泉（apparent and obvious fountains）に、つまり、神の法、実定法、そして実定道徳に求める」ことで、十分にそれらの義務を説明することができるからである（ibid.：305）。

> この仮説は、「ひとつの虚構にすぎないばかりか、ほぼ不可能に等しい虚構である」（ibid.：315）。

まあ、社会契約のような虚構など持ち出さなくとも、神の法やそれに適う実定法や実定道徳で国家は完璧に説明できる、という意味でしょう。しかし、言うところのその「明々白々な源泉」のうち、最上位にある「神の法」はそんなに「明々白々」でしょうか。私には、社会契約と同じくらい「明々白々」な「虚構」のように思えてなりませんが、皆さんはどうですか。同じように、抵抗権を認めてもいますし、神の法と社会契約は、国家に関する説明として、ほとんど同じ役割を果たしていると言ってもいいのではないでしょうか。

それはともかく、抵抗権を認めてしまったのですから、彼の〈ルール功利主義〉も全く徹底したものではなかったということに、つまり、いったん主権者によって功利原理に基づいて作られた功利的なルールに従うか否かも、より高次の神の法に基づいた、国民サイドの功利計算の対象になる場合があ

りうる、ということになりますね。一応彼は、「通常のケース（ordinary cases）」ではルールに従わなければならないのであって、政府への抵抗が「神の思し召し（the Divine pleasure）」に適うか否かが問題となるのは「例外的（anomalous）」だとしています（ibid.）。ルールの上の原理に直接依拠していいのは、あくまでも、現政府が「良い政府」と違いすぎている——ということは、功利原理から見て到底看過できない政策をその政府が行っている、ということのはずです——という例外的な状況の存在と、それに対する抵抗によって「良い政府」が産み出されるという見込みがあることが条件になっています。

しかし、通常のケースと例外的ケースとの境界は、誰がどうやって間違いなく引くのでしょうか。神の思し召しに適うかどうか、誰がどうやってお伺いを立て、神託を頂戴するのでしょうか。彼はそれについてははっきり述べていないと思います——もちろん、述べられるはずはない、と思いますが——。そうだとすると、誰もがどのようにでも決められるし、どのような神託でも頂戴できるということで、結局は、オースチンの功利原理は、立法者ないしは主権者のみを対象とする立法以前に限定される機能をもつ神の法という名の自然法などではなく、実は、立法以後も普遍的に妥当する自然法に他ならなかった、ということが分かります。

まとめ——自然法論者オースチン

彼がこれまで法実証主義者と言われてきたのは、主権者命令説を代表とする実定法理論に基づいてのことでしたが、ここで確認してきましたように、実はその対象である実定法そのものが、彼によれば普遍的な功利原理という一種の自然法、つまり神の法に適っているかぎりで効力をもつものでした。すなわち、実定法というルールは、功利原理に適っているかぎりで行為の規準になるにすぎないのであって、その原理に適わなければ、服従しなかったり、政府を打倒したりしても構わないものだったわけです。結局は、功利性

が個々の場合の行為選択の最終的規準となっていたということになります。つまり、オースチンが、どこか法実証主義と親和的な印象を与える〈ルール功利主義〉の立場に立っているのは特に深刻な問題の生じていない通常の場合だけのことで、ルールへの服従の不効率が座視できないほど大きくなったような例外的な場合には、その立場をかなぐり捨ててしまうわけですから、本質的なところでは、彼は行為功利主義者だったわけです。すでにその都度指摘しましたように、このような彼の思想は、その根底において、功利原理を実定法の効力根拠としての自然法の地位に置く、押しも押されない自然法論的発想です。

ところが彼は、一見するとこの自然法論的発想と矛盾するように見えるのですが、『講義』の第5講の末尾に付けられたノートで、「何が法か」と「何が法で在るべきか」を混同した議論に対する法実証主義的と言ってもいい批判も行なっているのです。最後にその点を検証してみましょう。こうです。

「法の存在とそのメリット・デメリットは別問題である。」「現実に存在している法は、我々がたまたま嫌がる（dislike）ものであろうとも、また、賛同するかしないかを我々がそれで決めている文書（text）——法律条文とか判例のことだと思います——から逸れていようとも、法である。」
(ibid.：214)

良い悪いとは異なる、私たちが「嫌がる」かどうか、という好みの問題とか、おそらく個別の判決が法律条文などから逸脱するという、認識と評価の区別とは別次元の問題が挙げられているところが少々気になりますが、結論的には、法実証主義も同意する主張でしょう。在る法の認識と、どのようなものであれ、その評価とを峻別し、法典も、それを適用したと称する判決も、どちらも法だとする——ケルゼンの言葉で言えば、法の動態理論ですね——のが法実証主義だからです。ところが、それに続けて個別の議論を批判しているのですが、それが問題なのです。彼は、混同の例として、自然法論者であるブラックストーン（William Blackstone：1723-1780）やプーフェンドルフ（Samuel Freiherr von Pufendorf：1632-1694）のものなどいくつか挙

げ、それらを批判しています。ブラックストーンに絞って、それを紹介しましょう。これが予想に反してとても法実証主義的な批判とは言えないものなのです。

　ブラックストーンは、いかなる人定法も、神の法と矛盾したままに放置されるべきではなく、それらに反した場合は、まったく妥当しない、ということを、そして、すべての妥当する法はその力をその神の原典から引き出している、ということを述べている。

　もしこの意味が、「すべての人定法は神の法に一致すべきである」ということであるならば、そして、「人間の命令が神の法と衝突した場合、我々は比較的に──神の法と比べて、ということです──強力でないサンクションによって強制される命令には背くべきである」ということであるならば、さらに、「法を制定する人間は、神の法がその究極的な基準によって課している法を形成するよう神の法によって義務づけられているが、それは、そうしないと神が彼らを罰するからである」ということであるのならば、彼の提案に「私は完全に同意する（I entirely assent）。」

　しかし、ブラックストーンが意味するところは、おそらく、「神の法と衝突する人定法は義務づけ」ず、別の言葉で言えば、「法ではない」ということであって、そうだとすると、それは「全くのナンセンス」である。なぜなら、神の意志に著しく反する法が、「司法裁判所によって法として執行されてきたし今も絶えず執行されている」からである。（ibid.：214-215)

明らかなように、オースチンはブラックストーンの自然法論的主張を、自分の考えとは全く異質なものとして批判しているわけではありませんね。しかも、彼が完全なる「同意」を与えている三つの命題を見てみると、それはまさしく自然法論のものです。言うまでもないことですが、法実証主義は神の法なるものの存在など認めませんから、人定法がそれと衝突したときに人定法には背くべきだなどとは、口が曲がっても言うわけがありません。

　彼がブラックストーンを批判するのは、もしブラックストーンが自分の同

意できる限界の一線を踏み越えて、神の法に違反した人定法は「法ではない」、などと考えていたとしたら、という仮定の下でのことです。その推測が当たっているかどうかは別にして、たしかに、いわば「悪法は法ならず」と言い直すことのできるブラックストーンの主張に対して断固たる反論を加えている点は、法実証主義のように見えます。そして、ブラックストーンのこの主張を「ナンセンス」と断ずる理由として、だって裁判所によって執行されているじゃないか、という意味のことを述べているのには驚かされましたね。というのも、このような反論はまさにケルゼンの法の動態理論からのものとそっくりだからです。しかし、彼の反論は、決して、ケルゼンのように、学問としては在る法の認識にだけ自己限定する法実証主義の立場からなされているのではありません。彼は、無政府状態を惹き起こしてしまうことを極度に恐れているから、自分も「悪法は法ならず」と言わず、人にも言わせないだけなのです。引用します。

　神の法は常に確かなものである (certain) とは限らない。つまり、「神の意志のインデックスとしては、功利性は明らかに不十分な (insufficient) ものである。」だから、ある人には有害に見えるものが他の人には有益に見えることもある。しかし、「平和な時期は功利性の命令は幸運なことに明白であり、無政府主義的な教義は眠っている (the anarchical doctrine sleeps)」。したがって人々は、自分たちが好まない法の妥当性も習慣的に認めるのである。とはいえ、「ある法が有害であることを適切な理由を挙げて証明すること」は、「その法の廃棄を導きうるから有益であ」り、「決然たる功利性の見解によって公衆を抵抗に駆り立てること (to incite the public to resistance by determinate views of utility)」も、それは「ときに利をもたらすから有益である。だが、有害な法、あるいは神の意志に反する法はすべて無効であり許容されない (void and not to be tolerated) と一般的に宣言する (proclaim generally) ことは、愚かで人を苛立たせる暴政に対するのと同じように、賢明で恵み深いルールに対しても、好ましからざる危険な無政府状態を唱道する (preach anarchy) ことであ」る (ibid.：215-216)。

彼は、社会が無秩序の混乱に陥る危険性のあることを述べるなどもってのほかである、と固く信じていたのですね。だから、「法の存在とそのメリット・デメリットは別問題である」と言ったのでしょう。どんなものであっても、法が法であることは否定してはだめだ。主権者が発した命令はとにかく法であることを認めなさい。そのように認めたうえでなら、その法の廃棄を目指し、功利性の観点から人々をその法に対する抵抗に駆り立ててもいいのだ、というわけです。抵抗までならいいが革命はだめだ、ということかもしれませんね。かなり現実的というか政治的な議論ですよ。外見的にはそう見えたとしても、これは決して学問的な、つまり法実証主義的な議論ではない、と言うしかありません。

要するに、オースチンは法実証主義者ではなく、自然法論者だった、というのが私の結論です。

【引用文献表】

Austin, John
 1972 ***Lectures on Jurisprudence or the Philosophy of Positive Law***, Vol. 1 (The Province of Jurisprudence Determined), 5th ed., revised and edited by Robert Campbell, unveränderter Neudruck der Ausgabe London 1885, Bläschke & Ducke Gmbh, Darmstadt.

深田三徳
 1984 『法実証主義と功利主義――ベンサムとその周辺』木鐸社。

Hart, Herbert Lionel Adolphus
 1961 ***The concept of law***, Oxford: Clarendon Press.（邦訳：矢崎光圀監訳『法の概念』みすず書房）

Hegel, Georg Wilhelm Friedrich
 1854 ***Grundlinien der Philosophie des Rechts, oder Naturrecht und Staatswissenschaft im Grundrisse***, Dritte Aufl., hrsg. von Eduard Gans, Verlag von Duncker und Humblot, Berlin.

稲垣良典
 1976 「法と習慣」『法理学の諸問題　加藤新平教授退官記念』有斐閣所収 130-153頁。

八木鉄男
 1977 『分析法学の研究』成文堂。

第4講　ベンサム功利主義法学[*]

はじめに

　次の第5講で詳しく紹介するホッブズの死から約70年の後、同じ英国に生まれ、ホッブズとは異なる、と言いますか、対立する哲学的立場——ホッブズは社会契約論で、ベンサムは功利主義です——に立ちながらも、その「主権者命令説」に代表される法実証主義的な理論を実質的に受け継ぎ、英米に特有の分析的法実証主義の伝統を形作った、とされるのがジェレミー・ベンサムです。

　しかし私は、ベンサム理論の中の法実証主義的な部分が、ホッブズの場合とは比べものにならないほど自覚化、精緻化されていることは認めますが、やはりまだ、不純な部分があったことを指摘せざるをえません。その不純な部分については後述するとしまして、まずは彼の理論の中で、法実証主義的なものとして特に取り上げるべき点から紹介しましょう。

1. 説明者と検閲者

　彼は、1776年に『政府論断片（*A Fragment of Government*）』という著書を匿名で発表していますが、その中で彼は、「法とは何か」に関する議論と、

---
[*] 1988、1989年度東京都立大学法学部「法思想史」講義より。

「法とは何であるべきか」に関する議論とを区別すべきことをはっきりと主張していました。これは、法に関する認識的な言明と評価的な言明を区別すべきことを強調している点で、法実証主義と自然法論の対立の根幹に自覚的に触れる、おそらく歴史上はじめての議論であると言っていいと思います。その議論とはこういうものです。少々長いですが、重要なのでほぼそのまま引用します。なお、言うまでもなくベンサムの英語は古文と言ってよいもので、日本で言えば江戸時代中期のものですから、訳すのには大変難渋しました。そこで、次の引用箇所のみならず、訳出にあたっては、法哲学分野でのベンサム研究の先達である深田三徳の訳文（深田三徳1984）をかなり参考にしたことをあらかじめ断っておきます。

　「法という主題について何か言うべきことを見出した者はみな、そのどちらかの立場に立っていると言える二つの人格がある。——その人格とは、説明者（Expositor）のそれ と検閲者（Censor———一応、私はこう訳しましたが、実はもともとこれは、法務官（praetor）と並ぶ古代ローマの官職である戸口総監なので、そのニュアンスを残すために、これからは、説明者とともに原語のほうで言うことにします。——）のそれである。」

　「Expositorの職分に属すのは、自分の思うところ、法が何であるか (what, as he supposes, the Law is)、を我々に説明（explain）することである」から、彼は「主に事実を叙述したり、問題にすることに従事している」のであって、「精神の能力のうち、理解力、記憶力、そして判断力以外のものには全く関係を持たない」。そして、「法が何であるかは、異なった国々によって大きく異なる」から、彼は「常にあれやこれやの特定の国の市民であ」り、「立法者やその下働き（underworkman）である裁判官がすでに何をしたか、を示すこと」がその仕事である。

　これに対して、「Censorの職分に属すのは、彼が考えるところ、法は何であるべきか (what he thinks it ought to be)、ということについて我々に所見を述べることである」から、彼は「主に〔事実の〕理由を議論することに従事している」のであって、彼が「検閲（review）する対象」について持

つ「快や不快といった感情（sentiments of pleasure or displeasure）」のおかげで「情（affections）と一定の交渉を持つ」。そして、「法であるべきものはほぼ万国共通である」から、彼は「世界の市民であるか、そうでなければなら」ず、「立法者が将来何をなすべきか、を提案」し、「立法者が実践する学問を教えること」がその仕事である（Bentham 1977a：397-398）。

　ベンサムはこのように、法に関する Expositor の仕事と Censor の仕事を明確に区別しているのですが、この両方の仕事、つまり、在る法の説明と在るべき法についての所信表明とを厳格に区別することが、あるいは彼流に言い直せば、Expositor と Censor というように異なった「人格」として区別することがまさに法実証主義の立場であり、しかも、自己を Expositor の立場に限定すること、つまり、在る法の説明に自己限定して、在るべき法については語らないことが、真の法実証主義なのです。それに対して、自覚的にせよそうでないにせよ、それを区別しないのが自然法論だと言っていいと思います。だからベンサムは、まさにこの区別を説いたという点だけで、初代法実証主義者としての令名に値すると言ってしまいそうになります。

　ところが、そう簡単に言えない事情があるのです。もし彼が本当に法実証主義者ならば、Expositor の立場にこそ身を置き、その仕事に専念し、Censor の仕事から一切手を引かなければならないはずですが、彼はその逆のようなことを言っているのです。すなわち、

　　説明的種類（expository class）の部分と検閲的（censorial）種類の部分を持つ論文は、後者の方が愚かさ（imbecillity）で満たされていたら、それは、前者も類似の弱点を持っているという兆候である（ibid.：404）。

　彼は、両方をきちんとやるべきだ、いや、むしろ Censor の仕事に力を入れろ、こっちの方が大事だ、としているわけで、コモン・ローの大家ブラックストーンが Expositor 業務のみを遂行し、Censor 業務を「副業（parergon）」にすぎないとしたことを批判しました（ibid. 398）。たしかにベンサムは Expositor の仕事も一応しています。しかし、それも含め彼の議論は、

やはり全体としては Censor の立場にからめとられているのです。最初に言った彼の理論の不純性の一面はまさにこの点に現れているのです。

そして、さらに注意しておかなければならないのは、Expositor は特定の国の市民ですが、Censor は特定の国々に対して超然としている「世界の市民」であるということです。ベンサムだってイギリスの市民でしたし、誰だってどこかの国の市民ですよ。どこの国の市民でもない、そんな宙に浮いたような人が現実にいるとは思われませんが、功利主義というものはそういう立場から語られている、ということです。決して私たちと同じ地面の上に立って論じられているわけではないのです。この点は重要ですので、常に頭の片隅に置いていてください。

2．最大多数の最大幸福

1）快楽と苦痛

さて、この区別における Censor の立場から、あの有名な著作『道徳と立法の諸原理序説（*An introduction to the principles of moral and legislation*）』（1780年執筆、1789年出版）が書かれました。つまり、ベンサムは、「法は何であるべきか」に関して、「最大多数の最大幸福」という功利主義テーゼを立法の原理にすべきである、という所見を述べたのです。彼はまずこう言っています。

> 「自然は人類を苦痛と快楽（pain and pleasure）という二人の主権者の支配の下に置いてきた。われわれが何をしなければならないかということを指示し、また、われわれが何をするであろうかということを決定するのは、ただ苦痛と快楽だけである。」（ベンサム1979：81）

人類は苦痛と快楽という内在的な専制君主の支配から決して逃れられない、というわけです。この人間観は、彼のオリジナルというより、人間の行動体系を快や不快、および利害関心で説明したフランス唯物論者 C.-A. エ

ルヴェシウス（Claude-Adrien Helvétius：1715-1771）の強い影響を受けたものとされていますが、この専制君主、実はかなりの多人数なのです。快楽のほうには、「感覚の快楽」、「富の快楽」、「熟練の快楽」、「親睦の快楽」など計14人、苦痛のほうには、「欠乏の苦痛」、「感覚の苦痛」、「不器用の苦痛」、「敵意の苦痛」など計12人がいます（同前：117）。したがって、私たちが「何をしなければならないか」という問題にぶつかったとき、あちこちからたくさんの指示が飛んでくることになるわけで、私たちはどの主権者に従うべきか迷うはずです。しかし、立法の諸原理を説こうとするベンサムは、立法者は迷わないですむ、と考えているのです。彼はこう言っています。

　「快楽とそして苦痛の回避ということは、立法者が考慮しなければならない目的である。」そして、「快楽と苦痛とは、立法者が仕事をするための手段である。したがって、立法者はその力を理解しなければならない。」しかし、これらの快楽と苦痛はすべて、その「強度」、「持続性」、「確実性」、「遠近性」、「多産性（fecundity）――快楽なら他の快楽を、苦痛なら他の苦痛を伴う可能性のことです――」、「純粋性――快楽なら苦痛を、苦痛なら快楽を伴わない可能性のことです――」、「範囲（extent）――それによって影響を受ける人々の数のことです――」に従って「より大きく、またはより小さくなる（will be greater or less）」ので、「社会の利益が影響を受ける、ある行為の一般的な傾向の正確な計算（an exact account）は、次のように行われる。」（同前：113-114―訳文は若干変えました。）

　つまり、たくさんあっても快楽と苦痛は間違いなく計算でき、どちらが大きいか小さいかという正確な比較が可能だ、と言うわけです。しかし、そのあと、誰もが納得するような数値表や算定根拠や計算式が提示されているのであればいいのですが、期待に反して、そうはなっていないのです。今引用した個所は、この著作の第4章にあります。そして、この章は「さまざまな快楽と苦痛の価値、その計算方法（how to be measured）」と題されていますから、誰だって、そこには公式や方程式のような計算方法が書かれているものと期待しますよね。でも、そうではないのです。計算方法に関する彼の記

述は、翻訳書で１頁に満たないきわめて簡潔なものです。だから、要約しないでそのまま引用してもいいくらいですが、それも工夫がないので、少しは要約します。ベンサムはちゃんと計算式を示しているのに、私がそれを隠しているのではないかと疑う人は訳本で確認してみてください。

　まず、「その行為によってもっとも直接に影響を受けると思われる利益を持つ特定の人」からはじめ、その人について、その行為によって最初に生み出されるように思われる「快楽の価値（value）」と「苦痛の価値」、および、その快楽と苦痛の「多産性」と「不純性（impurity）」を計算に入れる。そして、「一方においてすべての快楽のすべての価値を、他方においてすべての苦痛のすべての価値を総計（sum up）する。」その結果、「差し引きが快楽のほうに多いならば（the balance, if it be on the side of pleasure）、その個人の利益に関して、その行為が全体として良い傾向（good tendency）を持っていることを示しているだろう。」苦痛のほうに多いならば、その逆となるだろう。

　次に、「その利益が関係を持っているように思われる人々の人数を計算に入れて、以上の過程を各人について繰り返す。」そして、同じように「差し引きしてみて、もしも……快楽のほうが多いならば、関係する個人の総数ないしはその社会に関して、その行為が一般的に良い傾向を持っていることを示しているだろう。」苦痛のほうが多いならば、その逆となるだろう（以上、同前：114-115―なお、訳文は若干変えました。）。

　これだけのことしか言ってないのです。快楽と苦痛について、その価値や多産性や不純性をどうやって「総計」して、相互に「差し引き」して、どっちが「多い」とか「少ない」とか判断するのでしょうか。最低限、それぞれの価値などを数値化しなければそんなことできるはずがありません。知りたいのはその数値化なのに、それについては何も教えてくれていませんね。こういうところが功利主義的理論の致命的欠陥である、と言ってもいいのですが、誰でも少し考えれば分かるとおり、もともとそんなものは示しようがないのですよ。だから、計算できる、比較することができる、などという話

は、眉唾以前のもので、信じてはいけない類いのものなのです。つまり、功利原理というのは、ベンサムが頻りにそのような印象を与えようとしているような、客観的に確定可能なものではないのです。要するに「情（affections）と一定の交渉を持つ」（Bentham1977a：397）理念にすぎなかったのです。

だから、快楽と苦痛の数値化がなされていない以上、彼の理論の眼目とされる「最大多数の最大幸福」などという調子のいい話も、本当はもう聞く必要はないのですが、一応紹介はしておくことにしましょう。

2）功利主義的立法

彼はこんなふうに言っています。

> ある政府の政策が「功利性の原理（the principle of utility）に適合している」、と言えるのは、「社会の幸福（happiness）を増大させる傾向が、それを減少させる傾向より大きい場合」であり、そのような「功利性の原理に適合している行為」とは、「しなければならない行為」、「正しい（right）行為である」（ベンサム1979：84）。だから、「社会を構成する個々人の幸福、すなわち、彼らの快楽と安全（security）」、つまり「快楽」と「苦痛からの免除（immunity from pain）」が、「立法者の考慮しなければならない目的である」（同前：108,109）。

彼自身の言葉で「最大多数の最大幸福（the greatest happiness of the greatest number）」（Bentham 1977a：393）と表現されるのは、この意味で功利的な政策のことなのですが、改めて言うまでもなく、これは社会を構成する人々の快楽の総量と苦痛の総量とを比較して前者の方が大きいという政策ということになっていますから、当然のこととして、彼は、その政策で苦痛を感じる人々が少なくとも一部には存在しうる、ということ、もっと言えば、中には快楽よりも苦痛の方が大きい人も存在しうる、ということを認めているわけです。

ところで、社会における苦痛というものは、その総量が快楽のそれよりも

小さければ、社会全体としては、我慢できるし、我慢してもいいかもしれないし、しなければならないかもしれませんが、その社会の構成メンバーで、その政策がもたらす快楽よりも苦痛のほうが大きい個人の立場から見れば、その苦痛を我慢しても何もいいことはないですよね。つまり、その政策に羊のように大人しく従うのは割に合わないですよね。

　そうするとこの人は、やはり快楽と苦痛を主権者と仰いでいるわけですから、公然とではないにせよ、この主権者の命令に従ってこの政策に従わないですむ方策を探すかもしれませんね。そして、このような人たちが結構な人数出てきて、密かに脱法的なことをしたり、はては、この政策や政府そのものに反抗したりしたならば、理論的には、つまり皆が文句も言わずに唯々諾々と従ってくれさえすれば功利性に適合していたはずのこの政策も、反抗抑圧や違反行為摘発などで相当なコストがかかり、差し引きしたら功利的ではなくなってしまう、などという事態も生じるかもしれません。これはまずいですよね。

　ところがベンサムはそのようなことであまり悩んでいなかったようです。どうやら、功利主義というのは絶対的な真理のようなものであって、そんな事態は考えられない、と思っていた節があります。こんなことを言っていました。

　　「どんなに愚かでひねくれているとしても、……おそらく生涯のたいていの場合に、功利性の原理にしたがわないような人間がいるはずはないし、過去においてもいたことはない。」もっとも、「この原理を……留保なしに受け入れようとする人々は、……おそらく多くはなかったであろう。……人間とはそんなものである（such is the stuff that man is made of）。」場合によっては、「功利性の原理を攻撃しようと試みる」人も出てくるだろうが、「その人はそれと気づくことなしに、功利性の原理そのものから引きだされた理由によって攻撃しているのである」（同前：85）。

　こういう自信は一体どこからくるのでしょうか。私の理解を超えています。はじめてこの箇所を読んだとき、私は、なんだか、孫悟空が結局お釈迦

様の掌の中から出られなかった、という話を思い出してしまいました。——それはともかく、唯々諾々とではないにしても、すべての人は、この原理の下に置かれていて逃れられないのだ、ということですね。

3）功利主義的調整

とはいえベンサムは、反抗する連中がいることも想定していましたよね。とすると、立法者はこのような人たちがあまりたくさん出てこないようにしなければならないはずです。だから彼は、功利主義的に正しい政策をスムースに実施していくための功利主義的なやりかたを考案して、立法者に指示します。こういうことです。

> 人間が、「なされなければならないこと」を「するようにさせられる（be *made* to）のは、究極的にはただ苦痛または快楽による」。だから、「快楽と苦痛とは、立法者が仕事をするための手段（instruments）である。」そして、「快楽と苦痛とが、行為の何らかの法則または基準に拘束力を与えることができるかぎり、それらはすべて制裁（sanctions）と名づけることができ」、政府の仕事は、その制裁の一種で、法律による「政治的制裁」である「刑罰（punishment）と報償（reward）によって、社会の幸福を促進すること」だ、ということになる（同前：109-111, 113, 148 強調—原著者）。

つまりこの考えは、「利益と義務の結合」と言うべきもので、「公共の利益を増すような行為をしたものにその報いを与え、害を与えるような行為をしたものに罰を加え、公共の利益に合致するような行為をすることが自分の利益つまり快楽になり、逆の行為をすることが不利益つまり苦痛になるようしむける」のが「立法の用いる手段」である、ということになるのです（関 1979：30参照。）。簡単に言ってしまえば、アメと鞭の政策ですね。このアメと鞭をうまく使えば、人々にとって、公共の利益を増大させる政策、つまり最大多数の最大幸福を実現する政策に合致する行為をなすことが自分の利益つまり快楽となり、逆の行為をなすことが不利益つまり苦痛となるので、さっきの人もあえて抵抗せずにこの政策に従うだろう、という寸法ですね。

しかし、これは実におめでたい話で、そんなにうまくいくはずがありません。人間って、そんなに単純なものでしょうか。そもそも、ベンサムが言うように、人間には快楽と苦痛という主権者しかいないのでしょうか。人間には、耐え難い苦痛が待っていることが分かっていても、あえてその方向に進むという非合理的、いや非功利的な選択をする傾向が全くないと言えるでしょうか。報償と罰だけでなんとかなる、なんて甘すぎます。

例えば、こういうふうに想定してみましょう。もちろん、ベンサムの言う通り快楽も苦痛も客観的に数値化できると仮定して、の話ですがね。
まず、最大多数の最大幸福を実現するこの政策で、社会全体の快楽平均値（快楽総量を国民の数で割ったもの）は、最大値10のところ、6になり、苦痛平均値は同じく3になるとします。そして、快楽の6を＋6として、苦痛の3を－3として比較すれば、その差は＋3になるとします。そして、私が注目する不幸な人――仮にＭ氏としておきましょう――は、この政策によって快楽2、苦痛6を感じるので、その差は－4になるとします。そうしますと、このＭ氏はこの政策下でもなんとかして自分の快楽を最大化し、苦痛を最小化しようと努力するでしょう。それどころか、もしかすると、自分を見捨てた政府や多数の国民に恨みを抱いて、反社会的な行為に出るかもしれません。そうすると皆、心穏やかに生活していられませんね。それは社会としては大変まずいので、政府はスムースな政策遂行を実現するために義務と利益を結合させて、服従すれば快楽を2上げてやる、あるいは、逆らえば苦痛をさらに2加えるぞ、と言ったとしましょう。

そうすると、このＭ氏にしてみれば、たしかにしぶしぶでも従ったほうが、差し引きは－4から－2へと、2だけ小さくなります。でもまだマイナスですね。まだ不満は燻っているわけです。ですから、少し和らげられたとはいえ、このような人たちがそれなりの人数存在しているとすると、それはこの正しい政策の遂行を妨げる要因であり続けるわけです。だから、政策決定者はその障害を可能な限り取り除かなければなりません。だからでしょうが、ベンサムは、政府が用いる主要な手段である刑罰に関してですが、次の

ように述べています。

> 「すべての刑罰はそれ自体としては害悪である」から、「功利性の原理によれば、……それは、何らかのより大きな害悪を排除する見込みがあるかぎりでのみ許容されるべきであ」るが、犯罪予防のためのその「価値は、いかなる場合でも、その犯罪による利益（profit）の価値を少なくとも十分上回るものでなければならない。」(Bentham1970b：158, 166)

　この伝で言えば、もう一方の報賞に関してもその価値は、法に従わない場合にもたらされる苦痛を「少なくとも十分上回るものでなければならない」、ということになるはずですが、ベンサムはたぶん本気ではそんなことを考えていなかったように思います。

　と言いますのも、このM氏の場合、政策遂行によるもともとの苦痛は6でしたから、それを少なくとも無にしようとする犯罪がもたらす利益を十分上回る、ということになると——整数で言えば——報賞を最低7あげなければならないことになってしまいますね。そうすれば、このケースの場合、この人の快楽は2＋7で合計9となり、6だった苦痛との差は全国平均＋3と同じになるのですが、快楽のほうだけ見ると、快楽平均値6を3も上回ることになってしまいます。普通に従っている人よりも、見掛け上はいい思いをする人も出てくる、ということですよね。だから、もともとの快楽2に、服従に対する報償を加えた結果が最低7になればよいとするならば、あるいは、快楽と苦痛の差である－4を埋め合わせるとしても、報賞は5でいいわけですが、それでも平均より多めですね——とはいえ、こんな数値設定は私が全く恣意的に、と言いますか、こういう結果になるように操作しているのは分かってもらえるかと思います。ベンサムが示してくれないから、こんなことになるのだ、というのが言い訳です。

　それはともかく、たしかに、そのくらいしなければこのM氏は納得しないでしょう。しかし、よく考えてみてください。政府が自由にそのような報賞を与えることができるということは、それも社会全体に対して漏れなくできるということは、政府ははじめから豊富な快楽資源を持っていた、という

ことになるわけで、そんな資源、天から降ってでもこないかぎり、同時代か過去の世代の誰かの苦痛を代償にしてしか手に入れられないものですから、正しい功利計算は世代間の問題をも考慮に入れた、想像できないくらい複雑なものになってしまいます。だから彼は、サンクションとして刑罰とともに報償も挙げているにもかかわらず、刑罰のことしか言わないのだと思います。投入される資源ははるかに少なくて済みますからね。彼自身、報賞が利用されることがほとんどない理由の一つとして、「快楽の資源は少なく、すぐ尽きてしまう」ということを挙げています（Bentham 1970a：134-135）。

さらに指摘しておきたいことがあります。もし、功利原理に適合した政策の遂行にあたって、このような報償による調整をしても功利原理上の問題はないと考えられるのならば、そもそも最大多数の最大幸福だの、功利原理に適合した政策だのと言う必要はないわけで、どんな政策だってかまわないことになってしまうのではないでしょうか。大事なのは、政策そのものではなくて、今見たように、それをスムースに実施するために行う、義務と利益を結合した（微）調整のほうで、その結果すべての人々について快楽が苦痛を上回ること、にほかならないわけですからね。だから、ベンサムが鞭のみならずアメをも立法者の手段だと主張し続けるならば、極端な話、ベンサムの功利主義というのは、一般に言われるような少数派切り捨て的な冷酷な功利主義ではなくて、なんだか、面倒見のいい福祉国家の考え方に近いと見られかねないことになるわけです。ただ、私は、そちらの方が論理一貫しているように思いますが。

4）快楽と苦痛の計算可能性

さて、以上の点も見過ごすことのできない問題点ですが、功利主義のもっと重要で本質的な問題点は、快楽と苦痛の計算可能性そのものなのです。ここまでは、快楽と苦痛は数値化し、比較することができるというベンサムの言い分を百歩譲って受け入れて考えてきました。しかし、先にも少し触れたように、そもそもその言い分には根本的な疑問がありました。

社会全体の14種類の快楽と12種類の苦痛を、いったい誰がどのように数値

化して計算、比較するのでしょうか？　ベンサムはその計算式を我々に示してはくれませんでしたが、Censor たる彼しか知らない秘密の箱か何かの中にそれがあるとしましょう。そして、彼はそれに基づいて確実に計算できるのだとすると、ある国の立法者は、功利原理に適った立法を行おうとした場合、必ずベンサム先生のところに出かけて行って、お伺いを立てなければなりませんね。自分であてずっぽうの計算をして、間違った政策を選択してしまったら、市民に取り返しのつかない多大な損害を与えてしまうかもしれません。だから、間違いなく計算できると宣っているベンサム先生に確実な功利計算をしていただくほかないわけです。

　しかしこの計算、ちょっと想像しただけでも恐ろしく大変な仕事ですよね。その当時――アメリカの独立とフランス革命の間あたりですが――のイギリスの人口がどのくらいだったか知りませんが、たとえば人口が500万人くらいしかいない現在の中規模国家を例に取ったとして、一人につき、快楽と苦痛合わせて合計26項目について、それぞれ「強度」「持続性」「確実性」などの7つの点で数値化を行い、それらを全国民分集計し、平均値を出して比較する、というわけです。それも政策ごとにやるわけです。どのくらいの計算になるか、ちょっと想像してみてください。電子計算機なんて思いもよらない時代に、よくも自分にはできると豪語したものですよね。

　それでも、ベンサムはやり遂げるのでしょうね、たぶん。そして、それに基づいて、これこそが間違いなく正しい政策であると、立法者に伝えるのでしょうね。しかし、はたしてその立法者はその判断を有り難く承って、素直に感謝して国に帰るでしょうか。皆さんならどうしますか？　私だったら帰りませんね。ベンサム先生の計算が正確で信頼に足るものである、と信じる根拠がどこにもないからです。国に持ち帰って、これがベンサム先生の仰る正しい政策なのだと説明しても、国民全員が、文句も言わずにその執行に納得してくれるでしょうか。どうしたって、後でアメはもらえるかもしれないが、とりあえずはそれで割を食う国民がその中には必ずいるのですから。

　このようなやり方でも納得してもらえるのは、ベンサムという人物が、その国の国民全員が篤く信仰している「神」――同然の存在――であって、こ

の政策がその有り難い「お託宣」である場合だけです。ベンサムは、Censorのことを「世界の市民」だなどと言っていましたが、こうして見ると、「世界の市民」とはこの神同然の存在のことで、もしかしたら、自分のことを本気でその「神」だと、少なくとも神の言葉を間違いなく立法者に託宣できる「神官」だと信じていたのではないか、と私はかなり強く勘ぐっています。つまり、彼にとって功利原理というのは神託なのかもしれないのです。神託ならば、快苦計算の根拠など示さなくていいわけです。絶対的に間違いのない真理だからです。

　しかしベンサムは、たとえ12歳でオックスフォード大学に進学し15歳で学士になった稀代の神童であったとしても、決して「神」ではありません。したがって、彼の快苦計算は無謬ではありえないはずです。神ならぬ人間ですから当然です。快苦計算の結果、最大多数の最大幸福を実現できると確信して実施した政策が、実はそうではなく、不効率なものであったことが後に判明したとき——まあ、これとても、快苦計算ができる、という前提での話ですがね。とにかくそういうとき——、ベンサムはいったいどうするのでしょうか。彼はおそらく、そんな想定は無用だ、と言い張るでしょう。何と言っても自分ことを「神」とか「神官」とかと思い込んでいたようですから。しかし、自らの死骸をミイラにすることでしか神の永遠性に近づけないことが分かっていたわけですから、もっと早くに気づくべきでしたね、自分の判断の可謬性に。

5）個人の行動選択原理の社会への適用

　ところで、私たちは、ベンサムの功利主義のことなど習わなくとも、結構、日常的に功利的な判断をしていますよね。ただ、功利的な判断ではありますが、功利的に正しい判断かどうかは分かりません。こんな具合です。

　今日はひどく雨が降っているから授業に行きたくないな、部屋で今読みかけの面白い漫画を全巻読みきってしまおうかな、でも、今日の授業、もしかすると抜き打ちテストをやるかもしれないな、どうしたものか、しかし、いつまでも迷っているわけにはいかない、よし、今日はやらないということに

2．最大多数の最大幸福

して休むことにしよう。

　こうしてこの学生は授業を欠席しました。功利主義的に見れば、この学生は、一応、びしょ濡れになって授業に行くことのメリットとデメリット、行かずに漫画を読みふけることのメリットとデメリットを功利計算した上で、結果的に、大学をサボる、という行動を選択したわけです。もしかすると授業は好都合にも休講になったかもしれず、その場合は、この選択は大成功ということになりますが、逆に、恐れていた抜き打ちテストが授業中に行われた場合は、大失敗ということになります。

　問題は、この大失敗のときのことです。この学生はその時になって、なんて自分は馬鹿なんだ、あのとき雨を押してでも行けばよかった、漫画はいつでも読めたのに、と後悔し、今度は絶対、授業優先で行動しよう、などと殊勝にも心に決めるはずです。せいぜい自分の頭をぽかっと拳骨で殴るくらいでしょう。個人の場合はそれですむのです。決めたのも自分、報いを受けるのも自分だからです。しかし、社会の場合はどうでしょうか。そんなことではすみませんよね。決めた者がいくら後悔したって、その不当な決定によって被害をこうむった者は、必ずしも寛容であるとは限りません。落とし前をつけてくれ、と詰め寄ってくるかもしれません。おそらくかなり面倒なことになるでしょうね。その分、社会のコストがかかるわけです。だから功利的ではなくなる可能性が大いにあるわけですね。

　ベンサムは、自分の託宣には間違いはないから、そんな心配しなくてもよい、と突っぱねるかもしれません。しかし、現実的に考えれば、この可能性は排除できません。最大多数の最大幸福を実現できると思ってやったことが、最大多数の最大不幸になってしまうことだってありうるのです。何しろ、誰もが納得する絶対に正しい計算式が示されていないのですから、信用できませんよね。要するに、彼は、自分の無謬性を信じて疑っていないために、すべてが自己内で始末がつく個人の行動選択原理を、利害の異なる多数の個人によって構成されている社会に不当に拡大解釈、いや類推適用して平然としているのです。

3. 自然法論か法実証主義か

　さて、このような、神託のごとき功利原理ですが、これは、正しい立法の基準、すなわち実定法の従うべき基準という意味で、従来の自然法論における自然法と同様の地位にある、と言っていいものです。たしかに、その原理によって既存の実定法の正当化や批判を行っていないという点では、従来の自然法論のそれとは異なっています——つまり、彼の自然法は、従来のものと違って、既存の実定法の効力を云々しない非侵犯的な自然法と言っていいかもしれません——が、それでも彼を法実証主義者と呼ぶのには躊躇を覚えざるをえないくらい、彼のご高説は自然法論と無縁ではないと言えると思います。ところが、これがますます分からなくなるところですが、彼は、最初に紹介した『政府論断片』の前年に発表した『釈義注解（*A comment on the commentaries*）』（1775年）において、自然法論的な立場からコモン・ローを正当化し美化したブラックストーンを、まさに自然法論的であるという理由で批判してもいるのです。例えば、次のように述べています。

　　ブラックストーンは、法をもって、一般的に、「何らかの上位者によって指令され、下位者が服従するよう義務づけられる行為のルール」と定義して、「より狭い意味における法」としての「自然法（the Law of Nature）」や「神の法（Divine Law）」や、「国内法（Law Municipal）」について詳しく述べているが、最後の国内法だけが「（法としての）何らかの実存を持っている」法である（Bentham 1977b：5, 10-11）。

　　「立法機関の明白な意図であるものは、不法（unlawful）なものは何もない。自然法と装っているものに反しているという理由であれ他の理由であれ、無効になるものなどありえない」。神と自然によって創設された「自然権」は、すべての人間に、より効果的に付与されるためには「人定法（human laws）の助け」など必要としない、とブラックストーンは言うが、「私は、言うところのその法——人定法のことです——がなければ、私が

生命や自由に対していったいどのような権利を持っているのかについて語るのに相当に困惑せざるをえない」(ibid.：56, 62)。

これらは明らかに法実証主義者の言明と言っていいものですね。特に、実定法に対して侵犯的に振る舞うブラックストーンの自然法に対する法律学的妥当性論的な批判はそうだと言えます。しかし、これは外見にすぎないのです。これまで紹介してきた彼の功利原理は、ブラックストーンが自然法を呼ぶときの名称の一つ「永遠的正義の法（the Laws of eternal justice）」(ibid.：11) とどれほど違うと言うのでしょうか。この原理は主権者にあるべき立法を指示するものです。だから、私にはこの両者はほとんど同じものに見えます。その証拠に、彼ははっきりとこう述べているのです。

「人民に対して、彼らが何をなすべきかを指令する」「通常の種類の法 (the ordinary sort of laws)」とともに、「主権者に対して、彼が何をなすべきかを、すなわち、彼がどのような命令を人民に対して向けてよく、どのような命令を向けてはならないかを指令する」「超越的種類の法 (transcendent class of laws)」がある (Bentham 1970a：64)。

この「超越的種類の法」というのは、後（221-225頁）で詳しく触れますが、その機能から判断しますと、どう見ても、きわめて自然法に似ていますよね。確かに、この自然法はブラックストーンの自然法とは違っています。ブラックストーンのそれはかなり侵犯的なのです。ブラックストーンによると、「自然法（Law of Nature）は、人類と共に生まれ、神自身によって命じられたものであるから、もちろん、義務づけにおいて他のいかなるものより優ってい」て、「人定法は、もしこれに反することがあれば、まったく妥当しない」そうです（Cf. Bentham 1977b：20)。

ベンサムの「超越的種類の法」は、これとは違って、侵犯的なものでないのです。しかし、そうだとするならば、つまり、主権者がそれに違反した場合にもその主権者が発する指令が妥当し続けるとするならば、そのような法が存在している、と主張することにどんな意味があるのでしょうか。この点

は大いに疑問を感じるところではありますが、ともかく、彼のことを、法実証主義的議論を展開した学者と呼ぶのはあまり相応しくなく、ブラックストーン的な自然法論——侵犯的なタイプの自然法論——を否定して、功利主義という新しい自然法論——非侵犯的なタイプの自然法論——を提起した学者である、と理解したほうがずっと分かりやすい気がしています。

ところで、以上のように、彼の理論の中には功利主義的な言説と法実証主義的な言説が同居しているために、法実証主義者はみんな功利主義者なのだとか、法実証主義は功利主義思想の一形態なのだとかと考える人たちがいます。しかし、これは誤解なのです。というのも、法実証主義者と目される人たちの中には、功利主義とは真っ向から対立する社会契約論に立つ人たち——たとえばハートなど——や、そのような哲学とは無関係な人たち——たとえばケルゼンなど——もいます。法実証主義という立場は何らかの特定の哲学とは結びついていないのです。

　R. ドゥオーキンに言わせますと、ベンサムは法の一般理論のうち、「法とは何か」に関する「概念的部分（a conceptual part）」——これを彼は「法実証主義の理論」と特徴づけています——と、「法とは何であるべきか」に関する「規範的部分（a normative part）」——こちらを彼は「功利主義の理論」と呼んでいます——を合わせ持つ法の一般理論を提供したアングロアメリカン最後の哲学者だということになります（Dworkin 1977：viii, ix）。ドゥオーキンの言う「規範的部分」は言うまでもなく、上に挙げた『道徳と立法の諸原理序説』によって代表されますが、「概念的部分」に当たるものは、やはり上に挙げた『政府論断片』や『釈義注解』の他に、生前には公にされませんでしたが、1782年頃に執筆された『法一般について（Of laws in general）』も含みます。これは、1939年に遺稿の中から発見され、1945年になって初めて公の眼に触れた原稿で、ハートによれば、「分析法学に対するベンサムの貢献のうち最も偉大なもの」で、彼の生存中に公刊されていれば、「分析法学ははるかに早く前進し」ていただろう、と思われるほどの「並はずれた業績」だそうです（Hart 1971：57）。ここで言う分析法学とはオース

チンをひとつの頂点とするイギリス型法実証主義のことだと思われます。

しかし、ベンサム自身は、この『法一般について』の最後に、この本の使い道の一つは、「慣習法の組織体ないし、慣習法と制定法の混合体を共に、純然たる制定法の組織体に整理、還元する作業のプラン（a plan）、それを導く基準（a standard）」を示している点である、と書いているのです（Bentham 1970a：232、強調—引用者）。つまり、この概念的部分も、単に「在る法」を記述、説明しているわけではなく、立法者に「在るべき法」を指示してもいるのですから、かならずしも ought から切断されているわけではなく、やはり、全体としての Censor の立場からなされている、と見ることができると思いますね。

4．法の定義

では、その『法一般について』においてベンサムが行っている法の定義を見てみましょう。それは、一言で言えば主権者意志説と言っていいものだと思います。ほとんど主権者命令説と同じものですが、ちょっと違います。彼はこう言っています。

> 法とは、「ある一定の場合にあって、ある国家の主権者（sovereign）の権力に服しているか、服しているものと想定される一定の人ないしは一定種類の人々が、問題となっているその一定の場合において遵守すべき行動に関し、その主権者が懐いたか採用した意志（volition）を宣言する記号の集合体」であって、その主権者の意志は、「その成就のために、次のような一定の出来事の予期を当てにしている。すなわち、……その見込みが、自分の行為が問題とされている人々にとって、一つの動機として作用すべきものと意図されているような出来事の予期をである」（ibid.：1）。

彼によれば、ここに言う「主権者」とは、「ある政治的共同体全体が（どのような理由からであれ）、他のいかなる人の意志にも優先して、その者の意

志に服従する傾向にあると想定される一人の人ないし人々の集団」のことであって、その意志が「法の源（source of a law）」なのです（ibid.：18）。そして、ここで動機として作用すべき「出来事」というのは、もう想像がついた人もいると思いますが、「制裁（sanction）」です（ibid.：68）。この制裁には、「政治的、道徳的、そして宗教的制裁」があって、それらによる動機づけが「法の力（force of law）」だというわけです（ibid.：133）。ところで、法が依拠するこの制裁には、前（209頁）にも触れましたように、二種類あるとされます。

　一つは「報償」で、もう一つが「罰」である。前者は、それがもたらす「たいそうな快楽の分け前の予期」という動機を生み出し、後者は同じく「たいそうな苦痛の分け前の予期」という動機を生み出す——要するに、人々は功利計算することによって動機づけられる、ということですね——。そして、「立法者がその意志を実効あらしめるために頼りにする」のはこの両方の制裁であるが、とりわけては「政治的制裁（political sanction）——これは、「道徳的制裁」や「宗教的制裁」と対比されていますから、国家による制裁という意味でしょう——それ自身から引き出される」「苦痛」である（以上、cf. ibid.）。

　つまり、快苦計算をする功利主義としては当然かもしれませんが、立法者が用いる制裁としては、苦痛をもたらす罰ばかりが考えられているのではなく、快楽をもたらす報償も含まれているのです。つまり、アメと鞭の政策で言うアメ的制裁も視野に入っているわけです。ただ、明らかに罰の方に重点が置かれていますね。このことは、功利主義的立法の功利主義的調整のところ（211-212頁）でも指摘しましたね。だから、ベンサムが言っていることは、結局のところ、オースチンの主権者命令説、心理強制説とかなり重なり合う、ということになりますよね。次の第5講で紹介しますが、ホッブズも同じです。

　ところで、以上の定義には、自然法論が往々にして法に付与しようとする、正義なり絶対的な価値なりによる色付けが全くありませんね。法がきわ

めて即物的に、言ってよければ無味乾燥なものとして捉えられています。彼の場合、法は意志を表す記号にすぎず、その法が機能するのも、つまり実効性を持つのも、それに人々が服従すべき価値があるが故にではなくて、単に、服従したほうが苦痛が少ないとか快楽が多いとか、といった損得勘定によるものだとされていますからね。しかし、ここまで徹底的に功利主義的に定義すると、法の法的性格までが除去されてしまうのです。彼は、立法者が頼りにする法的制裁のことを法的制裁とは表現せずに、「政治的制裁」と表現していますが、その表現方法の中にもこのことが現れています。つまり、法がSollenすなわち規範を意味するものではないということに、もっと言えば、法ではないということになってしまっているのです。こうして、法はただの権力関係に、むき出しの事実関係に、そして功利の世界に還元されてしまいました。

5．超越的種類の法

　そうしますと、法、つまり主権者の人民に対する命令は、その他の「命令（order）」、すなわち、司法上の命令、軍隊その他の行政上の命令、家庭内での命令などと本質的には区別されなくなり、どれもこれもが法だということになってしまいます。この可能性はベンサム自身も認めています。しかし、次のようにその可能性に枠を掛けています。

> 　その他の命令をも法という名称で呼ぶためには、「それが違法でない（it be not illegal）」という条件、つまり、「それを発することが何らかの他の法（some other law）によって禁じられていない」、という条件が必要である（cf.ibid.：3-5）。

　つまり、世の中に数多ある命令には、法という命令と、その他に、その法によって認められた命令と、認められない命令がある、ということになって、なんだかごちゃごちゃしてきますが、例えば、強盗の、カネを出せ、と

いう命令は明らかに違法な命令で、法に認められたものとは言えないことは明らかですね。しかし、司法上、行政上の命令、上官の命令、親の子供に対する命令の中にも、違法であって、法とは言えないものもありうる、ということです。まあ、これも常識的に了解できます。みんな主権者の命令である法に違反しているのですから、当然です。

ところが、考えてみれば、その法という命令を発する「主権者」は、まさにその法を発しているのですから、法の外側にいるわけで、法によって認められるも認められないもない、ということになるはずですよね。全くの無制約、何をどう決めてもよい、といった状態でしょうか。しかし、意外なことにベンサムはこの結論を認めないのです。主権者も法による制限を受ける、と言うのです。これは立法者の自己拘束のことを言っているのかと思うと、そうではないのです。彼は、主権者の自己拘束なんてありえないと思っているからです。こうです。

「拘束する力、実にそれは第三者（a third person）の意志に依存しているのだ。……盟約者（covenantor）なくして、法など全く存在しないだろう。保障（guarantee）なくして、……実効的なものなど存在しないだろう。」
(ibid. : 68)

彼は、先ほど引用したところでも、ある命令を法と呼ぶ条件として、それが「何らかの他の法によって」禁じられていない、ということを挙げていましたね。それを主権者の命令の場合にあてはめますと、どうやら、その「他の法」とは、主権者とこの「第三者」たる「盟約者」——これがいったい誰なのか、分かりませんが——との間に存在するものらしいですね。だから、ここで問題になっている法による主権者の拘束は自己拘束の問題などではないのです。つまり、主権者といえども、その主権者の行動を律する、より上位の何らかの法の拘束下にある、ということです。

しかし、ここで、すぐに思いつく重要な疑問があります。法というのは、彼の定義によると、主権者の意志だったのですから、この主権者を律するより上位の法もやはり誰か別の主権者の意志でなければならないことになりま

す。彼の言う「盟約者」がその主権者なのでしょうか。いや、そんな主権者なんて自己矛盾以外の何物でもありませんよね。仮にこのような主権者が存在するとしたならば、今度は、拘束される側の立法者を主権者と呼ぶのはおかしいことになってしまいますからね。このような疑問は誰でもすぐに思い浮かぶものだと思います。しかし、ベンサムは、それ以上の明確な説明をしていないのです。とにかく、このような法が存在していることを当たり前の前提として考えます。だから、本当は、彼は『法一般について』冒頭で提示した〈法とは主権者の意志である〉という定義を撤回しなければならなかったのです。法には主権者の意志と言えるものと、そうでないものがある、と彼自身がその著書の中で認めているからです。

では、主権者を制限する法をどのようなものとベンサムは考えていたのでしょうか。これが、先ほど少し言及したところの「超越的種類の法」なのです。先ほど引用したところを繰り返せば、それは主権者に対して、「どのような命令を人民に対して向けてよく、どのような命令を向けてはならないかを指令する」ものでしたね（ibid.：64）。それ以外にも、この法に直接触れたものではないのですが、「主権者」を、その意志に政治的共同体全体が服従する傾向にあるものと想定される何らかの人ないしは人々の集団、というふうに定義した個所に付された注で、次のようなことも述べています。

> 私はすべてのケースでそうだと言っているのではない。「主権者がいかなる法も作ってはならないケース、彼が命令しても禁止してもいけない行為、すでに存在していて彼が変更してはならない法が、いろいろな仕方で決められるかもしれない。つまり、……原初的な盟約（the original compact）によって決められたり、征服や降伏……などの場合のように、その後に結ばれる盟約や約束（engagements）によって決められるかもしれない。」（ibid.：18 note a）

先ほどの引用箇所でも出てきた盟約なるものがここでも出てきました。原語はそれぞれ covenant と compact と異なっていますが、どちらも「契約」と訳すことが可能な言葉です。ですから、一瞬、ベンサムは社会契約論者だ

ったのかと自分の目を疑ってしまいそうですが、なにしろ彼は、国王ウィリアム3世と女王メアリー2世に「権利章典」(1689年)を認めさせた、いや遡れば国王ジョンに「マグナカルタ」(1215年)を制定させた歴史を持つイギリス国民の一員たる思想家ですから、盟約という言葉はそのイメージで使われているのではないかと思います。それに、今引用した個所で、彼自身が参照を指示している『政府論断片』の個所にも、「明示的な協定（express convention）によって制限され…」という表現がありますので（Bentham 1977a：488)、おそらくこの推測は間違っていないと思います。

　その盟約が誰と締結されるのか、いつどのように締結されるのかは問わないことにして、その盟約が、いやその盟約の相手方が主権者にとってまさに「超越的」な存在であることは確実ですね。少なくとも主権者が作った実定法秩序内のものではないですよね。前節の最後（220頁）に示しましたように、彼は、法の定義をする際に「制裁」を持ちだしましたが、不思議なことに、その「制裁」の中には、政治的制裁の他に、道徳的制裁とか宗教的制裁とかが入っていましたね。今、そのことの理由がわかりました。それは、この「超越的種類の法」をも法だとするためだったのです。彼自身、この法を「実効的（efficacious）」にするためには、「政治的制裁の力は不適切で」、「宗教的制裁」や「道徳的制裁」の力が適切である（Bentham 1970a：68, 70）として、はっきりそのことを認めています。

　しかし、そのような制裁によって担保されるものまで法として定義することは、結局、法と道徳や宗教との間にある区別を解消することを意味し、法実証主義の前提と相いれないことになるでしょうし、実定法一元論という法実証主義の根本的立場とも矛盾することになるでしょう。これらのことが、つまり、超越的種類の法を想定することや、道徳と宗教を法の中に取り込むことが、私が最初に触れたベンサム理論の不純性のもう一つの側面なのです。

　この超越的種類の法は、伝統的自然法論における自然法と違って、必ずしも実定法に対して侵犯的ではありません。つまり、それに反したやり方で実定法が発せられたからと言って、その効力が否定されるとされているわけで

はありません。しかし、主権者の立法を規制する機能を持つとされている点で、そのような法の存在を認めることは、どうしてもやはり、法実証主義の限界を超えていると言わなければならないと思います。

6．法実証主義的法分析——「法の個別化」

1）法体系論

ベンサムの主張には、このように、彼をはっきりと法実証主義者だとするには強い疑問を感じざるをえないところがたくさんあるのですが、その一方で彼は、ほぼ法実証主義的と言ってもいいと思われる、Expositor 的な法の分析を確かに行ってもいるのです。これが何とも説明に窮するところなのですが、その分析を見てみましょう。その分析というのは「法の個別化（the individuation of a law）」と彼が呼ぶものです。それがどういうことなのか分かりにくい表現ですが、彼によれば、それは、「まさしく一つの全き法（one entire law）と考えうるものの記述」のことです（ibid.: 247）。これは、刑法だけでなく民法や憲法を含んだ法秩序全体の分類および統一的把握を目指した彼の目標で、『法一般について』を執筆した当時にあっては、「今のところ全く未解決であいまいな問題」だとされていたのですが（ibid.）、その後、1789年に『道徳および立法の諸原理序説』を出版した際にその末尾に付した覚書で、かなり簡潔に、とはいえ結構長いのですが、その成果がまとめられているのです。ですので、まずそれを要約的に紹介してみましょう。

「法（a law）とは何か？ 法の諸部分はどのようなものか？」この問いの主題は「その全体が論理的、理念的、知的なものであって、物質的なものではない。つまり、制定法（the statute）ではなく、法（the law）である」が、その問いの答えはこうなる。すなわち、あらゆる法は、「強制的性質」のものか「非強制的性質」のものかのどちらかであって、前者は「命令」であり、後者はその全面的か部分的な「取消」である、と。

前者は「反則行為（offence）を創造」し、そのことによってのみ「義務を課」し、「強制を惹起する」。その反則行為を創造する法は「単純な命令的（imperative）法」と言い、その反則行為が行われた場合に刑罰を命令する法は「刑罰的（punitory）法」と言って、それぞれ「二つの異なった法」であり、一般に説明されてきたのとは違って、「同一の法の部分ではない」。それらの法が命じている行為も全く異なり、それらが「名宛されている（addressed）人間」も全く異なる。例えば、命令的法は「誰にも窃盗をさせるな」となり、刑罰的法は「裁判官に、窃盗罪で有罪となった者を処刑させよ」となる。

後者の「非強制的性質」の法は、自らの中に刑罰的法を持ってはいないが、強制的性質の法と相互に「助力と支持（assistance and support）」の関係にある。民法典といえども民法の集合ではなく、主としては多数の「説明的事項（expository matter）」からなっているし、刑法典も、主要には刑罰的法からなるものの、民法の命令的法も、多数の説明的事項もその中に含み持っている。だから、民法と刑法との間の境界はあいまいになるのだ。

そして、すべての「法の完全な組織体（complete body of law）」は、これらの民法と刑法と並んで、憲法という第三の部門を持っていなければならない。それは、「権限を賦与」し、「義務を命ずる」ものであるが、やはり、強制的法と非強制的法のどちらもその中に存在する。すなわち、権限は非強制的法ないしは許可的法によって設定されるが、義務は、命令的法によって創造される。さらに、多くの説明的事項の部分もその中に含まれる（以上、Bentham 1970b：301, 302, 305-307）。

どうですか。功利主義的立法を説いていた、今までのベンサムとはちょっと印象が違ったのではないですか。これは、法哲学の最も中心的な問いである「法とは何か？」あるいは「何が法か？」という問いに対する、法実証主義的にかなり共感できる解答の試みと言っていいでしょう。部分的にはケルゼンを彷彿とさせる、と言ってもいいかもしれません。つまり、やや荒っぽいとは言え、これは法実証主義的な法体系論の初めての試みのように思いま

す。このことは認めなければなりませんね。

　でも、やはりこれだけでは彼を法実証主義者ということにしてしまうわけにはいかないのです。彼は、このように法を個別化した結果、「単純な命令的法」と「刑罰的な法」という区別を提起したことによって、後の時代の法哲学において、法は行為規範なのか裁判規範なのか、法の名宛人は誰か、といった形で議論されるようになる問題の口火を切ったと言うことができるのですが、どうやら彼は、ケルゼンと違って、行為規範を第一次的なものとする反法実証主義的な立場に立っているからです。彼はこう言っています。

　　法は「指令的（directive）部分」と「制裁的ないし誘因的（sanctional or incitative）部分」の二つの部分に区別できる——この二つの部分は、ほぼ、上の引用で言うところの「単純な命令的法」と「刑罰的法」の区別に相当すると思います——。前者は「問題となっている事柄に関する立法者の意志」が宣明されているもので、「一次的（praimary）」ないしは「主たる（principal）」法と呼ばれる。後者は「二次的（secondary）」ないしは「補助的（subsidiary）」な法と呼ばれる。つまり、指令的部分こそが「唯一本質的なもの（only essential one）」なのである（Bentham 1970a：134, 137, 156）。

　もう、あえて説明しなくても分かってもらえるでしょう。ベンサムは、万人を名宛人とする命令的法を「第一次的」で「主たる」法だとし、裁判官を名宛人とする刑罰的法を「第二次的」で「補助的」だとしているのです。つまり、多くの場合制定法には書かれていない行為規範のほうを第一次的な法だとし、唯一本質的なものだとしているのです。経験していないものを経験しているものよりも上位に置き、本質的だとしたのです。だから、現実主義、経験主義を旨とする法実証主義者の完全な資格を、そう簡単には彼に認めるわけにはいかないことは分かってもらえるでしょう。

2）法の分類

　さて、この体系論とどう関係するのか、よく分からないのですが、ベンサム理論の中で法実証主義的と言って良さそうな、法の個別化の成果はもう一

つあって、法には四つの種類があるとする、かなり論理学的で分析的な議論がそれです。今度はそれを簡単に見てみましょう。憶えていると思いますが、彼によると、法とは主権者の意志の記号の集合体だったですよね。この記号、これをベンサムは「指令 (mandate)」と名付けるのですが、その指令は、主権者の意志の「様相 (aspect)」に応じて四つの異なる表現形式をとるとされるのですが、それらは相互に密接に関連しあっています。彼はこう言っています。

　主権者の意志をその最も単純な、「本源的な (primordial)」様相、つまり「行為だけをその対象とする」様相で見てみると——ということは、その他の様相もあって、それは「他の指令に適用される」「予想外の (superventitious)」「反復的な (reiterative)」様相と言うのですが、これは省きます——、その意志が明確な (decided) 場合は、「その様相を表現する指令」は、①行為がなされるべきであるとする「命令 (command)」か、②行為がなされるべきでないとする「禁止 (prohibition)」のどちらかになり、それらは「命令文的、義務賦課的、ないしは強制的な (imperative, obligative, or coercive) 指令」と特徴づけられる。

　その意思が中立的か不明確な (neutral or undecided) 場合は、この二つの指令のどちらかの「否定 (negation)」ということになって、前者の否定が③「……することを控えてもよい (may forbear)」とする「非命令」に、後者の否定が④「……してもよい (may)」とする「非禁止」または「許可 (permission)」になり、それらは、意志が明確な場合と反対に、「非命令文的、非義務賦課的、ないしは非強制的な (unimperative, unobligative, or uncoercive) 指令」と特徴づけられる (ibid.: 95, 96, 100)。

まあ、要するに、法には、大きく分けて obligative な指令と unobligative な指令の二種類がある、細かく分けると四種類ある、ということですね。しかし、その名称が示しているように、後者の unobligative は、前者の obligative の存在を論理的に前提としていますから、単に法には四種類の指令がある、という話ではなく、あくまでも obligative な指令がメインだ、と

いうことですね。彼自身、こう言っています。

> 「法の特質でありまさに本質であるのは、命令すること（to command）である。だから、法の言語は命令（command）の言語でなければならない。」つまり、そのための特別な叙法は命令法（imperative）である。そして、立法による諸規定のうち、「最も十分に義務賦課的なものが主たる規定（the principal provision）と考えられうる」(ibid.：105, 124)。

この結論、すなわち、法には非命令的な表現形式をとるものもあるが、命令が法の本質だ、義務賦課が法の中心的機能だとするこの結論が、「法の個別化」と彼が呼んだところの法分析の結果なのです。つまるところ主権者命令説ですね。そして、Expositor としてのその論理的な分析作業を見ていますと、彼の「法の個別化」論はかなり法実証主義的な議論だと言ってもよさそうです。

7．完全な法の観念

1）法の個別化と完全な法

ところが、このような法の分析の結果に基づいて、ベンサムは、「法とは何であるか」という Espositor の扱う問題を超えた問題に踏み込んでしまったのです。彼は、『法一般について』において、今紹介した法の分類や、法のサンクション論の後に続く章で、そして、慣習法は完全ではありえないことを論証する直前の章で、間違いなく Censor の立場から、「完全な法（a complete law）の観念」なるものを提示しているからです。彼は最終的にこれを提示するために、長々と法の個別化をしてきたのだと言ってもいいと思います。その章の冒頭にはこうあります。

> 我々は今や「法の個別性（the individuality of a law）」と呼ばれうるものを確定する準備ができた。それを確定するということは、「立法が関わる部

分（legislative matter）」が、「一つの無欠の法（one whole law）」以上でも以下でもない内容を持つためには、どのようなものでなければならないのかを確かめることである。法が完全（complete）であるか否かは、①その「表現」②法規定同士の「つながり方」、そして③立法者の頭の中にあったと思われる「計画（design）」の三点で判断される。つまり、①それが立法者の「実際の意志」と思われるものを表現しているかどうか、②夥しい数の法規定が「リファレンス関係」でうまく「組み立てられている」かどうか、そして、③もし問題のケースを立法者が想定していたならば彼が持ったであろうと思われる意志、つまり「彼の仮説的な意志」をうまく想像できるかどうか、にかかっている（ibid.：156, 157, 159, 160）。

　彼は、「一つの全き法」とか、「一つの無欠の法」とか、「完全な法」とか、いろいろな表現をしていますが、ここを読むと、要するに、立法者には、まず、自分の意志を明確に表現し、きちんと体系立てられた立法を求めているのだ、ということが分かるでしょう。Censorの立場としてそう言っているわけですが、功利主義特有の香りはほぼないと言っていいと思います。きわめて中立的で一般的な立法技術論ですよね。

　しかし問題が一つあります。それは③です。これは①と②とは異質なものだなと感じた人が多いと思います。そして、その感覚は間違っていないと思います。立法者の「仮説的な意志」の想像。少なくともこれは立法者に向かって言っていないことは確かだからです。じゃあ、誰に向かって言っているのか、と言うと、明らかにそれは裁判官です。完全な法というのは立法者だけでは実現できず、裁判官にも協力してもらわなければならない、ということで、これはもっともなことだと思いますが、Censorの仕事は、もともと、主権者というか立法者に、あるべき立法を説くことで、「下働き」にすぎない裁判官など、眼中になかったはずなのに、ここにきて節を曲げたのでしょうか。功利主義の限界かもしれませんね。

2）法解釈論

それはともかく、ベンサムが、完全な法の実現を妨げるかもしれないこの厄介な問題、すなわち、法解釈という裁判官の実践活動の問題についてどのようなことを述べているかを最後に確認してみましょう。結論を先に言ってしまうと、彼は、どうやら、裁判官による恣意的な法解釈活動に対して嫌悪の情を抱いていたようなのですが、それを確認する前提として、彼による法解釈の分類を見ておきましょう。

彼によると、

> 法の解釈（interpretation）には「厳格な（strict）解釈」と「自由な（liberal）解釈」との二種類があって、前者は、法制定時に立法者が実際に抱いていた、と「君（you）」が「想定する（suppose）」意志を立法者に帰属させるものだが、それに対して、後者は、君が立法者に帰属させた意志が、彼が実際に抱いていたと君が想定したものではなく、君の想定するところ、彼が不注意からのみ抱くことができなかった意志である場合や、解釈を要するような事例がもし立法者の視界にあったならば彼が抱いたであろう意志である場合の解釈である。その意志は、この解釈によって、あたかも現実に立法者のものであったかのように扱われる（ibid.: 162）。

この二種類の法解釈は、今ふうに言えば、通常の立法者意思説に基づく解釈と法の欠缺補充手続を表しているようです。そして、後者の「自由な解釈」は上に挙げた「完全な法」の三番目の基準と密接に関連していますね。だから、ここだけ見ると、彼は厳格な解釈だけでなく自由な解釈、つまり法の欠缺補充も、対等に法の解釈として、「君」と呼びかける裁判官に認めているどころか、完全な法の実現のために、その欠缺補充のほうをより積極的に勧めているようにさえ見えますね。

ところが、彼の考えはそんなに単純ではないようです。というのも、後者の「自由な解釈」に関して、続けてこんなことも言っているからです。

> 誤った判断など、「不注意以外の原因で立法者がそれを抱かずに行動し

た、と君が想定した意志を彼に帰属させること」は、法を解釈しているのではなく、「法に反する行動をとること (to act against it)」である (ibid.)。

自由な解釈に対して、かなり抑制的な姿勢が見えますよね。許されるのは不注意が理由の場合だけで、それ以外はだめだ、というわけですから。しかし、いずれにせよ、実際に立法者が不注意でそうしたか、誤った判断でそうしたか、ということではなく、裁判官がどちらを想定するかの問題にすぎないのに、ずいぶんとこだわりますね。要するに彼は、裁判官にあまり自由な解釈はさせたくないのです。その証拠に、自由な解釈そのものに対してすら否定的な判断を述べています。

> この「自由な解釈」には「拡張 (extensive)」解釈、「限定 (restrictive)」解釈の二つがあるが、どちらにあっても、法を解釈することは「法を作り変えること」である。古い法を拡張することは「新しい法を創設すること」であり、古い法を限定すること (to qualify) は、その限りで、「それを破壊すること」である (ibid.: 163)。

> 解釈の放縦 (the licentiousness of interpretation) を抑制すると、立法者はその眼を開けて平坦な道を進むことができる。そして、「説明的法律学は……唯一教養ある部門であることをやめて、傍らに打ち捨てられるだろう。立法者は Censor を必要とするだろうが、解釈者のことなどは全く必要としないだろう。」(ibid.: 232)。

> 本書──『法一般について』のことです──は、「解釈の放縦を阻止する (check the licence of interpretation) のに役立つ。」その放縦とは「自由な解釈」のことである (ibid.: 239)。

どうですか。自由な解釈をすると、法を作り変えてしまうことになる。だからそれはだめだ、ということですよね。自分が立法者にどんなに功利原理に適った素晴らしい立法を指南しても、その下働きの裁判官たちが好き勝手に法を拡張したり限定したりしてしまったら、すべてが台無しで、功利的な結果がもたらされなくなってしまうから、何とか彼らを抑えておかなけれ

ば、という思いなのだろうと想像できます。本当は「厳格な解釈」以外は認めたくなかったのです。裁判官が法の欠缺——だと思ったもの——を補充するなどもってのほかだ、と考えていたようですね。これは、功利主義的立法の根幹に関わることですから、至極もっともなことだと思います。

でも、いかにベンサムとはいえ、裁判官たちまでも思い通りにすることができるでしょうか。だから、彼はもどかしい思いをしていたのだと想像します。裁判官は縛っておきたい。けれども、裁判という実践の現実を一瞥するだけで、それは容易なことではないという事情も一方ではよく分かる。では、はたしてどうしたものか。難しいところですね。彼のこの同情すべき迷いは、今引用した個所のすぐ後に続く次の弱気な言葉に端的に現れています。

　　自由な解釈は「司法権のデリケートかつ重要な部門である。その容認は危険だが、その否定は破滅をもたらす。」もしかすると、法典の中の命令的な事項と制限的な事項に広範性（amplitude）を十分に与えることができれば、立法者の理解力や安定性も増大し、「裁判官のほうでの自由な解釈あるいは裁量的な解釈を認容することをもはや不要にするかもしれない。」しかし、「人間の理性は、我々が解釈の裁量的な様式を……すべてのケースにおいて絶対的に禁止することを是認するほどにはまだ十分成長していないと思われる。」だから、その解釈の「濫用」と、それに伴う「不都合」から司法権を守り、その解釈を「その本来の限界内にとどめる」ために、本書は「ある便法（expedient）」を考案した。それは、「自由な解釈によって判決する場合はいつでも、裁判官に、自分はそうした、ということを公然と宣言するよう要求する」という便法である（ibid.: 239, 240）。

陰に隠れてこそこそやることは、批判にさらされないから、認めることはできない。しかし、公然とやらせれば、裁判官も批判を想定するからそう無茶なことはできないだろう。そうすれば、功利的立法の功利的効果もそれほど損なわれないだろう、という読みですね。現実的な発想ですが、ベンサムにしてはちょっと拍子抜けするような弱腰ですね。つまりベンサムは、裁判

官が裁量的な解釈を行なってしまうこと、つまり実質的な立法を行なってしまうことはどうしても避けられないこと、不可欠であることを認めはするものの、立法者に向かって正しい立法を説いている Censor としては、その裁量権の行使をなんとか最小限に食い止めようとしているわけです。まあ、無益な努力だと思いますが。

　要するに、ベンサムは、立法者の上に立って、功利主義的立法の大風呂敷を広げてはみたものの、細部を詰めているうちに最後は功利主義の貫徹が容易ではないと気づいてしまったみたいですね。司法という実践の世界には功利主義的立法も敵わなかった、ということでしょうか。偉大な Censor も司法の世界ではあまり影響力を行使できないことを認めざるをえなかったわけです。さらに司法は実質的に立法行為を行なってしまい、説明的法律学の枠にはとどまっていないわけですから、Expositor の活躍する場もほとんどないことも認めてしまっていましたね。

まとめ

　ただ、最後まで貫徹できなかったとはいえ、ベンサムはやはり、思想の芯のところでは Censor だったのです。たしかに Expositor の仕事を明確に定義し、自分自身でもその立場から一定の成果を出しはしました。しかし、腹の底からの Expositor にはなりきれない思想家だったのです。ということは、彼は、自分自身が強調した Censor と Expositor の区別にそれほど忠実ではなかったということになります。だから、彼は法実証主義者ではなかったと言わざるをえません。世界を睥睨する功利主義哲学者だったのです。

【引用文献表】

Bentham, Jeremy
　1970a　***The collected works of Jeremy Bentham, Of laws in general***, ed. by H.L.A.Hart, University of London, The Athelone Press.

1970b *The collected works of Jeremy Bentham, An Introduction to the Principles of Moral and Legislation*, ed. by J.H.Burns and H.L.A.Hart, University of London, The Athelone Press.

1977a *A fragment of government*, in *The collected works of Jeremy Bentham, A comment on the commentaries and a fragment of government*, ed. by J.H.Burns and H.L.A.Hart, University of London, The Athelone Press, pp. 391-551.

1977b *A comment on the commentaries*, in *The collected works of Jeremy Bentham, A comment on the commentaries and a fragment of government*, ed. by J.H.Burns and H.L.A.Hart, University of London, The Athelone Press, pp. 1-389.

1979 「道徳および立法の諸原理序説」『世界の名著49 ベンサム／J.S. ミル』中公バックス 69-210頁（*An Introduction to the Principles of Moral and Legislation*, 1789）。

Dworkin, Ronald

1977 *Taking rights seriously*, Duckworth, London.

Hart, H.L.A.

1971 "Bentham's 'Of laws in general'," in *Rechtstheorie, Zeitschrift fr Logik, Methodenlehre, Kybernetik und Soziologie des Rechts*, Bd. 2, pp. 55-66.

関嘉彦

1979 「ベンサムとミルの社会思想」『世界の名著49 ベンサム／J.S. ミル』中公バックス所収 5-68頁。

深田三徳

1984 『法実証主義と功利主義——ベンサムとその周辺』木鐸社。

第5講　ホッブズ契約論法学[*]

はじめに

　トーマス・ホッブズは、奇妙なことに、社会契約論という自然法論の主唱者の一人であると同時に、法実証主義法理論の定礎者とされることが多い学者です。

　私たちは、ここまでに、ハート、オースチン、ベンサムの理論を見てきたわけですが、これらイギリス型法実証主義の主唱者たちが実は、自然法ないしは自然法的なものの存在を認めていたことをすでに確認しています。つまり、もし私のように法実証主義をもって〈反自然法論〉〈実定法一元論〉と特徴づけるとしますと、彼らの理論は実は法実証主義ではない、ということになってしまうことを確認してきました。だから、法実証主義という立場は、ことにイギリスには実在したものではなく、彼らの理論の中からいくつかの法実証主義的と言えそうな言説を、他との関係から切り離して抽出して作り上げた、いわば「理念型」のようなものにすぎないのではないか、と思われるほどでした。ここでついでに言ってしまえば、そのような法実証主義的な言説は、自他ともに認める自然法論者の理論の中にも数多く見いだすことができるのです。たとえば、〈法と道徳の峻別〉は、法実証主義の重要な tenet の一つとされていますが、それを最初に唱えたのは、生粋の自然法論者である Ch. トマジウス（Christian Thomasius：1655-1728）であり、I. カン

---

[*]1989年度・1990年度東京都立大学法学部「法思想史」講義より。

トだったのですよ。そんなことは皆知っているはずです。なのに、何故、と言いたくなります。

ところで私は、イギリス型法実証主義の主唱者とされる者たちは自然法ないしそれに類したものを認めていると述べましたが、それは、彼らの理論の中で、もちろんそれほど力点が置かれているわけではないとはいえ、理論的には決定的位置を占めていると思いますが、それはともかく、その内実は、その名称にもかかわらず、法的なものというよりは、道徳的なものと言ったほうがいいくらいなのです。

要するに、彼らの自然法は、立法者に課せられる道徳的制約のようなものでした。ハートの「自然法の最小限の内容」、オースチンの「神の法」、ベンサムの「超越的種類の法」、これらは皆そういうものでしたよね。そうだとすると、フラーの言う「法の内面的道徳性」の発想との距離も、それほどのものではないということになるんじゃないでしょうか。英米系の法思想というのは、見かけ上対立しているようでも、案外似かよっているという気がしてなりません。

この英米系法思想の原型とも言うべきものが、ここで紹介するホッブズの思想なのですが、それがやはり法実証主義ではなく、本質的に自然法論的なものであることを確認してみましょう。

1. 社会契約物語

まず、彼の理論が自然法論的であるということを示す、有名な彼の社会契約論を紹介しましょう。皆さんの中にもすでに読んだ人が多いと思いますが、彼の主著『レヴァイアサン (*Leviathan*)』(1651年) に基づいて紹介します。

彼は、この著作において、その悲観的人間観から、自然人 (natural man) たちを保護し防衛するために、「国家 (commonwealth or state)」という「人為的人間 (artificial man)」すなわちレヴァイアサンを創造する必要性を説

きました。法はこのレヴァイアサンの理性と意志であるとされるのです（ホッブズ 1954：37-38）。ピューリタン革命（1642-49）の動乱の時代を目のあたりにしながら書かれたからかもしれませんが、彼は、放っておいたら不可能と思われる〈人間の平和的生存〉の実現を念願していたのです。そして、それを可能にするのは強い国家以外にないと考えたのです。

では、その国家を生み出す社会契約を中心とした彼の物語の流れを簡単に辿ってみましょう（同前：13章、14章）。

1）自然状態

まず、出発点としての自然状態を彼がどう描いていたのか、ということですが、ここに、彼の、きわめて悲観的と言っていい人間観が如実に表出しているのです。彼の物語の第一幕はこうです。

> 「自然は、人間を、身心の能力において、…平等に作った。」（同前、199）——つまり、人間は誰も相互に大して違わない存在だ、ということですね——そして、各人は、「かれ自身の自然すなわち生命を維持するために、かれ自身の欲するままに、かれ自身の力を用いる、という自由（liberty）」たる「自然の権利（right of nature）」を持っている。しかも、「相互の身体にたいしてさえ」その権利を持っている。ここで「自由」というのは、「外的障害の存在しないこと」である（同前：208、209）。
> この平等性から、同じものを意欲する者たちは、両方がそれを享受できない場合は、相互に「敵」となり、「相互の不信」を生み、この相互不信から「戦争」が生ずる。その主たる原因は、「競争」、「不信」、「誇り」といった「人間の本性」である。したがって、「人々が、かれらすべてを威圧しておく共通の力なしに、生活している時代には、かれらは戦争と呼ばれる状態にある」のであって、その戦争は「各人の各人にたいするそれ」なのである——人間の本性をこのように見ることを私は先ほど悲観的人間観と言ったのです。これは、自然権の自己矛盾と言っていい事態です。全員が平等に自由を持っているのだから、必ずいつかどこかで衝突する、と

いうわけですが、自然はそんな当たり前のことも考えずに人間に自然権を与えたのですかね——。ただ「戦争」と言っても、その本質は、「実際の闘争」ではなくて、平和に向かう何の保証もないときの、「それへのあきらかな志向」状態である——つまり、実は、ボコボコ殴り合ったり、ドンパチやっている状態ということではなくて、そうなる前の、身構えて睨み合っている、一触即発のような、一瞬も油断のならない状態ということですね——（同前：200-203）。

その結果、この状態においては、「勤労の余地」がなく、「技術も文字も社会もな」くなり、ただ「継続的な恐怖と、暴力による死の危険」のみがあることになる。そして、この戦争においては、何事も「不正（unjust）」ではない。なぜなら、「共通の力がないところには法はなく、法のないところに不正義（injustice）はない」からである。正義と不正義は、「社会のなかにある人々に、関係のある性質」である——自然状態という想定では当然かもしれませんが、正義の前提に法を置いているところが興味深いですね——（同前：203-206）。

しかし——いや、そうだからこそ、でしょうか——、その人々は「平和」に向かおうとする。なぜなら、彼らは「死への恐怖」、「快適な生活に必要なものごとへの意欲」、「かれらの勤労によってそれらを獲得する希望」をもっているからで、そしてついに「理性（reason）」は、「平和にかんする、つごうのよい諸条項を示唆」し、人々は「それについて協定するようにみちびかれ」る。そして、この諸条項が「自然の諸法（laws of nature）」なのである。「自然法（a law of nature, lex naturalis）」とは、「理性によって発見された戒律または一般法則（a precept or general rule）」であって、人間に対して、「彼の生命を破壊するようなこと、あるいはそれを維持する手段を除去するようなことを、おこなうのを禁じ」、また、「それを維持するのにもっともよいとかれがかんがえるものごとを、回避するのを禁じ」る——人は死を恐れそれを避けようとしているのだけれども、皆同じ自然権を持っているために、殺されてしまうかもしれない。だから、理性が発見した自然法に導かれて、平和協定を結ぶ、というわけです。しか

し、このような理性をはじめから持っているのならば、自然権などはいらなかったのかもしれませんね——（同前：206-208）。

まあそれはともかく、第一幕の流れは大体このようなものです。ここで何と言っても問題になるのは、人々を平和に向かわせ、国家を創出させる「自然の諸法」というものです。今度はそれについての説明を見てみましょう。

2）自然法

「自然の諸法」と言っているのですから、そのような自然法は複数あるのですが、なんと、19種類もあります（同前：208-210、228、238-246）。

第一のものは「基本的自然法」というもので、これは、「平和を獲得する望みがかれにとって存在するかぎり、それへむかって努力するべきであり、そしてかれがそれを獲得できないときは、戦争のあらゆる援助と利益を、もとめかつもちいてよい」とするもの、と定式化されています。

「第二の自然法」は、この基本的自然法の、と言っても、その前半の、平和への努力義務から引き出されるものですが、「人は、他の人々もまたそうであるばあいには、平和と自己防衛のためにそれが必要だとかれがおもうかぎり、すすんですべてのものごとにたいするかれの権利をすてる（lay down）べきであり」、「他人がかれにたいしてもつことを、かれがゆるすような、自由を、他人にたいして自分がもつことで、満足すべきである」、という内容を持っています。これは、ちょっと分かりにくい表現ですが、ホッブズ自身も言っているとおり、「他人からしてほしくないことを、他人に向かってしてはならない」というあの有名な黄金律と同じものです。もっとも彼は、『聖書』マタイ伝第7章第12節の文言を引用して、それを「すべての人の法（law of all men）」と呼んでいるだけで、黄金律とは表現していませんが、間違いないと思います。

さて、次の「第三の自然法」、これが大事です。これは、「人々はむすばれた信約（covenant）を実行（perform）すべきだ」というものです。この「信約」という概念ですが、これはキリスト教の『聖書』における神とイスラエ

ルとの聖約と同じもので、「契約者の一方が、かれがなすべきこととして契約（contract）されたその物をひきわたして、相手方がある定められた期間ののちにそのなすべきことをおこなうのにまかせ、そのあいだ相手を信頼する」場合、その相手（聖約の場合は、神）についてそう言われるところの契約を意味しています（同前：214）。つまり、平和のために権利を捨てるという契約とは、同時履行の抗弁権が主張できるような双務契約ではなくて、こちらがやるべきことは先にすべてやってしまって、あとは、向うが債務を履行してくれるのをただ信じて待っている、という契約だということです。相手が神なら仕方ないですが、相手が人間の場合は、きわめて不利な契約と言えますね。相手にとぼけられたら終わりですからね。しかし、平和のためには、信じて待て、というわけです。そして、この信約こそ「正義のみなもと（fountain and original of justice）」とされ、信約の不履行は「不正義」だとされます（同前：228）。つまり、相手がやるべきことをやらなくても、待ち切れずに戦争状態に戻ろうとするのはダメだ、ということでしょうか。つまり、片務的な契約だけれど、それを守る、と言った以上、守れ、というわけです。

　第四から第一九までの自然法については、多すぎるので、その名前だけ挙げておくことにしましょう。第四から順に、先行の恩恵に対する報恩、相互の適応、過去の罪の許容、復讐において将来の利益のみを尊重すること、傲慢の禁止、自慢の禁止、尊大の禁止、公平、共有物の平等な使用、共同利用も分割できないものの籤による配分、同じく分割できないものの自然的籤による配分（最初に生まれた者に与える）、仲介者の行動の安全保障、仲裁への服従、自分自身の裁判官になることの禁止、不公平となる理由をもつ者が裁判官になることの禁止、そして最後の自然法が、第三者証人を信用すること、というものです。──自然法にしては、やけにこまかいですね。微に入り細を穿っている感じです。
　これらの自然法は、純粋に道徳的なものから、法制度設計に関するものまで、非常に多岐にわたっていますが、ホッブズは、基本的自然法から第一九

自然法まですべての自然法を、「もっとも能力のひくい人にもわかるように」として、ここでも黄金律の内容で要約しています（同前：246）。

3）黄金律

というわけですので、ここで、黄金律というものについてすこし説明しておきましょう。これは、皆さんも子供の頃、親や幼稚園の先生などから何度か言われたはずのものです。だから、そんなに小難しいものではありません。

例えば、公園のブランコで遊んでいたら、脇でじっとこちらを見ている子供がいて、たぶん早く代わってほしいと思っているんだろうな、ということは分かっているんだけれど、でも、自分はもっとブランコで遊んでいたいから、そのまま知らん顔をして漕ぎ続けていると、そばで見ていたお母さんから、「○○ちゃん、お友達が順番待っているわよ。もう代わってあげなさい。○○ちゃんだって、自分が待っていたら早く代わってほしいって思うでしょ」なんて、皆さんも言われたことがあるんじゃないですか。これですよ。このお母さんが子供に言っていることが黄金律なのですよ。社会を営む人間にとっては、実に基本中の基本の倫理ですよね。だから、それは人類普遍的な倫理でもあるのです。

ホッブズも、それを「福音書の法」であるとともに、「すべての人の法」でもあると言っていましたね（同前：210）。実際、そのヴァリエーションは、『聖書』のみならず『論語』や『コーラン』などにも載っています。つまり、ホッブズはまさにこのような人類普遍的な倫理を自然法だとしたわけです。法実証主義とは縁もゆかりもなさそうですね。

ところで、自然法論者であるドイツ観念論的哲学者 I. カントが言うところの「定言命法（kategorischer Imperativ）」も、つまるところ、この黄金律の哲学版と言ってもいいものなのです――こんなことを言うとカント学者に怒られそうですが。――。とりわけ、「汝自身の人格ならびに他のすべての人の人格に例外なく存するところの人間性を、いつでもまたいかなる場合に

も同時に目的として使用し決して単なる手段として使用してはならない」（カント 1976：103）というヴァージョンの定言命法が最もよくそのことを示しています。言うまでもなく、これは自律の原理であって、自分の良心の声なのです。この声が聞こえないか、聞こえていたとしてもそれに従えない人、つまり自律できない人、すなわちカント的な意味で自由でない人は、自律できる人たちの自由を守るために、他律の下に置かれるしかないわけですね。

　ホッブズは、同様の黄金律を認めながら、その悲観的人間観――所詮人間なんて、自律できはしない。ほかの連中が守らないなら、こっちも守らない、と思っている連中ばかり、という見方――から、もっと現実的なことを言っています。つまり、こうです。「自然法は、内面の法廷において義務づける。」つまり、「それらが行われるべきだという意欲をもつように拘束する。しかし、かならずしもつねに、外部の法廷において、すなわち、それらを行為するように、拘束するのではない。」――この外部の拘束というのは実定法による拘束、つまり強制で、まさに他律です――なぜなら、他の連中が守らないのに自分が守ってしまうと、「自分自身を他人の餌食とし、かれ自身の確実な破滅をもたらす」からである（ホッブズ同前：247）。――つまり、カントが夢想していたような、定言命法という黄金律だけでうまくいく「目的の王国」が他律の世界の中に成立するなんて端から無理な話で、非現実的な妄想にすぎない、ということですね。だから、黄金律という自然法も所詮はお人よしたちの倫理にすぎず、黄金律なんてチャンチャラおかしいと思っているエゴイストたちに手もなく反故にされてしまうような脆弱なものにすぎない。だから、後で述べるように、積極的に権力を作らないとだめだ、ということになるんだと思います。

4）道徳哲学
　さて、このような自然法は倫理に他ならないわけで、法哲学が相手にする「法」とは言えないようですね。実は、ホッブズもそう認識していました。その部分を引用してみましょう。こう言っています。

このような自然法（the laws of nature）は「永遠不変」であるが、努力を義務づける以外のことをしないので、服従するのが容易である。そして、それらについての学問は「真実にして唯一の、道徳哲学」なのである。なぜなら、それらは「道徳（Moral Vertues）」だからである。人はそれら「理性の指示」を「法（laws）」と呼ぶのが常であるが、適当ではない——待ってください。ホッブズ自身、自然「法」と呼んでいますよね。おかしいですね——。なぜなら、それらは、「なにがかれら自身の保存と防衛に役立つかについての、結論または定理（conclusions, or theorems）」にすぎないからである。それに対して、「法は、本来は、権利にもとづいて他人を支配する者の、ことば（word）」なのである（同前：248-250）。

　こうしてみると明らかなように、ホッブズは、確かに表面的には、自然法なるものの存在を認める「自然法」論者なのですが、現在私たちが呼び習わしているような自然法論者ではなく、法哲学とは区別された意味での、自覚的な道徳哲学者なのです。彼にとって自然法は、その名に反して、法ではなく道徳なのです。ところが、この自然法の道徳性も、社会契約締結後には変化を見せるのですが、それについては後（後出254-255頁）で述べます。ただここでは、この変化は、自然法を法哲学の領域の固有問題として扱おうとする傾向に対する反証にもなると思う、ということだけ言っておきましょう。

5）コモンウェルスの創出

　では、これらの自然法に基づいて、人々はどのようにしてコモンウェルスを作るのでしょうか。別の言い方をすると、ホッブズは、コモンウェルスの法をどのようにして正統化するのでしょうか。ここからが物語の第二幕です。皆さんは当然自然法によって正統化するものと思うでしょう。ところが、そうではないのです。ここにもやはり、例の悲観的人間観が作用しているのです。自然法を発見しただけではだめなのです。彼はこう述べています。

　「われわれがじぶんにたいしてしてもらいたいように、他人に対してお

こなうこと——黄金律ですね——」のような「自然の諸法が、なにかの権力の威嚇なしに、それじしんだけで、まもられるようになるということは、われわれのうまれつきの諸情念（passions）に反する」。それらの情念とは、「えこひいき、自慢、ふくしゅう」などである。だから、「諸信約は、剣なしには、語（words）にすぎないし、人を保全するつよさをまったくもたない」（ホッブズ 1964：27-28）のである。

周りにいる皆と「もうこんな睨み合いはやめましょう」と約束できたとしても、それだけでは何も変わらない、というわけです。そんな口約束、誰も守りはしないよ、ということでしょうか。黄金律という倫理は普遍的に存在してはいるが、それだけでは、人間はどうにもならない、ということですね。そんな倫理があるということは、それを守らない勝手な連中がたくさんいることの証拠だ、ということでしょう。だから、大事なのは、その約束を守らせる権力を創出することなのだ、ということです。それが何よりも先にやっておかなければならないことだ、ということです。非常に現実主義的ですね。では、その権力創出の物語とはどんなものなのでしょうか。

しかし、その物語をたどる前に確認しておいたほうがいいことがあります。それは、彼が、社会契約後に作られる「法」をどう捉えているか、ということです。彼は、コモン・ローに関する哲学者と学生の対話篇を書いているのですが、その中で哲学者に「法」に関してあまり道徳哲学的でないことを語らせています。その言明を分析してみましょう。その哲学者はこんなふうに述べています。

「法を作るのは知恵（wisdom）ではなく、権威（authority）である。」（Hobbes 1992：5）

この言明はとても有名なものですし、後で触れるところの彼の理論の法実証主義性、つまり反自然法論性とも関わりますが、ここで注目しておきたいのは、法を作るところの「権威」という概念です。それに関する説明をちょっと詳しく見てみることにします。

1．社会契約物語　247

　『レヴァイアサン』によると、「人格（person）」には、「自然人（natural person）」と「仮想のまたは人為的な人格（feigned or artificial person）」とがあって、前者は、その行為が自分自身のものと考えられるものであり、後者は、他人の行為の代表（represent）と考えられるものです。ですから、その他人がまさに、その行為の「所属（own）」する「本人（Author：作家）」であり、人為的人格のほうは、「行為者（Actor：役者）」であるということになります（ホッブズ 1954：253-254）。

　それで、問題の「権威」という概念ですが、これは、「なにかの行為をする権利（right）」のことで、「行為者（Actor）」は、この「権威」に基づいて行為をする者なのです。そして、「権威」に基づく、ということは、「本人（Author）」の許可または認可（commission, or licence）に基づく、ということなのです（ホッブズ同前：254）。

　そして、委任とか代理とかと言ってもよさそうなこの関係の捉え方が、そのまま権力の創出であるところの社会契約に当てはめられるのです。つまり、人々が「Author＝本人：作家」で、コモンウェルス（の代表）が「Actor＝行為者：役者」、という関係になるのです。だから、上に取り上げた命題は、〈法を作るのは Actor たるコモンウェルス（の代表）の知恵ではなく、コモンウェルス（の代表）に許可または認可を与えた Author たる人々である〉といった命題に言いなおすことができると思います。だから問題は、その「人々の許可または認可」がどのような形でなされるか、ということになりますね。ホッブズはこう述べています。

　　「共通の権力」を樹立する「ただ一つの道」は、人々が「かれらのすべての権力とつよさ（all their power and strength）を、ひとりの人間または人々のひとつの合議体──この表現は少々長たらしいので、以下、「一人の人間」とだけ表現します──にあたえる（confer）こと」である。それはすなわち、「多数者意見によって、彼らすべての意志を一つの意志」とし、「『一人の人間』を任命して、かれらの人格を担わせ、また、こうして各人の人格を担うものが、共通の平和と安全に関することがらについて、

みずから行為……するあらゆることを、各人は自己のものとし、かつ、自分がその本人であることを承認する」ことである。そして、だからこそ、「各人は、かれらの意志を彼の意志に、かれらの判断をかれの判断に、したがわせるのである。」この承認は、「わたくしは、この『一人の人間』にたいして、自己を統治するわたくしの権利を権威づけあたえる（authorize and give up）が、それはあなたもおなじようにして、あなたの権利をかれにあたえ、彼のすべての行為を権威づけるという、条件においてである」という内容の「各人対各人の信約（covenant）」によってなされるのである（ホッブズ 1964：33）。

そのように信約するということは、「それに賛成して投票したものも反対して投票したものもひとしく、その『一人の人間』のすべての行為や判断を、それらがちょうどかれじしんのものであるかのように、権威づける」ということである（同前：37）。

要するに、コモンウェルスの創出というのは、人々の多数決によるこの「一人の人間」への権威づけだ、ということです。

しかし、ここでまた例の悲観的人間観が出てきましたね。「各人対各人の信約」というのも、実のところ、お前たちも一緒にやらなきゃ、おれもやらないよ。だから、いっせいのせ、で皆一緒に同時にやろう、というものにすぎないわけです。実に疑い深い人たちの契約です。ただ、この信約は多数決だ、ということは注意しておく必要があります。そして、その『一人の人間』を権威づけるのには反対していた少数派も、その権威づけを行ったことになるわけです。

ところで彼は、「あたえる（confer）」という言葉を、「権威づけあたえる（authorize and give up）」と表現しなおしていましたね。confer という語は、目上の者が目下の者に何かを授ける、というニュアンスを持った語ですが、give up と言いますと、降参する、諦める、といった、それとは逆のようなイメージを持つ人が多いと思います。少なくとも、握手しながら「よろしく

ね」とか言って渡す、という平和的イメージではないですし、ましてや「許可」、「認可」といった偉そうな振る舞いではなさそうですよね。この言い換えは、彼がこの権力創出の場面をどのようにイメージしていたのか、ということをうかがわせる面白い手がかりになりそうに思います。そして、平和のために権利を捨てるべし、と命じる第二の自然法に関する彼の次の説明もとても示唆的です。引用しますが、訳語ではなく、原語の方に注意しておいてください。

「あるものごとに対する、人の権利を放棄（lay down）するというのは、かれが、他人がそのものごとにたいするその人の権利を、享受するのを、さまたげる自由を、放棄（divest）することである。すなわち、自己の権利を放置（renounce）したり譲渡（pass away）したりする者は、他人がこれまでもっていなかった権利を、その人にあたえる（give）わけではない。なぜならば、各人がうまれながらにしてそれにたいする権利をもたなかったものごとは、存在しないからである。かれはただ、かれのみちのわきにでて、その他人がかれにさまたげられずに自己の本源的権利を享受しうるようにするだけである」（ホッブズ 1954：210-211、強調―引用者）。

なんだか持って回った変な言い方ですが、どうやら、権力を創出する「許可」、「認可」というものは、私たちがそれらの語から思い浮かべるものとは違うものらしい、ということは感じ取ってもらえたのではないでしょうか。そこで、この引用文の中で使われている、権利を「放棄する」という表現について、少し私の考えを述べてみたいと思います。その原語である lay down という語句についてはいろいろな訳語の選択が可能ですが、私には、適訳は、武器を捨てる、という意味での「捨てる」のように思えるのです。つまり、持っていた武器を地べたに置くとか、どこかに放り投げる、といったイメージです。ホッブズは、この語を、「譲渡する（transfer）」と区別されたものとしての「放置する（renounce）」に置き換えてもいますし、「放棄する（divest himself of）」という熟語で言い換えてもいます。この「renounce」の意味は、「それ〔放置すること―引用者〕についての利益が

だれに帰するかを、かれが顧慮しないばあい」のことだとして、譲渡のように、「それについての利益が、ある特定の人または人々に帰することを、かれが意図するばあい」とは明確に区別しています（ホッブズ同前：211）。これは意外な説明ですよね。社会契約は「一人の人間」という特定の人物に権利を与える契約だとされているわけですから。しかし、ホッブズの描く社会契約は、権利の手渡しではなく、言ってみれば単なる手離しなのです。

　また、この後者の「放棄する (divest himself of)」という熟語は、式服を脱ぐ、という意味だそうですが、ホッブズはおそらく、鎧を脱ぐ、というイメージで使っているのではないか、と私は想像しています。つまり、何が言いたいかと言いますと、この「第二の自然法」が人々に要求しているのは、権利を誰か相手の手に「渡してしまう」ことではなく、どこか定められた場所に置いておく、つまり、相手も取り上げることができるが、こちらも取り戻そうと思えば、いつでも取り戻すことも可能な状態にしておく、ということなのではないか、ということです。かなり微妙な違いかもしれませんが、この疑り深い捨て方は、後で触れる「抵抗権」問題にも関わってくるように思います。

　とはいえ、第三の自然法のところでホッブズは、第二の自然法は「第三者に譲渡 (transfer) すべきことを義務づける」、なんて言っているので（同前：228）、もしかすると、私の読み込みすぎかもしれませんが。

　ともかく、以上を総合しますと、権力創出の場面は、要するにこんな風に描けるでしょうか。——武器を持っているすべての人が、その武器を携えたまま、相互の行動を注意深く警戒しながら、たとえばひとつの広場にゆっくりと集まってきて、共通の平和と安全のために、自分たちの武器を「あいつ」に与えることにしよう、つまり、権力を作ろう、という信約を結び、それでは、ということで、皆一緒にゆっくり武器を地面に置き、皆ちゃんと置いていることを確認してから、それでもお互いの行動を疑り深くチェックしながら、少しずつ後ずさりして、その場から離れる。するとそこに、その「あいつ」がおもむろにやってくる——とまあ、こんな流れでしょうか。

1．社会契約物語　251

　考えてみれば、これは一種の賭けですよね。信約を結んでも、ほかの連中がいきなり武器を取り戻して襲ってくるかもしれないし、信頼した「あいつ」だって裏切るかもしれません。そもそも契約などというものは総じて賭けのようなものですが、法制度の下での契約という賭けには救済手段があります。しかし、社会契約は、その制度を作るための契約ですから、救済手段など存在していません。ですから、賭けは賭けでも命がけの大博打ですね。

　ともかくもこうして一人格に統一された群衆を、彼はコモンウェルス――「レヴァイアサン」という「可死の神」――と呼ぶのですが、この説明の中で特に注意してほしいことの一つは、社会契約にあたって、本人である「人々」は、「かれらのすべての権力とつよさ」を「一人の人間」に与え、「自分たちの人格を担わせる」としている点、つまり、自己統治の権利を「give up」するとしている点です。この描き方ですと、人々は何から何まで「一人の人間」に与えてしまい、全くの抜け殻状態になってしまうようです。

　しかし、このような状態になったら、もはや「本人」とは言えなくなってしまうのではないでしょうか。「一人の人間」の方も、本人の言うなりになる単なる「行為者＝役者」ではなく、全権掌握者のようです。可死であろうが、「神」ですからね。もっとも、たとえそうだとしても、この〈全権委譲〉も、「共通の平和と安全」の確保という目的のもとで行われているわけですから、その目的がこの「一人の人間」によって実現できなければ、この「一人の人間」は「神」ではなくなるはずですが。

　もう一つ注意すべき点があります。それは、この社会契約は、人々対「一人の人間」の契約ではなく、人々同士の契約だということです。この人々の中にその「一人の人間」が one of them として入っていてもいいのですが、理屈からいえば、入っていなくても成り立ちます。そして、何と言っても多数決ですから、この「一人の人間」の意志に関係なく決めることができますね。そして、「あそこにいるあいつが強くていいヤツで信用できそうだから、皆で、自分の権利をあいつに give up しないか？」「そうしよう」ということはありうるわけです。ですから、もしそうだとすると、この社会契約の後にもう一つ、今度は社会となった人々とこの「一人の人間」との間の契約と

いうのが必要になるのではないか、と思うのですが、ホッブズはそれがどのようなものかについては触れていませんので、「一人の人間」もその中に入っている人々が、その「一人の人間」を選任してこういう権限を与えよう、という契約だとしたほうが現実的な物語かもしれませんね。

しかし、「信約」という以上、そのような契約は想定されないかもしれません。とにかく「信約」を結んで、武器を捨てたら、後は信じるしかない、ということでしたから。

2．抵抗権問題

さて、次に、ホッブズはいわゆる「抵抗権」を認めていたのかどうか、という問題を考えてみましょう。彼はそんなものを認めてなどいない、彼は王権の擁護者だからと、このように考える否定派は、彼の言う権力の創出が、人々の「すべての権力とつよさを与えること」とされていることをその根拠としています。

しかし、ホッブズは次のようにも述べているのです。

「ある人が自己を防衛しない、という信約は無効である」。「強力 (force) に対し、自分を強力によって防衛しない、という信約は常に無効である」。なぜなら、「誰でも、自分を死や傷害や投獄から免れさせる自分の権利を譲渡することはできない」からである（同前：223）。

もっとはっきりこうも述べています。

「人は、彼の命を奪おうとして力づくで彼を攻撃する人々に対して、抵抗する権利（the right of resisting）を放棄（lay down）しえない。投獄についても同じである。」（同前：213）

これらの言明から判断する限り、彼は抵抗権を認めているように思えます。それどころか、死や傷害とともに「投獄から免れさせる自分の権利」を

各人が確保していると想定しているところを見ると、彼の描く社会契約からは国家の刑罰権が導かれないことにまでなってしまいそうです。つまり、たしかに、彼の社会契約では人々の「すべての権力とつよさ」が「一人の人間」に与えられる、と言ってはいますが、どうやら実はそうではなく、かなり限定された権力とつよさしか与えられないものと考えていたように思われます。つまり、社会契約を結んだ者たちは、すべての武器を捨てたわけではなく、抵抗権という短刀のようなものだけは地面に置かずに、保険として密かに懐あたりに入れていたというわけですね。話が違うじゃないか、と文句が出てきそうです。

しかし、このことは彼が想定する社会契約の目的から見れば当然なのかもしれません。というのも、彼は、主権者の職務は「人民の安全の取得」であって、しかも、神が創造者であるところの「自然法によってそれへ義務づけられ」ている、と考えていたのですが（ホッブズ 1964：274）、その義務は、人々に対するものではなく、神に対する説明義務にすぎなかったからです。だから、楽観などせず疑い深い人々は、やはり最低限の自衛手段は持っていなければならないと考えて当然です。したがって、結論的には、まあ、抵抗権のようなものを認めていた、と言ってよいでしょう。

3．市民法について

1）主権者命令説

さあ、こうしてコモンウェルスができますと、次に、平和実現、福祉増進のために、法が産み出されていきます。権威が作る、とされたのがこの法です。その法のことをホッブズは「市民法 (civil law)」と呼びますが、実定法のことだと言ってよいでしょう。そして、彼が法実証主義の定礎者とされるのは、この市民法に関する彼の考え方が理由になっているのです。ですから、それを最後に見ておきましょう。

まず、「法一般」に関する彼の定義ですが、これは「以前に自分への服従

を義務づけられた者に向かって命令を与える、その人だけの命令」であるとされます（同前：173-174）。言うまでもなく、ベンサムやオースチンと同様の命令説ですね。そして、ここに言う「その人」というのは、ここでは特定されていないのですが、市民法の場合はコモンウェルス（の代表）ということになります。

ですから、市民法は、「とにかくひとつのコモンウェルスの成員であるが故に、守るように拘束される法」であると定義されます（同前：173）。コモンウェルスはその立法者なのですが、それは人格ではないために、「代表（すなわち主権者）によらなければなにをする能力もない」ので、その代表すなわち「主権者が唯一の立法者」ということになります。そしてその主権者は、自ら立法した「諸市民法には臣従しない」とされます（同前：175）。ただ、ここで強調しておかなければならないのは、コモンウェルスが臣従しないのは市民法であって、自然法ではない、ということです。この点はすぐ後でもう一度触れます。

ハートに従って「主権者命令説」を法実証主義の主張だとすれば、の話ですが、このホッブズの市民法論は、ベンサム、オースチンへと連なるイギリス型法実証主義の源流であることは間違いありません。この定義ばかりか、前に引用した「法とは支配する者の言葉」である、とか、「権威が法を作る」という命題も、法実証主義的ではあります。さらに言えば、「共通の力のないところに法はなく、法のないところに不正義はない」（ホッブズ 1954：206）とか、「市民法は正邪の区別に利用するためのもの」である（ホッブズ 1964：175）とかの言明なども、法の人定性、正義の法への依存性、すなわち相対性を示している点で、法実証主義的であるようにも見えます。

2）市民法と自然法

しかし、私たちは、市民法と自然法との関係に関するホッブズの次の説明を無視することはできません。それは、法実証主義からは是認することのできないものだからです。こんなふうに言っています。

3．市民法について　255

　もともとは「公平、正義、報恩、その他の道徳的価値」だった自然法は、「コモンウェルスが、ひとたび設置されると」、「コモンウェルスの命令」、すなわち「市民法」になる。なぜならば、「信約の履行」は自然法——第三の自然法です——の指図なのであり、各人は「市民法に従順であることを信約した」のだから、その「市民法への従順もまた自然の法の一部」となるからである。つまりは、「市民法と自然法は、ちがった種類の法ではなくて、法のちがった部分なのであり」、自然法は「かかれていない」からそう呼ばれ、市民法は「かかれている」からそう呼ばれるにすぎない（同前：177-178）。

　この主張は、どう見ても自然法によるところの現実の市民法の包括的正当化ですね。市民法はそのまま自然法なのだ、だから、その市民法に従順たれ、というわけです。よく法実証主義は法への盲目的服従を説く立場だと誤解されますが、盲目的服従を説いている点だけ見れば、このホッブズの主張を誤解された法実証主義の主張と理解してもやむをえないかもしれません。しかし、その主張が自然法の存在とその権威の承認に基づいていることをきちんと踏まえていれば、そのような誤解はありえない、ということが分かってもらえると思います。そもそも法実証主義は法への服従など説きはしないのです。そんなことを言う可能性のあるのは自然法論のほうなのです。

　だから、明らかにホッブズは法実証主義者ではなく自然法論者なのです。それも保守的なタイプの自然法論者です。抵抗権を容認しているので、革新的なようにも見えますが、抵抗権発動など例外中の例外的な事態なわけで、通常は、市民法は自然法なのだから、それに従っていろ、と言っているのですからね。

　あるいはこう言ってもいいかもしれません。いわば自然法がそのままコモンウェルスの命令になったような理想的な市民法が作られているかぎりで、各人は市民法への従順の義務を負うのだ、とね。だから、上の引用箇所は、その市民法を作る共通の力である権威すなわち主権者に対するメッセージとしては、自然法に臣従すべし、という規範的意味を担っているのではない

か、言い換えれば、どのような市民法を作ってもよいわけではなく、書かれた自然法と言えるような市民法を作るべし、という規範的意味を担っているのではないかと私は推測しています。ということは、彼は、放っておくと立法者が自然法どおりに立法しない可能性がある、ということを承知していたのだと思います。

3）法の欠缺補充

その証拠に、ホッブズは市民法にいわゆる法の欠缺が存在しうることを認め、その適用の任に当たる裁判官に対して、自然法に依拠した法創造を指示しているのです。具体的にはこう言っています。要約的に紹介します。

> 法は「決して理性（reason）に反しえない」が、その理性とは「コモンウェルスの理性」であって、「法の慎慮（juris prudentia）、あるいは従属的裁判官（subordinate judges）の知恵（wisdom）」ではない。だから、従属的裁判官は、「彼の主権者をうごかしてそういう法をつくらせた理性を尊重して、彼の判決文がそれにおうじるようにすべきである。」(同前：180-181)
> 「裁判官は、法の語が合理的な判決を十分に権威づけないならば、自然の法（the law of nature）をもって補うべきである」(同前：194)。

もし彼が市民法はそっくりそのまま自然法だと本当に考えていたならば、このようなことは言わないでしょう。はっきりと市民法が自然法に対して劣位であることを認めているのです。そして、大変興味深いことに、この発言は、当時、「書かれた理性（ratio scripta）」とまで称されたことのあるナポレオン法典（1804年）の起草者であり、啓蒙期自然法論者であるJ.-É.-M. ポルタリス（J.-É.-M. Portalis：1746-1807）が、その法典の解釈にあたっての心構えについて裁判官に諭したこととほぼ同様の内容なのです。ポルタリスは『民法典序論』（1801年）の中で次のように述べています。

> 「立法者がすべてに亙って用意しておくということは不可能である。……法典というものは、それが如何ほど完全なものに見えようとも、完成

されたものであるどころか、むしろ何千という予想もしなかった問題を裁判官に提供するに至るのである。……それ故に多くの事柄が、必然的に慣習の力や、教養ある人々の議論や、裁判官の裁定に委ねられるのである。……裁判官は法律に服従すべきあって、……法律が明瞭なるかぎり、これに従わねばならぬ。それが不明瞭である場合には、その規定を深く研究せねばならぬ。もし法律が缺けているならば、慣習とか衡平を考慮せねばならぬ。衡平とは、実定的な法律の沈黙、矛盾又は不明瞭の際に於ける自然法への復帰である。」(ポルタリス1947：11-20)

どうです？ 趣旨はほとんど同じでしょう。慣習法や衡平のくだりはオリジナルだとしても、ホッブズの所説の敷衍ではないか、と思うほどじゃないですか。自然法による法の欠缺補充、これを認めている、いや命じているのです。法実証主義は決してやらないことです。

ま と め

これまで、『レヴァイアサン』に基づいてホッブズの理論を見てきましたが、どこをとっても法実証主義的なものと特徴づけることはできませんよね。市民法については、若干、法実証主義的な香りを感じはしましたが、ベースには〈市民法＝自然法〉という前提があるわけで、その香りは気のせいだった、ということになりました。

そして彼は、こんなことも言っています。

「自然の法、それは疑いもなく神の法である」(ホッブズ1964：202)。

これらは、誰が見たって自然法論、それも宗教的な自然法論の主張ですよね。このようなことを言うホッブズがどうして法実証主義者なのでしょうか。絶対と言っていいほど、そんなはずはありません。紛う方ない自然法論者です。

【引用文献】

ホッブズ、トーマス（Hobbes, Thomas）
  1954 『リヴァイアサン（一）』水田洋訳　岩波文庫（***Leviathan***, 1651）。
  1964 『リヴァイアサン（二）』水田洋訳　岩波文庫（***Leviathan***, 1651）。
  1992 "A Dialogue between a Philosopher and a Student of the Common Laws of England," in ***The collected works of Thomas Hobbes***, Vol. VI, ed. by William Molesworth, Routledge Thoemmes Press, pp. 1-160.

カント、イマニュエル（Kant, Immanuel）
  1976 『道徳形而上学原論』篠田秀雄訳　岩波文庫（***Grundlegung zur Metaphysik der Sitten***, 1785）

ポルタリス、J.-É.-M.（Portalis, Jean-Étienne-Marie）
  1947 『民法典序論』野田良之訳　日本評論社（***Discours préliminaire de premier projet de Code civil***, 1827）

以上

あとがき

　私の処女論文は、1978年に法哲学年報『法規範の諸問題』に研究ノートとして掲載された「純粋法学の『構造』問題」という小論である。これは、本書第1講で詳しく述べた、純粋法学に関する私の「構造」理解を簡潔に示すとともに、その「構造」を捉えきれなかった——とその時の私が不遜にも思った——わが国の先行研究者たちを軒並み批判するものであった。これを読んでくれた東京法哲学研究会のあるメンバーが、ある時私をこう呼んだ。「あれダメこれダメの大塚」。

　自分がほぼ30年前に必死の自転車操業で紡いでいった講義の一部をこうして一冊の本にまとめ終わってまず最初に頭に浮かんだのは、まさにこの言葉であった。結局、ハートもオースチンもベンサムもホッブズも、みな法実証主義者ではない、法実証主義者はケルゼンただ一人、いや、そう評価している私も加えてもらえるなら、ただ二人、ということになってしまうからである。そう言えば、私はその頃、法実証主義陣営に属するニール・マコーミック（Neil MacCormick：1941-2009）やオタ・ヴァインベルガー（Ota Weinberger：1919-2009）、そしてジョセフ・ラズ（Josef Raz：1939-）が来日した折に、研究会や講演会で、下手な英語で直接批判したこともあった。まさに「あれダメこれダメ」であった。

　今もその批判が間違っていたとは思っていない。人間というものはそう簡単には変わらないものらしい。もちろん、大分時間が経過して、少しは大人になっているので、何箇所か、これは言い過ぎだろう、今の自分ならこうは言わないだろう、と思うところはあったし、理解が変わったところもたしかにあった。しかし、この採録の作業の中で、基本的なスタンスはその時のままであることを強く実感した。これは、もしかするとその時で成長がストップしている証拠かもしれないが。

　私の書いたものには引用が非常に多いのが特徴である。それは、ある思想についての理解を正確にしたり、誤解を解くにあたって、本人をもって語ら

せるという方針をとっているからである。第1講でも述べた原典主義の表れでもある。私自身がその思想を誤解しているかもしれないし、都合のいいところだけつまみ食いしているかもしれない。鬱陶しいくらいに本人の言葉を引用したのは、そのような間違いや偏りを正してもらう可能性を確保するためでもある。

　また、私のような語学劣等生だけのことかもしれないが、とりわけ「古典」とされるものに関して言うならば、横のものが縦に変換されている——もっとも本書の場合は横のままだが——だけで、それは大変ありがたいものである。学問研究への新規参入者にとってはとりわけそうだと思う。たとえ多少の変換ミスがあったとしても、それは学問研究の手堅い進展に絶対的にプラスである、と私は確信している。若干予防線めいてはいるが、本書もそのようなプラスを目指している。ケルゼンをはじめ、本書で取り上げた古典家の理論に関心を抱いた若き研究者たちが一度でも目を通してくれれば、著者の目的は果たせたも同然である。

　亀本洋教授が本書出版の話を持ちかけてくださってからこの日まで、どれほどの時間が経ってしまっただろう。本務校での長期にわたる役職就任を理由にはしていたが、正直なところ、著者の怠慢、遅筆以外に、批判に耐えられる理由はない。この間、辛抱強く私からの原稿を待ってくださり、励まし続けてくださった成文堂編集部の土子三男氏、そして、同氏が体調を崩され入院されたことで本シリーズの担当となられ、同様に、思いやりのあるメールで私がドロップアウトするのを食い止めてくださった飯村晃弘氏に心よりの感謝の気持ちを表させていただく。

　最後になるが、なんと言っても、本書の生みの親である亀本洋教授に、私の講義ノートを公刊する機会を与えてくださったことのお礼と、あまりにも長くお待たせしてしまったことのお詫びを申し上げて、筆を擱くこととする。

2014年3月

著者

事項索引

あ 行

悪法 ……………160, 167, 168, 194, 199
アメリカン・リアリズム ……………140
イギリス型法実証主義………125, 126, 128, 173, 219, 237, 238, 254
意思行為 …23-27, 29, 30, 100, 108, 111, 120
一次的規範 ……………27-29, 45, 60, 91
一般的功利性の原理……182, 183, 188, 189, 191
一般法学 ……………………19, 50, 189
イデオロギー ……29, 30, 42, 56, 71, 73, 80, 82, 84, 85
イデオロギー批判……………………85
意味論………………………………27
Wolfenden 報告 ………………150-153
Expositor（説明者） ………174, 188, 189, 201-204, 225, 229, 234
エポケー……………………6-9, 36, 103
黄金律 ……………241, 243, 244, 246
open texture ……………………142-145

か 行

外的言明 ……………………134, 137
外的視点 ……………………134-136
概念法学 ……………127, 142, 143
快楽 ……………204-213, 220, 221
革命 ………101, 112, 117, 119, 120, 194, 200
価値自由（な記述）………………40, 41, 80
神の法……174-178, 182-187, 190, 192, 195, 196, 198, 199, 216, 238, 257
間接的名宛人 ……………………29, 60
完全な法 ……………………229-231
危害原理 ……………………152, 153
機関性基準 ……………………140
技術的意味の権利…………56, 62, 63, 65-67
記述的意味の当為……30, 32, 34, 35, 38, 39, 42, 91
規範衝突 ……………………113-115
帰責（Zurechnung）……………38, 39, 81
基本（的人）権 ……………56, 65, 112
客観性公準 ……………………4, 49, 80
境界画定の訴え ……………………81, 82
強制規範 ……………………43, 44
強制行為……18, 36, 46, 50, 51, 54, 55, 60, 61
強制秩序（としての法秩序）………54, 80
苦痛 ……………………204-213, 220, 221
形式主義 ……………………141-143
権威……21, 25, 30, 32, 39-41, 69, 70, 72, 73, 75, 78, 79, 84, 85, 87-92, 96, 98-100, 102, 103, 108, 110, 112-116, 121, 130, 145, 246, 247, 253-255
（法の）欠缺（補充）……59, 231, 233, 256, 257
行為規範 ………28, 29, 46, 60, 131, 176, 227
行為功利主義 ……………192, 193, 197
合目的性 ……………………………155
功利原理（功利性の原理）………174, 180-182, 184, 185, 190-197, 207, 208, 211-214, 216, 217, 232
功利主義………125, 129, 130, 173, 174, 181, 185, 188, 191, 192, 201, 204, 206-209, 214, 215, 218, 220, 221, 226, 230, 233, 234
功利性理論 ……………………183
国際法 ……………………178, 179
コモンウェルス……245, 247, 248, 251, 253-256
語用論………………………………27

根本規範……24, 105-111, 113, 119, 120, 133
根本規範の変更 ……………………119

さ　行

罪刑法定主義 ………………37, 78, 115, 151
最大多数の最大幸福……190, 204, 207, 209, 210, 212, 214, 215
裁判規範………………………28, 176, 227
サンクション（制裁）………35-39, 43-52, 54-56, 60-64, 67, 68, 86, 87, 92, 95, 128, 149, 177, 178, 186, 198, 209, 212, 220, 221, 224, 227
自然権……………………56, 194, 216, 239, 240
自然状態 ……………………………239, 240
自然法 ………iv, 22, 23, 42, 48, 80, 82, 104, 109, 125, 127, 134, 148, 156, 158, 169, 173, 174, 179, 183, 184, 192, 194, 196, 197, 216, 217, 224, 237, 238, 240-245, 249, 250, 253-257
自然法の最小限の内容………127, 147-149, 153, 238
自然法否認論 ……………………………127
自然法論 ……iv, 95, 125-127, 148, 153, 154, 156-158, 161, 174, 192, 194, 197, 198, 202, 203, 216, 218, 220, 224, 237, 238, 255, 257
自然法論者……104, 109, 145, 162, 167, 174, 184, 195-197, 200, 237, 243, 245, 255-257
実効性 ………………21, 22, 47, 93, 120, 221
実定性………………21, 22, 25, 42, 48, 68, 92
実定道徳………149, 152-154, 175-178, 185-188, 195
実定法 ………iv, 4, 6, 12, 15, 21-25, 30, 31, 35, 37, 40-44, 46, 48, 49, 54-57, 59, 68, 69, 80, 95, 98, 101-103, 115, 116, 120, 121, 125-127, 134, 153, 173-192, 194-197, 216, 217, 224, 244, 253
実定法一元論　iv, 79, 80, 127, 148, 224, 237
実定法の規範的固有法則性 …………41, 42
私的道徳 ………………150, 151, 153, 154

市民法 …………………………253-257
社会契約………130, 137, 195, 238, 239, 245-247, 250, 251, 253
社会契約論 ……93, 125, 128-131, 135-137, 139, 194, 195, 201, 218, 223, 237, 238
従属的法規範 ……51, 54, 55, 58, 62, 65-67, 86, 87, 92
自由法運動 ……………………………169
授権規範………………51, 54, 62, 64, 65, 131
主権者……125, 128, 174, 179-182, 184, 186, 188, 190-192, 195, 196, 200, 205, 208, 210, 217, 219, 221-225, 228, 230, 253-255
主権者意思説 ………………………………219
主権者創設説 ………………………………179
主権者命令説………125, 126, 128, 179, 196, 201, 219, 220, 229, 253, 254
受容 …………128-130, 135-140, 142, 146
受容理論 ……………………………137, 142
準拠枠………………………………9-12
純粋性公準………………………4, 80-83, 95
純粋法学 …………i, ii, 1-121, 140, 189, 259
遵法義務 ……………………………159, 160, 161
（法秩序の）消極的規制…………58, 59
消極的許可 ………………………58, 59
ショウ事件判決 ……………………150, 151
承認のルール ………………132-134, 137, 138
自立的法規範………51, 54, 55, 58, 67, 86, 92
人定法 ……………183, 185, 198, 216, 217
信約 ………241, 242, 246, 248, 250-252, 255
心理強制 ……………………………46, 47, 177
心理強制説………………………46, 176-178, 220
正義 ……11, 12, 22, 42, 80, 82, 95, 104, 155, 157, 158, 160, 161, 217, 220, 240, 242, 254, 255
政治的権利………………………56, 62, 64, 65, 67
（法の）静態理論 ………78, 79, 85-93, 114, 115, 121
静態理論的視点 …………112, 113, 115, 117
積極的許可規範………………………51, 52, 67

事項索引 *263*

積極的許可としての権利 ……56, 62, 63, 67
説明的法学 ………………………232, 234
Censor（検閲者）………154, 174, 188, 189, 201-204, 213, 214, 219, 229, 230, 232, 234
相対主義 ……………………………9-12, 96
組織規範 …………………………………131
存在と当為の二元論…………12, 80, 81, 101
存在文………………………………………26

た 行

第一次的ルール……131-137, 139-141, 146, 147, 176
第二次的ルール ……131-134, 136-141, 147
妥当性 ……21, 22, 31, 39, 45, 47, 53, 93-95, 97-108, 110, 111, 116-120, 133, 137, 145, 156, 157, 159, 162, 164, 199
（法秩序の）段階構造…………110, 111, 113
超越的種類の法……174, 217, 221, 223, 224, 238
直接的名宛人…………………28, 29, 60, 176
定義規範……………………………………52
定言命法 ……………………………243, 244
抵抗権 …………193-195, 250, 252, 253, 255
哲学的妥当性論 …………………………158
デリクト………18, 35-38, 43, 44, 47-50, 54-56, 64, 68, 86, 87, 92
当為文………………………………17, 26, 51
当為文規範…………………………………51
（法の）動態理論 ……87-93, 110, 114, 117, 121, 197, 199
動態理論的視座……………………89, 140
動態理論的視点 …………110, 112-114, 116
道徳哲学 …………………………244-246

な 行

内的言明 ……………………………134, 137
内的視点 …………………………134-136, 139
（法の）内面的道徳性…………167, 168, 238
二次的規範……17, 19, 20, 27-29, 45, 46, 51, 52, 60, 91
ノモス主権説………………………………22
ハート・デヴリン論争 …………………150
ハート・フラー論争 ……………154, 156
廃止規範 ……………………………51, 53
判決のルール ……………………………133
反自然法論 …………iv, 148, 169, 237, 246
反射的権利 …………56, 59, 60, 62, 64-67
批判道徳 …………………………152-154
服従者（Untertanen）………19, 20, 26, 28, 47, 65
服従習慣 …………129, 139, 180-182, 188
不法 …………………………16-18, 36, 37
分析法学 …………127, 129, 173, 184, 218
変更のルール ……………………………133
法（規範）の名宛人……28-30, 60, 97, 99, 106, 227
法教義学……………………………………57
法強制説 …………………………………43, 49
法実証主義 …iii, iv, 3, 22, 44, 79, 80, 82, 83, 85, 86, 88-90, 95, 96, 104, 110, 114, 115, 118, 125-127, 136, 142-146, 148-150, 153-161, 164, 167-170, 173-177, 179, 182, 183, 185, 187-189, 194, 195, 197-200, 201-203, 216, 218, 224-227, 229, 237, 238, 243, 246, 253-255, 257, 259
法実証主義者 ……iii, iv, 79, 88, 118, 121, 126, 127, 132, 142, 145, 146, 148, 149, 153, 155, 162, 173, 175, 176, 182, 184, 187, 195, 196, 200, 203, 216-218, 225, 227, 234, 255, 257, 259
法的安定性 ……………………155, 157-159
法的に重要でない法創設過程の産物 …87, 92
法の個別化 …………………225, 227, 229
法の静態の基本関係……………………87
法の道徳性 ………………………………146
方法混淆主義 ……………………………81, 82
法命題 ……14, 15, 19, 20, 29, 31-44, 48-50,

264 事項索引

54-56, 58-61, 63, 64, 67, 68, 79, 81, 87, 90, 91
法律学的妥当性論……96, 97, 156-161, 166, 217
法律は法律だ …………………154, 158, 159
法力（Rechtsmacht）…54-56, 62-64, 66-68

ま 行

盟約（者）………………………………222-224
命令説 ……20, 126, 128, 129, 138, 139, 176, 179, 254

や 行

約束モデル ……………………………………129

有権性 ……………………………………114, 115
有権的解釈……………………………52, 114, 115
有権的解釈規範……………………………………52

ら 行

リーガル・モラリズム ……………152, 153
ルール・モデル論 ……………134, 139, 142
ルール懐疑主義 ……………………140-143
ルール懐疑主義者 …………………141, 142
ルール功利主義……………190, 192-95, 197
レジティマシー原理 …………116, 117, 119

人名索引

あ 行

アウグスティヌス、アウレリウス ……104
稲垣良典 …………………………………182
ウェーバー、マックス……34, 41, 44, 48, 75
エルヴェシウス、クロード・アドリアン
　………………………………………204, 205
オースチン、ジョン………iii, 46, 125, 127-129, 139, 156, 159, 173-200, 218-220, 237, 238, 254, 259
尾高朝雄 …………………………………22, 80

か 行

加藤新平 …………………………………45, 97
亀本洋 ……………………………………iv, 260
カント、イマヌエル………36-39, 107, 108, 237, 238, 243, 244
菅野喜八郎 ……………………………109, 110
グレイ、ジョン・C.………………………23
ケルゼン、ハンス ……i, iii, iv, 1-121, 127, 133, 134, 140, 159, 169, 176, 184, 189, 197, 199, 218, 226, 227, 260

た 行

高橋広次 ……………………………………107
土屋恵一郎………………………………43
デヴリン、パトリック ………146, 150-153
デカルト、ルネ……………………………36
手島孝 ……………………………………106
ドゥオーキン、ロナルド …………145, 218
トマジウス、クリスチャン ……………237

な 行

長尾龍一……………………………2, 32, 39, 81

中村雄二郎 ………………………………42, 43

は 行

ハート、ハーバート・L. A.………iii, 1, 2, 97, 125-170, 173, 176, 180, 218, 237, 238, 254, 259
ビンディング、カール……………19, 20, 29
フォイエルバッハ、ルートヴィッヒ……13
ファイヒンガー、ハンス …………108, 109
深田三徳 …………………………………192, 202
フッサール、エドムンド………7-9, 36, 103
フラー、ロン・L. ……2, 97, 145, 156, 162, 167-169, 238
ブラックストーン、ウィリアム………197-199, 203, 216-218
フレーゲ、ゴットロープ…………………27
ヘーゲル、ゲオルク、W. F. ………22, 181
ベンサム、ジェレミー ………iii, 125, 128, 129, 153, 154, 173, 174, 188-191, 201-234, 237, 238, 254, 259
ホームズ、オリバー、W. ………………136
ホッブズ、トーマス ……iii, 125, 126, 128, 129, 201, 220, 237-257, 259
ポパー、カール…………………9, 11, 12, 43
ポルタリス、ジャン-É.-M. ……………256

ま 行

マルクス、カール…………………………13
ミル、ジョン・S …………………152, 153
メーン、ヘンリー・S ……………………173
メルローポンティ、モーリス …………7-9

や 行

八木鉄男 …………………………………182

ら 行

ラートブルフ、グスターフ………1, 22, 95, 96, 97, 104, 154-162, 165, 167-169
ラレンツ、カール……………………97

著者紹介

大　塚　　　滋（おおつか　しげる）

1948年　東京都生まれ
1970年　中央大学法学部法律学科卒業
1986年　東海大学法学部法律学科助教授を経て
現　在　東海大学法学部教授

主要論文
1978　「純粋法学の『構造』問題」法哲学年報『法規範の諸問題』
1979　「純粋法学における法解釈の問題（1・2）」東京都立大学法学会雑誌　19巻2号、20巻1号
1983　「H. L. A. ハートにおける二つの視点」東京都立大学法学会雑誌　24巻1号
1987　「法の権威性」法哲学年報『東西法文化』
1989　「イェーリングの転向をめぐって」法律時報　61巻8号
1990　「符牒としての法律」東京都立大学法学会雑誌　31巻1号
1992　「ホログラムとしての法秩序（1・2）」東海法学　8号、9号
1993　「イェーリングからイェーリングへ」東海法学　11号
1996　「法としての権利」東海法学　16号
2003　「森喜朗内閣と純粋法学」日本法学　68巻4号
　　他

説き語り法実証主義　新基礎法学叢書5

2014年7月1日　初　版第1刷発行

著　者　　大　塚　　　滋

発 行 者　　阿　部　耕　一

〒162-0041　東京都新宿区早稲田鶴巻町514番地
発 行 所　　株式会社　成　文　堂
電話 03(3203)9201　FAX 03(3203)9206
http://www.seibundoh.co.jp

製版・印刷　㈱シナノ　　　　　　　製本　佐抜製本
©2014　S. Otsuka　　　Printed in Japan
☆乱丁本・落丁本はおとりかえいたします☆
ISBN978-4-7923-0563-5　C3032　　　検印省略

定価（本体5500円＋税）

新基礎法学叢書 刊行のことば

　このたび、以下に引用する阿南成一先生の基礎法学叢書（1970年〜1998年）刊行のことばの精神を引き継ぎ、新基礎法学叢書の刊行を開始することにした。そのめざすところは、旧叢書と異ならない。ただし、「各部門の中堅ならびに新進の研究者」という執筆者についての限定は外すことにした。基礎法学各部門の「金字塔をめざして」執筆する者であればだれでも書くことができる。基礎法学の研究者層は大変薄いこともあり、それ以外の法学部門の研究者だけでなく、哲学、歴史学、社会学等の専門家、さらには、教養あるすべての人々にも、読んでいただけるような内容になることを希望している。

　2012年1月　　　　　　　　　　　　京都大学教授　　亀　本　　洋

基礎法学叢書 刊行のことば

　現代は《変革の時代》であり、法律学も新たに生まれ変わろうとしている。かかる時代にあって、法哲学・法史学・比較法学・法社会学等のいわゆる基礎法学への関心も高まり、これらの学問の研究は、ますます重要性を加えつつある。
　しかし、いずれの学問分野においても、基礎的研究の重要性が説かれながら、その研究条件は、応用的ないし、実用的研究に比して、必ずしも恵まれていない。このことは基礎法学についても同様かと思われる。
　それにもかかわらず、基礎法学の研究は、こんにちことのほか重要であり、幸い全国各地には基礎法学の研究にたずさわる研究者が熱心に研究活動をつづけている。そこで、ここに《基礎法学叢書》を企画し、これを、基礎法学の各部門の中堅ならびに新進の研究者の研究成果の発表の機会とし、以って基礎法学の発展を期することとした。
　この基礎法学叢書として今後二〜三のモノグラフィーを逐年刊行の予定であるが、それらはいずれも基礎法学部門の専門、学術的な研究成果であり、各部門の発展途上における金字塔をめざして執筆されるものである。
　本叢書が基礎法学の発展に寄与できれば幸いである。

　昭和43年2月　　　　　　　　　　　大阪市立大学教授　　阿　南　成　一